一个失败的儒者

余家菊的思想历程

马建华 著

陕西新华出版传媒集团
陕西人民出版社

图书在版编目（CIP）数据

一个失败的儒者：余家菊的思想历程 / 马建华著.
—西安：陕西人民出版社，2018
ISBN 978-7-224-12861-1

Ⅰ.①一… Ⅱ.①马… Ⅲ.①余家菊—思想评论
Ⅳ.①B259.9

中国版本图书馆 CIP 数据核字(2018)第 184246 号

责任编辑：管中洑
封面设计：白明娟

一个失败的儒者
——余家菊的思想历程

作　　者　马建华
出版发行　陕西新华出版传媒集团　陕西人民出版社
　　　　　（西安北大街 147 号　邮编：710003）
印　　刷　铁一局印刷厂
开　　本　787mm×1092mm　16 开
印　　张　24.25
字　　数　272 千字
版　　次　2018 年 10 月第 1 版
印　　次　2020 年 10 月第 2 次印刷
书　　号　ISBN　978-7-224-12861-1
定　　价　59.00 元

前言

生活在由传统向现代过渡的大多数近代中国知识分子，难免受古今中西各种思想的影响与制约，在近代中国学界和政界中位置相对边缘的余家菊亦不例外。他生在儒家礼法之家，早年受家庭氛围的影响，对儒家思想情有独钟，无论文化倾向还是政治态度，儒家思想自始至终影响和决定了他的一生。

新文化运动爆发之后，余家菊开始加入社团活动，积极参与恽代英发起的互助社和仁社及少年中国学会；并与恽代英等筹建进德会，热情支持武昌爱国学生进步刊物《新声》半月刊。在响应和传播新文化运动之际，余家菊开始萌生教育救国的理念，对中国教育颇为关注，尤其是当时濒临破产的乡村教育。在政治层面，余家菊受儒家思想的影响，力主“有秩序的行动”，他实属五四新文化运动中的温和派。

为了直接了解“德先生”和“赛先生”，他负笈英伦，以心理学为专业，多学西方实验科学，并以西方教育制度为蓝本批评中国当时的教育制度。在政治思想上，他受英国现代自由主义思想的影响，同时感于第一次世界大战后欧洲各国民族主义情绪的高涨，又接受了德国费希特等人的国家主义思想，主张用教育和文化来培养和增强中国人的国家观念。

留学归国之后，时值北伐战争前后，余家菊以儒家本有的德化主义和西方的国家主义与自由主义为理据，与共产主义思想辩论，批判国民党的三民主义。同时，他与同样服膺国家主义的青年党友曾琦等人在思想方面也有一定的歧异，这显然归因于其儒家本色和在英国接受的现代自由主义。

抗战期间，余家菊在参政议政之余，潜心于传统中国文化研究。他认为，要使国民爱国，必知本国先民的成就有其可爱之处；要发扬国民精神，当从中国固有的精神中去寻找思想资源。他以为，中国文化的骨髓只有到孔门儒家思想言行中去探寻。余家菊认为，“仁”为儒家思想的核心，不过，他对“仁”的阐释，与近代学界各家有所不同，他主要是从“意志”入手，目的显然在于鼓励国民抗战的信心。他指出：尽性、博文、约礼为实现“仁”的途径，中庸则为仁者的理想境界。出于对人心世风的长远考虑，他反对中国传统的法家和道家，更不满近代的新法家和抗战期间的战国策等学派。此外，他从佛教的修身功能上逐渐开始对宗教的态度有所转变。

国共内战时期，余家菊对给近代中国造成各种“时代病”的西方文化进行全盘检讨。他认为，西方文化中的“自我伸张”“权利第一”“现实主义”“主智主义”“良心命令”各种倾向结合在一起，导致国民坠入自私、涣散、道义沦丧的境地。在批评西方文化的同时，他却对西方宗教的态度大变，几乎全盘肯定宗教的社会价值，尤其重视天主教的功能。此外，他对中国传统社会的合理性进行了充分挖掘。他的目的是要将中国传统儒家文化的价值理念和近代西方文化的工具理性结合在一起，走一条中西互补的中华文化复兴之路。

晚年余家菊几乎闭门不出，潜心于中国文化要义的阐释和总结。他认为，未来中国在政治方面，主要是通过民主政治建立现代国家。他的现代国家观念，既有传统儒家文化国家的固有思路，又有与现代自由主义紧密相关的国家主义因素。他对于民主政治的看法，强调民主与自由、平等与法制的结合，同时又重视传统与秩序的规范作用。由于以国家为中心，这使他的自由主义带有一定的保守主义色彩。在文化方面，他对于近代中国的社会风气大肆批判，他认为近代中国社会风气的堕落与阳明学说、今文经学派及西方的进化论的影响有必然的联系。

总而言之，文化与政治是余家菊一生思想历程中的两大主要关怀。他在文化上昌明儒学的努力，与政治追求上的国家主义和自由主义的愿望，归根结底是为了建立一个现代中国。就事实来看，在其有生之年，他的各种梦想与愿望样样落空。然而余家菊却未以败者自居。在他看来，一名真正的儒家，其苦心孤诣之所在，是“不忧道之不行，而忧道之不传”。

目录

绪　论

一

近代中国的过渡性目前已成为学界的共识，用惊涛骇浪来形容巨变的中国近代社会似乎一点也不过分。身于这一过渡时代，面临古今中西各种思想的冲击和诱惑，几乎每一位有良知的近代中国知识分子为中国社会的重建都经历过各种思想选择的矛盾和痛苦。正如王汎森先生在其研究傅斯年的著作中所指出的："这一代人正处在一个传统秩序全面崩溃的时代，这样一个时代，旧的规范已失去约束力，旧的伦理道德被全面质疑，但新的规范、新的伦理尚未建立。它是一个解放的时代，但是被解放的同时也可能是无所适从。"但从另一方面来看，这一时代也是"一个无限可能的时代，所有的可能性都存在"。[①]因

---

① 王汎森著，王晓冰译：《傅斯年：中国近代历史与政治中的个体生命》，北京：生活·读书·新知三联书店，2012年版，第3页。

此，近代中国既是一个巨变的时代也是一个创造的时代。在这个时代中，有的人眼光向后，希望通过回归传统来因应世变；更多的人则眼光向前，希冀通过全面拥抱西方文明来挽狂澜于既倒；但大多数人却陷入种种新旧或中西“两难”的尴尬境地，傅斯年如此，傅氏的同门师弟余家菊亦如此。

余家菊在近代中国学界的声望和地位自然赶不上胡适、傅斯年那样的领袖人物，其在近代中国政界的地位与影响也不如少年中国学会中的国共两党要人，这与其厕身的青年党在近代中国的边缘地位相关。但这样一位在学政两界皆相对边缘的人物却自有其价值所在。边缘人物的黯淡落寞恰衬托出精英人物的辉煌与璀璨，成功者之所以成功恰道出了失败者受挫的缘由。何况，以较为长远的历史眼光来看，其实精英与边缘都是相对的，而失败者亦并非一无是处。

本书通过剖析余家菊的思想历程，旨在探讨近代中国知识分子在巨变时代中的关怀、希望、怀疑和困惑，以期增进读者对近代中国思想史若干层面的了解。倘若有幸能为未来中国社会的发展增加些许可供选择的建设性思想资源，那更为作者之所幸。

余家菊(1898—1976)，字景陶，又字子渊，湖北黄陂(今武汉市黄陂区)人，中国近现代知名教育家和社会活动家。余氏幼年受中国传统教育，13 岁入黄陂县道明高等小学堂学习，15 岁进入武昌教会大学文华大学预科，后转入武昌私立中华大学，毕业后与恽代英等任教于中华大学中学部。1919 年加入少年中国学会。1920 年就学于北京高等师范教育研究科，后相继应聘于湖南省立第一师范学校、开封第一师范学校任教。1922 年赴英国留学，师从伦敦大学心理学教授史皮尔曼攻读心理学研究生。1923 年 9 月，他与李璜首次提出“收回教育权”主张，得到国内教育界人士的热烈响应，最终迫使外国教会在华办理的各级学校机构向中国政府立案注册。1924 年回国后，相继任教于武昌师范大学、东南大学、金陵军校、冯庸大学、北京师范大学、北京大学、中国大学、河南大学等校。1924 年 10 月，与曾琦等创办《醒狮周报》，鼓吹国家主义。1925 年 8 月，加入中国青年党。抗战爆发后，以中国青年党身份当选为国民参政会参议员。1941 年 3 月 19 日，出席中国民主政团同盟成立大会。抗战后期，余家菊在从政之余，潜心于中国传统文化研究，尤其对孔学义理进行现代阐释和发挥。1946 年 1 月，以青年党代表身份出席重庆政治协商会议。1949 年年底赴台，曾担任中国青年党常务主席。1976 年 2 月，皈依天主教并受洗，是年 5 月 12 日病逝于台北。

王汎森先生指出："1895 年之后，中国并存着政治和文化两个轴心。前者由求权力的意志驱动，后者由求真理的意志驱动。两者同时被知识分子看作是救国于危难的方法。"①王先生以为，近代中国知识分子受两种意志的驱动，一部分人走上政治救国的道路，一部分人走上文化或学术救国之路。实际上，也有相当一部分有儒者情怀的知识分子在文化与政治两个方面为了国家的复兴而积极奔走、呐喊，余家菊就是其中一位。

余家菊自童蒙时的家教以儒家为主，故中国传统儒家思想对其影响颇深。复受新文化运动的洗礼，始关注西学。1922 年赴英攻读心理学和教育学，一度潜心于西方实验科学。但他毕竟不是两耳不闻窗外事的书呆子，何况，近代中国万事不如意的境况使每一位有责任心的

① 王汎森著，王晓冰译：《傅斯年：中国近代历史与政治中的个体生命》，北京：生活·读书·新知三联书店，2012 年版，第 3 页。

中国知识分子事实上都不可能平心静气地一味用心于象牙塔内。在留学期间，他目睹一战后欧洲各国民族主义高涨的氛围，遂从德国费希特等人的学理中撷取了国家主义思想资源，始以教育学为路径，向国内宣传其救国理念——国家主义教育学。此后，国家成为余家菊一生思想最主要的关怀。

从国家主义学理出发，爱国势必要求爱护本国文化。起初，余家菊在文化教育方面宣传国家主义思想，主要是基于对新文化运动中全面否定中国传统的非国粹主义思潮弊端的反思。后来，随着日本侵略的加剧和民族危机的加深，他为振奋国民的自信心与坚定国人的抗战意志，在参政议政之余，开始正面钻研中国传统文化，他从以孔子为代表的传统儒家思想中发掘出颇多良法美意，认为孔门儒家思想仍是中国走向现代社会的瑰宝之一。当然，他不是抱残守缺的腐儒，他的西学素养决定了他是一位现代新儒家。这表现在：一方面他从西方实验科学中寻找概念工具和思想资源，对孔学进行再阐释；另一方面又通过批判西方文化的弊端来为儒家思想正名。对于宗教，他早年出于神道设教的宗教观，认为儒教与佛教不是宗教；复受新文化运动和国家主义学理的影响，其对西方的基督教大肆批驳攻击，积极响应 20 世纪 20 年代的非基督教运动。后来随着对佛教修身体验的加深，始对宗教的态度有所变化。他认为儒教虽非制度性宗教，但其中却蕴含有一定的宗教意识。对于佛教，他始终只是将其作为加强自身修养的一种手段。晚年，他又从天主教中发现救世良药。他告诫世人，近代中国人各一是非，无法建立共信，故国民涣散，气象卑弱，要惩治此弊，需建立信仰，而中国人是典型的理性主义者，那种不经理智判断的信仰国人难以接受，而天主教一面教人信仰，一面又审慎地发挥理智的力量，使信仰不至于盲目，使理智不至于无所归宿。在临终前，余家菊受洗终成为一名天主教徒。他的目的是要把天主教的天道和儒家的人道思想结合起来，从而给中国人建立一种理性的信仰。简言之，在文化上，孔学、西方科学与宗教成为余家菊文化理论的三个支点。

对于政治，余家菊从内心深处实无多大兴趣，但儒家“不仕无义”的传统和近代中国愈来愈烈的国难使其不可能置身于政治之外。从政治理念看，余家菊早年受儒家仁政民本学说的熏陶，在英国留学期间又服膺于英美式自由主义政治，然近代中国的国难又使他始终彰扬国家主义。在他看来，国家主义与以个人为基据的自由主义两者之间没有矛盾。从政治实践看，余家菊厕身青年党之列，在党内有“理论家”之称，却很少主持过实际政务。但到 20 世纪 40 年代，随着近代中国政治两极化倾向的明朗化和激烈化，随着中间党派想在近代中国政治实践中有所作为的愿望与行动以失败告终，余家菊及青年党的政治实践也归于失败。

总体上看，余家菊一生主要立足于文化和政治两方面的建言工作，而他在这两个方面的耕耘其实都围绕一个核心，即为中华民族建立一个自由、民主、文明的现代国家。当然，他的所有努力在其有生之年均以失败告终。事实上，他的思想与近代中国的主流思想一直有一定的距离，他自己也承认，他一生都是在“逆着潮流走”，但儒家的本色又使他不得不逆流而上。

本书之所以选择余家菊这样一位在近代中国相对比较边缘的人物的思想为主题，主要基于以下几个方面的考虑：1. 余家菊在文化身份上属于现代新儒家，而近代中国学界中的现代儒家在知识结构上要么是以哲学为专业，要么是以历史学家闻名，而余氏则以教育家名世，其独特的心理学和教育学专业背景，使其对中国传统文化的看法比之其他儒家可能有不同的理解。因此，我们可以通过对其思想的研究，进一步丰富和拓展对现代新儒家的研究。2. 余家菊在政治上隶属青年党，青年党在20世纪20年代的中国政治舞台上是与中国共产党、国民党鼎足而立的三大革命党之一。但在实际政治层面上，它对近现代中国的政治影响并不大。然而研究处于国共之间的这些政治人物和党派的所思、所为，从其失败的教训中亦可全面了解中间道路失败的原因，从而更全面地了解中共革命胜利之由。

二

21世纪以来，大陆学界开始关注余家菊，至今为止相关学术论文有30多篇。主要有：余子侠《综析余家菊在中国近代教育史上的贡献》、周慧梅与王炳照《国家主义的教育史研究——余家菊〈中国教育史要〉述评》、吴洪成《近代中国的国家主义教育思潮——兼论余家菊的国家主义教育思想》、兰军《余家菊国家主义思想对中国参加世界教育会议的影响》、谢从高与龚喜林《论余家菊国家主义教育思想》、朱现平与徐佳丽《余家菊教育建国思想与民族性教育理念》、胡鹏《余家菊与国家主义教育思潮》、郑刚《浅析余家菊国家主义教育思想》、张丽华《论余家菊的国家主义教育思想》、丰春光与胡崇芝《“国家主义”使余家菊与恽代英渐行渐远》、谢长法与颜蒙莎《余家菊的师范教育思想》、熊贤君《论余家菊的活动教学思想》、闻洁《余家菊论教师素质》、闻洁《余家菊乡村教育思想述评》、王雷《我国近代乡村社会教育历史经验的回顾与启示》、但昭彬《余家菊与乡村教育话语的兴起》、储朝晖《余家菊论乡村教育及国家主义乡村观的两难处境》、罗飞霞《余家菊〈乡村教育通论〉之述评》、张燕《余家菊乡村教育思想并非国家主义的派生物》、李晴霞《论“少年中国学会”同人教育观之分歧》、李天华与李良明《余家菊与恽代英在中华大学的友谊》、汤黎《国家主义与国际主义之争——余家菊与恽代英思想之比较》、张阔《余家菊与国家主义派》、何卓恩与高巍翔《试论余家菊追求谐和的国家观念》、曾成贵《余家菊与少年中国学会》、裴高才《陶铸国魂 弘扬国光——浅谈余公家菊先生的学品和人品》。关于余家菊的硕士论文有2篇：华中师范大学闻洁的《余家菊国家主义教育思想探析》(2001年)、河南大学王雅芳的《余家菊和森有礼国家主义教育思想之比较》(2008年)。以上可见，直到目前为止，大陆有关余氏的学术论文主要集中在其教育论述方面，这与余家菊早年以教育家名世有关。2006年8月17日至20日，由华中师范大学承办的“余家菊与近代中国学术研讨会”在湖北武汉召开，会后，由华中师范大学出版社出版了题为《余家菊与近代中国》的论文集，此论文集中收集的31篇学术论文几乎全部来自上述论文，例外的是多了几篇探讨余氏国家主义思想的文章，但对其评价不高，而对其文化思想几乎无人论究。另外，复旦大学孙承希的博士论文《醒狮派的国家主义思想之演变》(2003年)和华中师范大学张少鹏的博士论文《民初国家主义派研究》(2005年)多少涉及余氏的国家主义思想，但均限于对其政治思想的粗线条叙述。

其实，余家菊的思想主要涉及教育、文化(包括宗教)、政治三个方面，而到目前为止，大陆学界对余家菊思想的研究主要集中在其教育思想方面，对其他两个方面少有关注。本书通过对余氏论著的初步检阅，发现余氏文化思想在其个人论著中占相当大的比重，可以说，他毕生的志业，在于发扬中国文化的精义，而不了解其文化思想则很难了解其人、其言、其行。即便就其教育思想来说，余氏的教育论著中如《教育原理》《人生对话》《服务与人生》《教育与人生》等均含有儒学思想，假如不了解其文化思想也很难理解其教育思想。遗憾的是上述相关研究者由于主要来自各大学的教育学院或教科院，可能因为专业背景和知识结构的制约，仅对其教育思想进行研究而基本不涉及其文化思想，这种就教育谈教育，不免给人以隔靴搔痒的感觉，实未能深入余氏教育思想的骨髓。前述敖光旭、张少鹏等人对在探讨民初国家主义派时多少涉及余家菊的政治思想，但几乎是一笔带过，仅限于粗线条的描述，而国家主义思想只是余家菊政治思想的一个面向，对于余氏政治思想的其他面向尚付阙如，这显然是不完整的。对于余家菊的宗教思想，个别学者只是提及其在20世纪20年代中国的非基督教运动时的态度，而后来余家菊对宗教态度的变化及认识至今无人问津。

需要指出的是，中国台湾学者由于地缘和人脉关系的有利条件对余家菊在文化和政治方面的思想进行了扼要的介绍和述评，然而这些述评皆属于余家菊个人论著出版时的书序性质，严格来说不属于学术研究成果；加之，撰写者在一定程度上抱着为尊者讳的态度，故很难做到客观地绍述，但其中也不乏一些真知灼见，对于了解余家菊的思想有一定的帮助，因此有必要进行介绍。

王邦雄认为，余家菊是一位“体常而尽变”的新儒家。他注意到余氏论政的特点是“直从思想源头切入，因为礼由仁显，而政由心生，故主张修心养性正是治国平天下的根本”。在文化思想上，王先生一方面指出，余家菊对传统儒学进行了许多新诠释，表现在：1. “劈口直指中华文化的要义在仁爱思想，在亲亲、尊尊与贤贤，此在父父子子的亲情，与君君臣臣的道义之外，凸显了为政以德且贤能在位的王道思想”。2. 余家菊对儒家义理进行了融会贯通的亲切体验，如“仁义一体，仁无差别，而义有等级，有仁而无义，会流于混乱，有义而无仁，会流于冷酷；而仁义的具体规则，就在礼的条文中，中道是礼的恰到好处，智则是礼的权变求通”。3. 余家菊“以当代思考，回头解读经典”，“把传统思想带入现代街头之既深入又浅出的人间关怀”。4. 余家菊对阳明学说进行批判和对“儒家太重理智而不立宗教信仰的缺憾不足”反省，余氏在宗教方面，客观形态上尊耶教，主观意态上贴近佛法。①

陈正茂指出，余家菊的儒学思想有两个特点：1. “未陷于墨守复古之弊，而真正做到了因时制宜、应物变化、返本开新、推陈出新、承先启后的地步，与一般侧重讲坛主义和国民大众悬空的所谓儒学完全不同，他的儒学是一种以建设新国家、新国民为前提的实践、经世儒学”；2. 余家菊的儒学思想是以近代世界史为背景，并受德国史家兰克思想的影响，其证据是余家菊曾引用史家兰克所说的“政治的本质，所关系的范围，仅限于一个国家之内：所经营者，在于国民的生存与福利；所追求者，惟国家道义精神的发扬而已”，并在此基础上进一步发挥为：“国家必须成为个体，而后其生命根源得以确立，生命根源来于一国的历史，尤其与联结一国过去、现在，并贯彻将来的精神，密切相通。”②

---

① 王邦雄：《体常而尽变的儒者风范——说余家菊先生一生的思想》，参见余家菊：《余家菊景陶先生论著第六辑》(一)，台北：慧炬出版社，2001 年版，第 6—8 页。

② 陈正茂：《醒狮精神——青年党人物群像》，台北：秀威资讯科技股份有限公司，2008 年版，第 101 页。

南怀瑾认为，余家菊为"迍邅时代中之皎皎君子"，其一生"为救国而投身于政党，却能避免政治权诈之污染，始终保持读书人之清流本色"。

许倬云先生称赞余家菊是现代儒家，其一生真正关注所在，为世风人心，并注意到余氏在思想方法上秉持执两用中的思维方法，"常列二名而求其平衡"，与今日系统论的观点相符。

黄欣周先生在指出余家菊的儒家本色之外，又强调在儒家思想中，余家菊比较服膺《论语》及《大学》的教义，重视博学和知止，教人严守规律，都是行之绝无流弊的。他认为，对于宋明理学，余家菊比较接近程朱一派，与陆王一派重视尊德性、忽略道问学的取向不大相投；此外，黄先生注意到余家菊多少受到杜威学说的影响，并把余家菊的基本思想在内容上归纳为六个方面："一、仁爱为本；二、尽其在我；三、节制自己；四、信任专家；五、设定第一级原理；六、性格支配认识。"

魏萼对余家菊的思想内容进行了精练的概括：1. 中国主流文化的仁爱思想；2. 国家与国民的关系；3. 宗教与科学的境界；4. 儒家思想与民主政治的意义以及民本与自由、平等思想的特色；等等。他尤其强调余家菊儒家思想的实践性，并指出余氏是新儒家的代表。他认为，余家菊关于中国文化要义的思想"不但有儒家理学的价值"，复因能摆脱儒家思想意识形态的束缚，超脱国家现代化时空的界限，同时具有"儒家实践的意义"。①

陈克诚注意到余家菊的政治思想中既有儒家的民本学说，同时也

---

① 参见余家菊：《余家菊景陶先生论著第六辑》(二)，"序"，台北：慧炬出版社，2001 年版，第 1—10 页。

包含了西方的民主思想。①

王修明强调余家菊的思想主旨以明体达用、经世济人为主，其学术风格是将古今中外各大家哲学融会贯通后归纳于儒家。②

冷彭认为，余家菊的思想以儒学为本，而以“仁”为中心，他将余家菊的思想概括为以下几个方面：1. 仁是中国文化的精髓，仁是真实的生意，仁是善行的总根源；2. 纯正的爱国主义；3. 国家服务观念；4. 建国的政党观；5. 社会本位的民主运动。

柳浪敏锐地指出，余家菊受英国“常识”教育之影响甚大，其谈儒学时，特别注重“尽己”精神与“恕道”精神。他注意到余氏对国学治学方法的三派义理、考据、辞章的主张是“认三者不可偏废，应融会贯通而交用之。如不得已，则宁轻考据、辞章，而特别注重究其义理，而行其义理。盖即宁为‘人师’，不作‘经师’之意”。

胡秋原强调，余家菊最重要的一个见解是提出的立国要有第一级原理，即发扬国人的善意，善意即孔子所谓仁，孟子所谓恻隐之心，《大学》所谓正心诚意，一般人所谓天理良心。他还注意到余家菊的思想与德国哲学家康德、倭铿的思想有关。③

以上诸位学人对余家菊思想的介绍从一定范围内看基本上是正确的，像王邦雄、陈正茂先生的看法已具有一定的学术深度，但绝大多数只是将余家菊论著中的各种观点平列组合，对于余氏思想与近代中国社会的互动，其各种思想之间的内在关联、思想成因，其思想与同时代学人思想的关系等重要问题尚未涉及。从整体上看，除过教育思

① 余家菊：《余家菊景陶先生论著专辑》第二辑，人文，台北：慧炬出版社，1986年版，第4页。
② 余家菊：《余家菊景陶先生论著专辑》第二辑，人文，台北：慧炬出版社，1986年版，第818页。
③ 余家菊：《余家菊(景陶)先生教育论文集》(下)，“追思文节录”，台北：慧炬出版社，1987年版，第741—764页。

想之外，对余家菊其他方面的思想研究尚未达到学术研究这个层次，基本上属于简介性的泛论，仍需进一步深入、细致地研究，而这即是本书所要完成的工作。当然，由于作者水平有限，这一任务只是一个奢望，然虽不能至，心向往之。

三

本书在既有研究的基础上，通过充分挖掘相关史料，希望对余家菊的思想历程进行大致的描述。同时，作者希望借余家菊这一个案来观察他这一代读书人的思想、心态的变化，进而充实和丰富对近代中国思想史的若干面向的了解。

本书将大致围绕以下几个问题展开讨论：第一，首先阐述和分析余家菊思想形成的历史背景，主要通过两个方面展开：一是余家菊的家世及其早年的受教经历；二是新文化运动对他的影响。第二，主要探讨北伐前后余家菊在政治思想方面同国民党等党派及其青年党党友的论争与异同。第三，阐述余家菊在抗战期间的文化思想和政治关怀，包括其对中国传统儒家思想的现代阐释和对儒家之外各家弊端的反思，以及在宗教方面态度的变化。第四，主要探讨余氏在国共内战期间对西方文化的批评及迎纳。第五，主要考察余家菊赴台湾之后，在其晚年对未来中国政治走向的建言及其对近代中国社会风气和学术的反省。最后的结语主要总结余家菊思想历程中的三个关键因素，并试图厘清其间的关系。

本书旨在全面考察余家菊的文化、政治方面的思想及其与国家的关系，然由于余氏的专业背景和复杂的思想渊源，势必使本课题涉及历史学、政治学、文化学、心理学、社会学等相关学科知识与研究方法，这需要作者具有一定的跨学科研究或科际整合的水平，然而这却非作者力所能及之事。因此，作者主要采用中国传统历史学惯用的研究方法，即以叙述为主，同时借鉴新叙述史的写作方法，在叙述的同时进行必要的分析。本书的叙述基本上是按照时间线索和余氏思想发展逻辑的过程进行描述，个别章节采取问题引导式的写作取向，而不采用其他相关学科的研究方法。

在具体研究路数上，当今思想史的研究路数一般有两类，一类是内在理路，一类是外在理路。内在理路强调思想、观念的内在发展变化，注重思想与思想之间的关联和互动。但任何一种思想都是时代环境的产物，尤其是身处“三千年未遇之大变局”的近代中国读书人，其思想言说几乎无不有因应当下时局的直接动机，因此，单纯的内在理路显然不足。外在理路注重思想与社会的互动，从社会史、政治史等角度考察思想的产生、发展与变化，它可以弥补内在理路就思想来谈思想的简单化研究取向的弊端。本书从整体上属于外在理路型研究，尽可能把余家菊的思想放在近代中国社会发展变迁的进程中考察，使思想与历史紧密结合起来。不过，在文章的若干部分，作者力图将余氏思想与同时代相关人物思想之间的联系、紧张、冲突与矛盾进行适度刻画，即在必要的地方采用内在理路法，尽可能建构若干幅较为完整的思想画面，因为只有这样，余家菊的思想历程才更为完整、鲜活与生动。

四

本书的创新主要表现在以下几个方面：

1. 由于余家菊以教育家名世，因而学界有关他的研究成果主要集中在其教育思想方面，但即便就其教育思想的研究成果来看，由于相关研究者主要来自各高校的教育学院，囿于专业背景和知识结构的限制，绝大多数研究者在研究余家菊教育思想时普遍存在一种就教育谈教育的平面化研究取向。本书作者认为，余家菊教育思想实植根于其深厚的中国旧学功底和中西两学皆通的多样化知识结构之上，倘无一定的中国旧学功底和西学知识很难对其教育思想进行深度理解，加之余氏受儒家政教一体的传统影响，故其在阐述其教育思想的同时何尝不是抒发其政治关怀，故研究余家菊的文化、政治两个方面的思想实属必要。

2. 余家菊的思想从整体上看属于现代儒家，近代以来中国的现代儒家不乏其人，但从知识结构上看，近代中国的现代儒家不是哲学家就是史学家。余家菊则是以心理学为专业的教育学家，其对儒家的看法往往从心理学专业的角度认识，故有一些独到的见解，庶几我们通过研究余家菊的文化思想，可以丰富和增强学界对中国近现代史上现代儒家这一学术群体的认识。

3. 在政治思想上，余家菊受儒家民本思想、现代自由主义以及国家主义三种思想的影响。从理想层面来看，他皈依儒家与现代自由主义；在现实层面，由于近代中国国家地位的沉沦使其又信奉国家主义。他其实是希望按照孙中山从训政到宪政的思路在中国实现民主政治，但近代中国现实的政治环境终将其政治理想摧毁殆尽。

本书写作的困难既有资料方面的限制，也有作者主观方面的不足。就资料而言，余家菊赴台后青年党与国民党两个方面的资料因客观原因搜罗有限，这无疑会影响到作者重建余家菊思想历程的完整性。此外，余氏思想无论就来源上还是内容上涉及面都相当广和杂，牵涉文化学、宗教学、政治学与心理学等多门现代社会科学。因此，要将余家菊思想的来龙去脉淋漓尽致地弄清，势必要求作者具有相当渊博的知识，这显然需要一个过程，故本书只是对余家菊思想历程一个粗线条的描述，更为全面和深入的研究只能俟诸将来。

第一章 早年受教

余家菊出生的数年前，中国在与自己一衣带水的邻邦日本的战争(1894—1895)中遭受了巨大的挫折。这次战争的失败对近代中国震撼之大实属空前。甲午之前，中国虽曾败于英法等欧洲列强，然只是唤醒了少数中国士人的民族意识，大多数国人仍处于浑浑噩噩之中。但甲午战争中国惨败于自己历来看不起的蕞尔小国——日本，的确从内心深处刺激了国人的自尊心，这场战争无疑激发了中国人民族主义情绪的高涨，这表现在一部分知识精英开始摆脱中国传统的天下观，开始以民族国家的观念来看待中国与其他国家的关系。余家菊后来的青年党同志左舜生认为，甲午战争直接影响了此后半个世纪的中国历史。

甲午战争结束不久，以康有为为首的1300多名举人在北京发起了“公车上书”运动，这次上书拉开了维新运动的序幕。后经几年的酝酿、组织、宣传与鼓动，康梁维新变法终于在光绪皇帝的支持下，于余家菊出生的1898年成为朝廷的体制运作。然而遗憾的是仅过百日，变法便以谭嗣同等六君子血洒菜市口而失败。不过，这次书生问政给余家菊造成了很大的影响，20多年后，时在英国伦敦留学的余家菊，便把戊戌变法运动作为近代中国“革命”的起点。

严复也在甲午战争期间开始把西方的进化论翻译介绍给国人，这给长期以儒家思想为基础的中国人的思想世界带来了一种全新的冲击。此后，中国人的价值观念逐渐西化，人们不再以“文明”为圭臬，而渐以“富强”为期盼。进化论之后，到五四新文化运动期间，西方实验主义、马克思主义等思潮陆续成为中国社会的主导性思潮，对近代中国社会造成深刻的影响。上述这些主导性的思潮从另一方面影响到后来的余家菊。

也在余家菊出生的当年，晚清重臣张之洞出版了其撰写的《劝学篇》。《劝学篇》分内外两篇，《内篇》“务本以正人心”，《外篇》“务通以开风气”①，张氏实际据此提出了“中学为体，西学为用”的因应世变的救世箴言。不论张氏本人当时立论的重心是“中体”还是“西用”，这一标志性口号也对余家菊后来的思想倾向产生了一定的影响。

无论是严复、康有为，还是张之洞，他们都强调当时中国的世变是历史上前所未有的，而余家菊就出生在这样一个巨变时代，这样一个古今中西各种时空因素交替并存的时代无疑对其思想历程起了形塑作用。

① 张之洞：《劝学篇》，桂林：广西师范大学出版社，2008年版，第2页。

一、家世

1898 年 5 月 9 日(光绪二十四年戊戌闰三月十九日辰时)，余家菊出生于湖北省黄陂县木兰山南麓的大余家湾村。据史书记载，湖北黄陂自古以来地属荆州。春秋时属黄国之地，楚成王灭黄归楚。秦统一中国后，分楚国为四郡，黄陂属南郡。汉代时黄陂属西陵县，西汉末刘表为荆州刺史，因此地处长江、汉水之口，派黄祖于此筑城镇遏，故名黄城镇。208 年，魏王曹操在黄陂置石阳县。南齐时，因此地为木兰故里，为纪念木兰遂在黄陂北部设置木兰县。579 年(北周大象元年)改为南司州州府驻地，并置黄陂县，系合古黄城与武湖得名。唐初属南司州，为安昌郡郡府驻地。南宋理宗端平三年，寄治鄂州青山矶。元世祖至元十二年还旧治，属黄州路。明代，此地属黄州府。1729 年(清雍正七年)，黄陂改属汉阳府直至清末。

黄陂自唐宋以来，一直为人文荟萃之地。其中程乡坊为北宋程颐、程颢诞生之地，木兰山为木兰将军祠墓所在之乡，甘露山为明代黄武皋、黄武滨兄弟讲学之区，报慈园为孝子寻亲得遇之处。一般来说，山川清淑之地，其人必多秀良；山川奇险之地，其人必多英伟。黄陂的自然环境以及唐宋以来的人文环境孕育了此地淳厚的民风。据旧郡志记载，黄陂民皆劝农桑，寡游贩，浸慕儒术。北宋诗人苏轼亦称黄陂风俗尊德乐道，异于他帮。据府志称，此地地瘠民贫，近来风气渐薄，一切化质为文，然在三楚，犹有可风，途鲜游女与贾人，客过其都者，未尝见妇女面，惟朝夕勤纺绩而已。清咸丰四五年间，太平天国一部曾骚扰此地，百里之内一片瓦砾。然同治七年以后，此地较为安定。《湖北通志》称，清末时，黄陂士勤于读，农力于耕，犹有古风[1]。黄陂因为物产丰富，水路交通便利，故自古以来商业非常发达。清末时，商人在湖北的社会地位很高，其地位足以与官绅抗衡。在科举方面，清朝中叶以后，尤其在嘉、道、咸三朝，湖北的黄州、武昌与汉阳府，为人才最多的地方。在汉阳府中，黄陂出的进士和举人最多。

历代史书所载的黄陂之民风乡情大致与余家菊的记忆吻合。黄陂在余家菊的记忆中确是一个温暖而宁静的传统社会，即便在武昌起义爆发之后，与武昌临近的黄陂似乎并未受到多大的干扰。

余家菊的家世有记载的当从明初的寿二公开始，相传寿二公在明朝洪武年间从江西宦游至湖北，此后定居于黄陂。虽然江西余氏自宋代以来，名儒辈出，不过，来湖北的这支余氏自明代以后鲜有人物。

余家菊的祖父余发，字献廷，为人机警、淳厚，年轻时曾在河南周家口做油坊生意，从而积累了一定的财富，壮年后余发回黄陂老家，开始置产造屋，并开办若干当铺、铺屋，资产大约银十万两[2]。然余发非一般商人辈，其平生好读书，熟谙《朱子纲鉴》，能谈古代兴衰事，亦非一般宿儒。大体上，余发在黄陂是一名颇有威望的儒商。

余家菊的父亲名学庸，字定侯，14 岁时曾以邑首入武庠，善骑射，富膂力，能开重弓，提大石锁，玩重铁刀，学庸公对子弟管教颇严，常检点子弟。余家菊的大伯父，字清溪，曾中进士，富才气。他的二伯父，名奉先，为邑庠生，富理学气。可以说，余家菊生在一个家境殷实的儒商家庭。不过，他出生后，家庭出现了变故。在他出生五个

---

① 《湖北通志》二，1921 年重刊本，张仲、杨承禧等撰，台湾：华文书局，1967 年版，第 572 页。
② 余家菊：《疑是录》，参见余家菊：《余家菊景陶先生回忆录》，台北：慧炬出版社，1994 年版，第 190 页。

多月后，其生母去世，由于家中老幼上下数代同堂，人口众多，祖辈无法照料幼婴，因此余家菊兄弟自小均被寄养在亲戚家。

余家菊最初寄养在乳母杨妈家，不久，其父另娶县城彭姓女子，因彭夫人与杨妈不睦，故小家菊又被寄养在长轩岭外祖母田老太夫人处。他的记忆也是从外祖母家开始的。外祖母来自黄安县西北乡四房塆陈家，其家族系书香之家，多人曾获乡贡，有的甚至做过京官。长轩岭为当时黄陂至河南必经之地，在滠水西与木兰山隔河相望。余家菊在外家时诸舅已外炊分家，故小家菊与外祖母独住在南区小阜支祠，对面为木兰山。年幼的小家菊每日开门见山，凝立不动，视线宽阔，环境爽朗宁静。孔子曾说："知者乐水，仁者乐山。"（《论语・雍也》）木兰山这种地理环境对于余家菊宁静的性格可能造成一定的影响。外祖母时近花甲之年，神情肃穆雍容，从无疾言厉色，亦无懈怠容态，生活清俭，起居饮食皆有常节，这对余家菊后来养成淡于物欲、节制嗜好的性格有一定的关系。

六岁时，小家菊回到自己家里，继母彭夫人那时已生数个子女，故对余家菊兄弟多有疏忽，时常受到家人的冷漠、歧视，甚或嘲骂，虽内心愤懑，然无处发泄，只好一切逆来顺受，极端沉默寡言，其亲族中曾有人称其为哑巴。这却与余家菊成人后对人直率坦白，不惜言辞，尽量表达自己意见的态度适相对照。

以上可见，余家菊幼时的家庭氛围属于讲尊卑、重教育的儒商之家。他曾说："我的家庭以及幼年所受教育皆是谨慎厚重的一派，规行矩步，不敢轻于言语，妄谈世事。"①而早年受继母冷遇的不悦经历与

① 余家菊：《六三回忆录》，参见余家菊：《余家菊景陶先生回忆录》，台北：慧炬出版社，1994年版，第49页。

幼年丧母“为父妾所虐，备极孤孽苦”的谭嗣同很相似，但谭氏却较早就“私怀墨子摩顶放踵之志”①，余家菊则与谭氏对传统儒家的态度截然相反，他对儒家传统可以说是从一而终，而谭氏于成年后则以冲决网罗为职志，这显然与两个人的性格有一定的关系。傅斯年曾经认为，童年时的家庭氛围对一个人的教育几乎具有决定意义，其影响可以持续到一个人完全成熟之后②。傅氏的看法既适用于自己，也适用于余家菊。幼时谨严的家教对余家菊的影响实际上持续一生。当然，家庭对一个人思想的影响既有可能是正向的，也有可能是反向的。余家菊是正向的例子，而谭嗣同则是反向的例子。除过家庭之外，受学经历对余家菊思想的影响也相当重要。

二、童蒙受教

六岁时小家菊从外祖母处回家，随后即就学于家塾，师从秀才黄祺庵。其时科举将废，学堂渐兴，中国教育体制处于新旧交替之际。故兴建学校为各地第一新政，各族竞立学校。对当时大多数乡民来说，入新式学校为读洋书，开通的人家认为子弟在入学校之先应将中学基础打好，所以各大姓一面有学校，一面还有家塾。余家当时立有自治学校，同时有家塾四五所，入自治学校的，都是家境较差的家族子弟。然余家教育子弟不弃旧学，故余家菊兄弟仍在家塾受学，一直到 1908 年年底。当时的私塾可分为三种：一由官绅富裕之家请教师到

① 谭嗣同：《仁学自叙》，参见蔡尚思、方行编：《谭嗣同全集》，北京：中华书局，1981 年版，第 1 页。

② 王汎森著，王晓冰译：《傅斯年：中国近代历史与政治中的个体生命》，北京：生活·读书·新知三联书店，2012 年版，第 16 页。

家，教其子弟；一由家人自教；另一由教师自己在家开馆，招收中下等子弟。故就师资程度而论，前二者较高，可由生员、举人到进士翰林，视家庭之财富与社会地位而定；后者则多由生员以下程度者充任。

家塾六年，余家菊接受的是地道的中国传统教育。第一年，相继读过《三字经》《史鉴节要》《地球韵言》之类书籍，教科书之所以这样抉择，是代表当时新旧两派的折中趋势的。第二年，便读四书、《诗经》等书，只背诵，不讲解。第三年，随读随讲，并且指定一部书，按日讲解一段，逐句逐段讲下去，先受四书，由《论语》而《孟子》，而《大学》，而《中庸》，注解用的是朱熹注；既经讲书，又同时讲读时文；没有读过八股，当时所学的，叫作义；之后学作文，余家菊的第一个作文题目是“人皆可以为尧舜”。因为，做人为学都要自己上进，不可依赖他人，更不可看作别人事。黄师给其最后一个作文题目是“若夫豪杰之士，虽无文王犹兴”（《孟子》）。可以说，家塾六年，小家菊经历了童蒙时代必经的传统教育的基本程序，从诵读、习字到作文。家塾中，规矩紧严，起居、言谈、课业，各有定规定程，稍不合节，轻则挨骂，重则罚跪、挨打。家塾教师黄祺庵为人“坐必正襟，行必矩步，出入必有时”①，以标准的儒家理念和方式教导诸生，这从余家菊第一次作文题目“人皆可以为尧舜”和最后一次作文“若夫豪杰之士，虽无文王犹兴”可以看出端倪。可以说，黄祺庵对余家菊的影响终其一生。

余家由于经商关系，父执们经常在外走动，故在教育方面亦不拒新潮，余家菊在家时也偶尔见到小学教科书及时事新闻等新式信息载

① 余家菊：《疑是录》，参见余家菊：《余家菊景陶先生回忆录》，台北：慧炬出版社，1994 年版，第 199 页。

家塾是私塾的一种，指旧时请老师到家里来教授自家子弟的私塾。图为晚清时的家塾场景

体。有时在假期时，一些在外面接受学校教育的新学学生归来后，还偶尔教他们一些英文、物理等新学知识。他后来回忆说："予年虽幼，得见当时青年运动之文字，虽不解所谓，但已觉国家正在不安状态中。"①

家塾六年的传统教育，无论在理智上还是感情上，无论在为人处世还是其一生的志业上均影响到余家菊的一生，可以说，正是这六年的传统教育在无意识层面决定了余家菊后来对中国传统的亲近态度。

三、阳明学说

余家菊的童年恰处于中国教育文化的转型期，教育改革是这一转型的主要部分。由于湖广总督张之洞积极倡导洋务，湖北的教育改革显然走在了全国的前列。早在甲午之前的1893年(光绪十九年)，张之洞奏请设立湖北自强学堂，内设方言、算学、格致、商务四科，后商务、格致两科因教学困难停办，实际所存只有方言一科，故又称方言学堂，这是一所典型的外国语文学校，与京师同文馆性质相似。不过，从19世纪60年代初到1901年，中国的教育改革只能说尚处于起步阶段，这个时期只有单个的新式学校，且为数很少，大部分学校仍为传统的旧式学校，科举制度仍为这个时期教育之核心，在整体学制方面没有变化。经过甲午之败，有识之士对于新教育有了深一层的认识，开始注意到整个学制的问题。张之洞在其《劝学篇》中对整体学制进行了初步的规划，提出：各省道府州县均须设学，京师省会宜立大学堂，道府中学堂，州县小学堂；课程则中西并重；以中学为体，西

① 余家菊：《疑是录》，参见余家菊：《余家菊景陶先生回忆录》，台北：慧炬出版社，1994年版，第199页。

学为用等。戊戌变法期间，维新派提出了与张之洞类似的教育改革计划。经庚子战败的教训，清廷开始推行新政，新教育遂加速进行。1902年，张百熙奏拟学堂章程，将整个教育分为三段七级。第一段为初等教育，分蒙学堂、寻常小学堂及高等小学堂。蒙学堂规定，儿童自6岁入学，至10岁升入寻常初等小学堂，13岁升入高等小学堂。两年之后，朝廷又公布《奏定学堂章程》，其中高等小学堂以“培养国民之善性，扩充国民之知识，壮健国民之气体”为宗旨。学科有修身、读经、中国文学、算术、历史、地理、格致、图画、体操等九科。修身及读经教材为四书、《诗经》、《易经》及《礼仪》的《丧服经传》，音乐仍以古诗歌代替。

家塾散馆之后，余家菊随即考取了县立道明高等小学堂。道明学堂在长轩岭街南坡下田恒福支祠，分上下两堂，各60人，原名为黄陂县立北路高等小学堂，创建于1906年秋。由于该校所在地有程明道故址道明山，故改名为道明学堂。道明山在滠水之滨、木兰山下，环境清静幽雅，明道、伊川两先生的父亲曾宦于此地，两位先生实生于此地，长于此地。

道明学校实是余家菊正式接受新式教育的起点。该校教员名义上多为秀才，实际上大多受过新式师范学校的训练。学校每周授课36小时，课程有读经、汉文、修身、英文、算学、格致、博物、历史、地理、音乐、图画、体操等。从课程内容来看，道明学校已经完全是一个传播西学新知的新式学校，学风淳朴精进，和余家菊在家塾中接受的教育有本质的不同。不过，道明学堂对余家菊在知识方面似乎影响不大，其影响主要体现在思想方面。其时，正处革命风暴来临的前夕，校内革命气息较浓，教师当中言革命者居多，如“雍容大雅”的雷尊吾、“刚正严峻”的闵文卿、“发扬蹈厉”的姚干青、“中正和平”的张新宇、“英武慷爽”的萧介卿等。其中姚干青对余家菊的影响尤大，姚氏系同盟会员，服膺阳明学说，时常策励学生“各敛精神肩大难，书生原作纪功篇”①，许多学生受其影响。学校注重军事训练，每名学生配备木质教练枪一支，每周教练三次，每年秋天还举行秋操，进行攻守演习，令余家菊后来记忆犹新的是1910年以日本为假想敌的秋操。

在道明学堂的经历，使余家菊始知天下事，对国家兴衰和民族荣辱的意识很可能萌发于此时。从其后来的回忆看，他对道明受学时老师们的性格、气质印象较深，尤其是姚干青，这为他之后接受阳明学说打下一定的基础。也正是在道明学堂，余家菊碰到了自己后来的青年党同志陈启天。他说：“我的家庭风气以及幼年所受教育皆是谨慎厚重的一派，规行矩步，不敢轻于言语，妄谈世事。到12岁进道明高等小学，所有教师再稍稍偏于爱国志士一派，维新变法，建国也有革命论调，例如操练作战以及同学自动剪发，在家庭所有的习气渐渐改变。”②可见，道明学堂对余家菊个人性情的变化产生了一定的影响，具体来说，它使余家菊原来谨饬内敛的性格有所改变。

1911年秋，余家菊在道明肄业。不久，武昌起义爆发，当时武昌有学生军成立。受革命风潮感染，余家菊与二兄、三兄一起前往投军，由于学生军停止收录，余家菊遂单身回乡。此时，他颇有参加革命之志，虽投军未果，但从军经历使其对革命有了直接的观感。他发现武昌城内，“革命志士与洋学生西装革履意气洋洋，杂还其间，一若

① 余家菊：《五十回忆录》，参见余家菊：《余家菊景陶先生回忆录》，台北：慧炬出版社，1994年版，第97页。

② 余家菊：《余家菊景陶先生回忆录》，台北：慧炬出版社，1994年版，第49页。

已成文明上国者。服官者一律月给二十元，无不足意，人人相称以同胞，工役亦自矜以服务共和，生机沛然，幼稚可爱。”①在这个少年眼中，当时的革命党人，大都志趣高尚，有救国之志，无利己之心；他觉得武昌城内的革命军纪律严明，有爱民之实，军民关系相当融洽。

因投军不成，余家菊遂进入武昌的文华书院预科学习。文华书院为美国圣公会于1871年所设，1909年改为大学。最初20年，文华书院用中文教学，目的在培养传教士，课程以神学为主。1891年后，改用英语教学。庚子之后，由于政府鼓励西学，入学人数大增，故规模扩大。文华书院分技术科学、神学、中国文学及医学四科。预科于1909年设，招收12—18岁青年，接受六年的大学预备教育。课程包括与大学各科有密切关系的中西学科。由于重视学生的品德教育，对学生生活管理非常严格，凡入学者必须住校，遵守校规，否则除名。文华书院当时的校长为英国人翟雅各。民初中国的教会学校在教学内容上一般来说有三个方面：一是宗教教育，二是中国传统的儒家经典，三是西方科学知识。文华书院也不例外。余家菊对宗教课程不感兴趣，由于学校课程进度太慢，校中商场气息较浓，校风颇涉洋化，校内又设有教堂朝夕礼拜，与地方百姓鄙视洋教的习气不容，这与余家菊所受中国传统教育扞格不入，大约在1912年秋，余家菊即转入武昌私立中华大学预科学习。文华书院的短暂经历是余家菊接受西方科学之滥觞，也是他最早接触到宗教。

中华大学系黄陂人陈宣恺(蔡平)、陈时(淑澄)父子创办，该校以“成德、达材、独立、进取”为校训，按照现代教育理念与方法办学，

① 余家菊：《余家菊景陶先生回忆录》，台北：慧炬出版社，1994年版，第49页。

校风颇为民主。在中华大学预科，余家菊有幸遇到了对其影响程度不一的刘凤章、郐允中、恽代英等师友。其中，他对郐允中讲授的英文、美国金先生讲授的哲学以及社会学、美学印象颇深。他后来回忆，“郐先生之基本英文，刘先生之做人启示，金先生之西学领导，是为三不可忘者”。郐允中，湖北宜昌人，是基督教徒，毕业于武昌文华大学。1912 年始在武昌中华大学教英文，余家菊的英文知识可以说完全归功于他。当时国内通晓英文的人不多，余家菊因为懂英文，能读外国书，所以以后的见解要比一般人都强。他后来承认，其在学术上的成就多半归功于能读外国书。

刘凤章，字文卿，湖北黄陂人，系清末民初湖北有名的学者，究心于阳明之学，提倡致良知与知行合一，时人称之刘阳明先生。刘先生主讲伦理学，并于课外设“文会”，一般于每周日举行，每开文会时，刘氏主讲经学或理学，并出题作文。余家菊儿时的家风及教育皆属于谨慎厚重一途，入道明学堂后，由于道明老师整体上沾染阳明气息，受其感染渐改此前矜持习气，但在学理上没有依据。刘凤章对余家菊的影响主要是建立起对阳明学信奉的学理基础。阳明学说教人敢于行其所信，不以孔子之是非为是非的精神对于青年余家菊、恽代英等人影响颇大。他后来说：“我在 14 岁的时候离开家塾到武昌念书，遇刘凤章先生，他是黄陂同乡，讲阳明之学，提倡致良知与知行合一，教书时以强烈的热情发挥他不平凡的意见，我受他很大的影响。及至受刘先生影响，行其心之所信，轻视前人，感染轻躁风气，敢作敢为，我一生所遭挫折，其学术上的理由，我认为就在于此。”

中华同学中，恽代英尤其受刘先生的影响最大，当时的恽代英“提倡即知即行，走路不坐人力车，暑天不戴帽，思想充沛，行动矫捷，在同辈中不可多得”[1]。阳明学说对那时青年人的影响在时人日记中随处可见，恽代英在 1917 年 8 月 29 日的日记中指出：“阳明致良知，其徒之发愤有为，颇近耶教，皆一恃上帝，一恃良心也。余亦将略采良知之说，以自成就。在此，多走路不患困乏，多食亦不患不消化，皆以多运动之故。且胸腹畅爽，心气平和，每日起居自然合节。日间觉甚长，因起既早，而山间又不易夜。而日闲作事又少也。”[2]两年之后的 10 月 17 日，他又在日记中记道：“我们常常发奋，明天怎样读书，同为自己。然而到了明天，依旧萎靡下来，这是什么原故？实在考究起来，一方是没有践履道德——良心所命令的话——的勇气，一方亦因自私静止的生活，比较没有兴味。恐怕最重要的还是能有牺牲自己去践履道德的勇心。他能够做牺牲自己的事，去践履道德，那不消牺牲自己的道德，自然更容易践履了。”[3]恽代英希望可以利用阳明学说去锤炼意志。他之所以加入少年中国学会，其间一个重要原因是该学会特重实践性。在致王光祈的信中，恽代英说：“我很喜欢看见《新青年》《新潮》，因为他们是传播自由、平等、博爱、互助、劳动的福音的。但是我更喜欢看见你们的会务报告。因为你们是身体力行的。从实告诉你，我信安那其主义(无政府主义)已经七年了，但是，我亦不同主张安那其的人说安那其，因为他们多半是激烈的、急进的，严格地说起来还怕是空谈的、似是而非的。所以同他们说了，除了惹些批驳同嘲骂以外，亦没有什么好处。我信只要将自由、平等、博爱、劳动、互助的真理，一一实践起来，勉强自己莫勉强人家，自然

① 余家菊：《六三回忆录》，参见余家菊：《余家菊景陶先生回忆录》，台北：慧炬出版社，1994 年版，第 49 页。

② 恽代英：《恽代英日记》，北京：中共中央党校出版社，1981 年版，第 139 页。

③ 恽代英：《恽代英日记》，北京：中共中央党校出版社，1981 年版，第 644—645 页。

人家要感动的，自然社会要改变的。我觉得，我们少年不是主张新学说的难，能真有奋斗、改造的志愿同能力的难。你们说要身体力行，这实在最不错了。阎锡山的孔子教育，有人说他是毒蛇猛兽。然而说亦是无用的，他真算能做的一个人，我们若不做，你能怪阎锡山吗？我们若肯做，你用得着怕阎锡山吗？一个阎锡山，可以抵得住一万个只知道说话的新思想家。一个身体力行的新思想家，亦可以抵得住一万个只知说话的孔教徒。事既如此，我们要胜利，只有身体力行一法。”[①]在恽代英看来，身体力行的实践比只说空话要重要得多，而这无疑是受阳明学说的影响。

当时的社会风气，无论是维新还是革命，都一面要发挥自己的主观见解，一面欲投身于实际的活动。中国传统思想中，最契合这种社会风气的无疑是阳明学说。复因日本明治维新诸人物的提倡，时人则以为日本明治维新的成功颇得力于阳明学，此更增加了国人的信心，故清末以来，阳明学在中国风靡一时。阳明学主张致良知，将不学而知的良知发展出来，做人就够了；又主张知行合一，真知必然行，知而不行，只是未知。前一种说法，使人自信心坚强；后一种说法，使人进取心旺盛。在近代要求人人积极有为的时代，此种说法，自易流行。

阳明学之所以在晚清民初的中国畅行，究其原因是适应了当时革命气息愈来愈浓的社会需要。革命需要一定的勇气与道德意志，而阳明学说恰好可以提供给革命者一种必要的思想资源。梁启超曾说：“中国竞亡则已，苟其不亡，则入虞渊而捧日以升者，其必在受先生(指王阳明)感化之人，无可疑也。”[②]晚清倡导改良的梁启超、谭嗣同，主张

---

① 恽代英：《恽代英日记》，北京：中共中央党校出版社，1981 年版，第 624—625 页。
② 梁启超：《德育鉴》，北京：北京大学出版社，2011 年版，第 52 页。

革命的宋教仁、汪精卫，以及后来的中共领导人毛泽东、刘少奇都曾一度受过阳明学的影响。具体到余家菊本人，阳明学说透过姚干青、刘凤章影响到他，其影响一直持续到抗战时期。孔子曾将人的性格分为狷介、狂进、中庸三种类型。余家菊在道明之前的受教经历明显偏于狷介一途，而道明学堂和中华大学的受教经历使其狷介气象稍变，但却始终并未发展至狂者地步。

此外，道明学堂时期学校组织的以日本为假想敌的军事演习可能使余家菊最初萌生了民族国家观念。1915 年夏，恰值中华大学预科毕业之际，袁世凯政府刚刚接受了日本政府提出的“二十一条”，学校为激发学生的爱国心，给每个学生赠《武穆集》及一把上署“还我河山”四个字的扇子。大体可以说，道明学堂和中华预科的经历多少使余家菊有了朦胧的民族主义思想。他后来指出，他实际上对于政治活动自始至终没有多大的兴趣，只因从幼年以来便习闻爱国救国之说。他自 12 岁离开家塾进道明学堂，仇恨日本、发扬尚武精神以及革命之说对他都有影响。一直到 1915 年，日本用最后通牒强迫中国接受“二十一条”，令当时全国人心大为震动。他当时已 17 岁了，此事对他内心的震撼也很大。

不过，直到 1915 年 6 月余家菊中华大学预科毕业时，其思想世界中显然主要受传统儒家思想中的宋明理学影响，西学只是通过若干教材和老师的言传稍微影响到他，故其思想世界比较单一，几乎完全是来自中国传统的思想资源，西学对此时的他来说只是较为朦胧的影响。不久，随着新文化运动的开展，余家菊思想世界逐渐开始出现质的变化，这表现在对西方文化质素的汲取。

第二章 新文化运动的影响

发端于1915年的新文化运动对余家菊那一代读书人的影响是既深且远，可以说，新文化运动是那一代大多数人一生志业的开端。在新文化运动中崛起的那一代人此后在中国政治、教育、思想文化、社会的发展中扮演了非常重要的角色，对中国近代史起到了至关重要的作用。余家菊之后的青年党同志李璜后来回忆说："我自有知识以来所亲历的五十年间事变，其中所接触到的人物，大半是五四时候所突出的一代知识青年；后来历在中国的社会、政治、文化、教育、实业等方面，各有其主张，各有其表现。并且这一代人，在那时年纪虽都只有二十余岁，新知根底，并不较我们后起一代打得深厚一些，然而那时候的我们，特点是求得一知半解，更敢于说，敢于写，敢于干，勇往直前，誓不反顾；因之乃能在社会、政治各方面发生出新潮的推动力量；以至在后来还有人掌握着国家民族的命运。"①

---

① 李璜：《学钝室回忆录》，台北：传记文学出版社，1973年版，第6页。

对余家菊那一代人来说，新文化运动的影响可以说是贯穿终生，其最大意义是给那一代受过传统教育的知识分子打开了一个全新的思想世界，从而影响到他们的思想方式、价值观念以及生活实践。尽管在此之前，西方各种思想已经持续进入中国社会，且已被国人用以作为改变国家民族命运的思想资源，但无论在广度上还是深度上，西方思想全面冲击中国传统价值体系的情形只有在新文化运动爆发之后才真正出现。新文化运动以 1918 年为界大致分为两个时期：1915 年至 1918 年，为新文化运动的第一个阶段，主要致力于破旧的思想解放运动；1918 年至 1921 年为第二个阶段，其表征主要是立新方面的宣传西方思想。

新文化运动兴起之后，国内的青年学生开始建立各种性质的社团，他们以社团为中介，广交朋友，互通声气，且纷纷以改造中国社会为己任。正是通过这些社团组织，近代中国读书人的思想世界和社会活动空间逐渐扩大。

对于余家菊来说，正是新文化运动使他走出了比较传统的黄陂家乡，奔向省会城市和湖北以外的陌生世界，进而激发了他探寻外面新世界的兴趣，同时也使他在一定程度上拉开了与传统的距离，尽管这一拉开只是暂时的。

一、社团生活的磨炼

近代以来，时人都说中国人像一盘散沙，缺乏民族凝聚力和组织力。但蒋梦麟则提出了不同的意见，他认为，中国人是由许多自治的小单位构成的，似乎更贴近事实。他指出，中国的民主体制包括千千万万的许多单位，由几千年来累积下来的共同的语言、共同的文化和共同的生活理想疏松地联系在一起，这些或大或小的单位是以家庭、行业和传统为基础而形成的。在中国传统社会中，个人由上述这些共同的关系与各自治团体发生联系，因此团体内各分子的关系比对广大的社会更为亲切，他们对地方问题比对国家大事了解较深，而这就是民初以来共和政治失败的症结，也是老百姓听凭军阀统治的原因，个人如非因特殊事故与所属社会破裂，永远是小单位的一部分，但是各单位之间并无全国性的组织使其密切团结。蒋氏认为，中国传统社会的优点是人民生活民主，虽经数百年之战乱以及异族之入侵而仍能屹立无恙；坏处在于中央政权软弱无能，易遭异族侵凌。①

不过，随着西方的入侵，中国传统的宗族社会开始向近代社团社会转变。在近代国难趋深之下，越来越多的有为之士逐渐开始摆脱家庭和家族的限制，走向更广大的社会，在社会关系层面，原来以血缘或感情为基础的社会开始被以群体利益的团体关系所代替。近代社团大致始于甲午战争之后，在民族危机亟深之际，一部分知识分子为探求救国道路，开始形成一定的群体意识，进而在组织上逐渐联合起来，社团故而产生。甲午之后的学会、商会、教育会、农会等各种近代社团的持续出现，无疑是中国社会迈向近代化的表征之一。相对于会馆、行会等中国传统社会组织，近代社团的特征主要体现在以下几个方面：首先，要有一个大家认可的宗旨或目标；其次，具有一个统一的规章制度，该制度对社团成员的权利与义务有明确的规定；最后，社团内部设立不同层次的职能机构，以协调该社团的活动。近代社团

① 蒋梦麟：《西潮与新潮——蒋梦麟回忆录》，北京：东方出版社，2005年版，第197页。

组织作为社会联系的纽带和政府与民众的中介，在表达民众意见，培养公民的群体意识以及对近代中国政治、社会的影响力方面发挥了重要的作用。

五四时期是近代社团发展的一个新阶段，全国各地出现了许多社团，尤其以学生为主体的知识青年社团居多，这与新文化运动目标的转移有关。新文化运动起初关注于改造国民性，而改造国民性的思想资源主要是以个人主义为基点的西方文化，胡适的“要想自己对社会有用，必须先将自己锻造成器”这句话可为新文化运动初期的经典表述。但如果整个社会不改良的话，个性解放、自由这些西方进来的新价值将无法实现。所以，新文化运动逐渐由改造个性转变为改造社会。当时一般向上的青年，受时代思潮的鼓舞，特别注重团体生活。陈启天指出：“团体生活是人人不可少的，我们中国人更不可少。我们将来想在社会上有所改造、有所设施，非多得些同志不可。我们现在当学生时代，正宜练习团体生活，得些真正了解的朋友。”①因此，五四知识青年纷纷通过建立或参与社团以劝善规过，互相监督，先改造自己，再改造社会。

中华大学预科毕业之后，余家菊赴上海投考北洋大学，然不中②，后随即进入中华大学本科学习中国哲学。在中华大学本科学习期间，余家菊开始加入各种社团，相继参加了互助社、仁社，且与恽代英筹划成立利群书社、进德会，后又加入少年中国学会。五四期间，湖北各种社团的建立与恽代英的关系最大。

---

① 陈启天：《寄园回忆录》，台北：商务印书馆，1965年版，第140页。

② 据余家菊后来回忆，在考西洋史时，与他一同赴考的同学胡幼文携带写有余家菊姓名的英文书《迈尔通史》进入试场，结果被监考老师发现，以作弊为由而将余家菊除名，胡氏反被取中，余家菊实成“替罪羔羊”。

五四运动前后，恽代英在湖北组织了“互助社”“利群书社”和“共存社”。图为互助社成员于1918年在武汉合影。前排左起第三个是恽代英，第四个是林育南

1917 年，梁绍文、恽代英因武昌青年会的邀请，赴牯岭夏令学生会。恽代英目睹其做事的活泼、立言的诚挚、律己的纯洁、助人的恒一，内心大受震动，回校后，就仿青年会法，组织一个提高个人修养并为社会服务的团体即互助社。互助社由恽代英、梁绍文、冼震、黄负生四人于 1917 年 10 月创办，社名取克鲁泡特金新进化的含义，是新文化运动期间武汉地区第一个进步社团，它以"群策群力、自助助人"为宗旨，社团成员之间通过互相激励、观摩从而达成进德修业的目的，其较远的关怀为服务社会与国家。互助社每日开会一次，会上每人报告一日经过，进行讨论，并制定了互相督促砥砺的条文，在自助方面的戒约是"不谈人过失""不失信""不恶待人""不做无益事""不浪费""不轻狂""不染恶嗜好""不骄矜"等，并每天在日会上进行检查，在每次会毕，社员皆诵读《互励文》，文中称："我们都晓得：今天我们的国家，是在极危险的时候，我们是世界上最羞辱的国民。我们立一个决心，当尽我们所能尽的力量，做我们所应做的事情。我们不应该懒惰，不应该虚假，不应该不培养自己的人格，不应该不帮助我们的朋友，不应该忘记伺候国家、伺候社会。我们晓得：我们不是没有能力，国家的事情不是没有希望。"①互助社成立之后，借集思广益之功，收切磋琢磨之益，对提高个人自身修养起了一定的作用，社员之间的精神亦很快乐，但因缺乏经济基础，助人的事往往多不能实现。余家菊也加入了互助社，他后来回忆说，该社社员都是一群佼佼不群的人，起初倾向自由，颇带无政府意味。

当时大家普遍认为，提高个人修养只是起点，改造社会才是最终

① 张允侯等编：《五四时期的社团》(一)，北京：生活·读书·新知三联书店，1979 年版。

目的，要改造社会，大家先要适应社会生活，因此有实行一种独立自给的共同生活的需要，进而为改造社会创造一些条件。在此动机驱使下，恽代英与余家菊欲筹划建设一书店。1920 年年初在武昌横街他们成立了利群书社，作为传播新文化和实验共同生活的基地。利群书社几乎吸收了当时武汉学生几个主要的社团如互助社、健学会、日新社、诚社的大部分成员，可以说是武汉地区学生进步社团的联合组织。利群书社成立后，社员们开始在书社内实行半工半读的共同生活，他们制定了严格的自修和服务制度，举凡售货、送报、做饭以及其他一切杂务，全由社员自己动手，一反旧社会那种轻视劳动的传统观念。实际上，利群书社不仅是一个营业机关，而且是一个文化运动的场所和一个修养会社的结晶体，它试图为进行社会服务的共同生活建立一定的基础，其所达到的要求有以下各项：有一个独立的事业；有一个生产的事业；有一个合理些的生活；有一个实验各尽所能、各取所需的生活机会；有一个推行工学互助主义的好根基；有一个为社会兴办各项有益事业的大本营。社员们同时做两件事：一是希望在城市中组织一部分财产公有的新生活；二是创办运售各种新书报的商店。

对于改造个人与改造社会的关系，余家菊、恽代英们认为，“我们一切帮助社会的法子，无非是帮助自己，因为我们知道，要社会越进化，便自己越有幸福。然而我们一切帮助自己的法子，无非为帮助社会，因为我们知道，要自己能力越大，便为社会越能负多些任务。我们很信，除了为社会，无法子为自己，除了为自己，亦无力量为社会”①。为什么要实行共同生活呢？他们以为，他们原来久已是志同

---

①《共同生活的社会服务》，《互助》第 1 期，1920 年 10 月，参见张允侯等编：《五四时期的社团》（一），北京：生活·读书·新知三联书店，1979 年版，第 133 页。

道合的朋友，在品性上、学问上实行互助的地方很多，他们很相信大家若能住在一块，彼此切磋观摩，精神上既感愉快，学行两方面亦必然更有大大的进步，至于生活的压迫，亦比各人单独的生活减轻些。他们普遍认为，共同生活可以减轻生活的压迫，而造成生活压迫的根源是私有制度，所以要打破私有财产制度，而财产共有是根除私心的良法，为克服私有观念，他们平时在生活中和行文中往往去掉姓氏而直呼其名，因为他们认为姓氏是私有制度的产物。在如何改造社会这个问题上，从他们拟定的办法来看，显然受当时新村主义和工读互助主义等思潮的影响。

仁社于1918年由恽代英等人创建，宗旨是“以群策群力之功，达成己成人之鹄”，其性质与目的与互助社实际上没有多大区别，主要是青年人交流感情、砥砺品行的组织。仁社与互助社的精神大致相似，有鲜明的儒家色彩。这些会社均采取自由、开放的活动原则，又打上了近代社团的烙印。

在参加社团活动期间，余家菊与众会友相互砥砺品行、交流思想，纵论天下大事。如1918年4月23日，恽代英来访，余家菊提出，每日须辟一新境界，又说：“改过宜用积极替代之法，如忌人则不但自除忌念，并须极力助所忌之人，如此忌念自除……忌念之害，使二贤则必相厄。夫二贤相助，其成功甚大，胡厄则徒害成功。”①这显然是传统儒家的作风。此外，他又受新文化运动期间工读主义、无政府主义等各种新思潮的影响。如1918年5月18日，余家菊拜访恽代英，谈及未来打算时，恽代英希望将来学习可以生活为唯一目的，自己可以

---

① 恽代英：《恽代英日记》，北京：中共中央党校出版社，1981年版，第352—353页。

自由研究，又表示将来用工读形式赴京读书。工读主义是五四时期盛行于青年学生中的一种思潮，主张劳心与劳力、教育与生产劳动、学问与生计相结合，通过在各地建立工读互助团，然后联合起来，以创造一个新社会。当时他们常说的“安那其”即无政府主义（Anarchism）在晚清时由欧洲传入中国，在新文化运动期间成为一种思潮，其基本内容是反对以政府为核心的一切强权，并向往一个人人平等、自由，没有剥削与压迫的理想社会。

此外，恽代英等受蔡元培的影响，曾计划发起进德会，该会戒约大致与北大进德会相同，比如不嫖、不赌、不纳妾、不吃酒、不吃烟等。当时，中国社会处于新旧交替之际，旧道德式微，新伦理尚未建立，一些新进少年打着新文化的旗号享乐腐化，甚至一些学校中的青年教师道德低劣，恽代英在其日记中就谈到河南一些学校校长、教师皆少年，整日酒肉征逐，花柳逢迎，学校如官场一般。他观察到，湖北当时以少年办学校者，能不嫖、不赌盖希。①但湖北教育界主要由一帮老前辈把持，虽不能发展革新，尚不至如河南教育界那样丑恶。武昌地区的学生社团活动余家菊参与不少，但真正影响到其后来人生的是少年中国学会。

少年中国学会发起于1918年6月底，正式成立于1919年7月初，发起人为王光祈、曾琦、张梦九、周太玄、李大钊等人，总会设在北京，它是新文化运动时期历时最久、会员最多、分布最广、影响最大的社团，学会宗旨起初为：“本科学的精神，为社会的活动，以创造少年中国。”学会在最初成立时成员们的思想倾向各异，有的会员偏重国

---

① 恽代英：《恽代英日记》，北京：中共中央党校出版社，1981年版，第538页。

家主义，有的偏重无政府主义，有的偏重社会主义，有的则同时信仰几种甚至相反的思想，有的今天相信国家主义，明天又无政府主义，即便是同一种主义之下而各人的理解实际上也不同。不过，会员们在主义上虽无共信，但在最初大致都主张从教育、学术或实业入手，进行社会改革。余家菊于1918年10月由王光祈介绍入会，它为余家菊走出湖北、进入更为广阔的中国思想界和政界建立了一个平台和桥梁。余家菊此后与国内各种势力的关系便是以少中学会为起步的，因而它对余家菊一生的影响至关重要。

在交往中，恽代英对余家菊的看法前后也有所变化，他在日记中记道："余君旧每试冠军，此时与吾等交甚浅，以吾等所知，似嫌太用心，而未必有何等实用之思想。今日与之相接，乃知大非所料，岂非吴下阿蒙耶？抑前者吾固未之知其情耶？以近所见，余君大有思想，既与余等倡自助之约，又屡倡议设学校议事会。虽不见实行，要非常人所能道也。余君纯良自约制，吾友亦吾师也。"①不过，两人的思想分歧亦初露端倪。恽代英虽对余家菊的为人赞赏有加，如说："其人无多俗气，事理颇能商榷，精神发达颇合度，不易及也。"②又说："景陶思想颇密，亦勇猛。"③但他又觉得余家菊身上的学者气息稍重，常固执己见。他曾对余家菊说："吾人作事，宜常察其成效如何。勿以成效小，而直以为无成效。因'无成效'三字每易引人灰心也。余作事之始，每用全力务使得若干成效，即以此成效，友自勉策，得此法之益不小。"④大致可以说，恽代英对结果相当看重，这已蕴藏着其思想此

① 恽代英：《恽代英日记》，北京：中共中央党校出版社，1981年版，第160页。
② 恽代英：《恽代英日记》，北京：中共中央党校出版社，1981年版，第49页。
③ 恽代英：《恽代英日记》，北京：中共中央党校出版社，1981年版，第411页。
④ 恽代英：《恽代英日记》，北京：中共中央党校出版社，1981年版，第202页。

后日益激进的可能，而余家菊则相对较为温和。

二、五四运动的浪潮

中华大学毕业之后，余家菊与恽代英在校长陈时的邀请下任教于该校中学部，恽代英任中学部校长，余家菊为学监。1919年五四运动爆发，武汉地区的学生因受时局刺激，亦群情激昂。但在武汉地区的五四运动中，恽代英是积极的支持者和发动者、组织者，余家菊则对学生运动从一开始就保持一定的距离。也正是从五四运动起，两个同窗好友便渐行渐远。

五四之前，武汉各学校在管理方面多取放任主义，学生待教师毫无礼貌之事常见。在余家菊的记忆中，学生们对校务多取干涉态度，常常责备教师之不良。其实不是所谓“教师不良”，而是学生标准太高，则多失望。不少人对学校的情况颇多不满，学校时有骚动。骚动的原因在恽代英看来，主要有三个方面：“（一）由吾等既只求有益，不拘部章，故同学之理想乃有不顾事势，惟求有利必兴，有弊必革之概。（二）因吾等提倡权利思想，正当之权利思想吾等无以应之，而不正当之权利思想亦随之而发扬。（三）因吾力求与同学平等，不拘礼数，同学对于其他教师亦多轻忽不敬，致令教师多烦言，生他心。”①余家菊与恽代英分别给学生做工作，希望同学明白凡事在进化之阶段中，自然不能尽善，故一方面相机改进，一方面善自利用，若急求之，必败事。

就在此时，五四运动爆发了。而武昌的学生运动与恽代英等人的

① 恽代英：《恽代英日记》，北京：中共中央党校出版社，1981年版，第515页。

组织鼓动有很大的关系。1919 年 5 月 6 日，恽代英与林育南（香浦）、唐精义等人开始印刷爱国传单，传单上书："有血性的黄帝的子孙，你不应该忘记四年五月七日之事"，"那在四十八点钟内，强迫我承认二十一条协约的日本人，现在又在欧洲和会里，强夺我们的青岛，强夺我们的山东，要我们四万万人的中华民国做他的奴隶牛马"，"你若是个人，你还要把金钱供献他们，把盗贼认做你的父母吗？"[①]恽代英虽在理智上不愿学生趋于极端，他觉得真理常不在极端上面，凡事若趋于极端便容易失败；但在感情上，他又不能不支持学生行动，他觉得"学生若不说爱国话，便等于心死，若只说不做，是无真心无胆气的表现，学生若不趋于极端，则很难有真感情、真知识"。

5 月 7 日，为"五七国耻"四周年纪念日，武汉各机关、学校为此放假一天，以示铭记国耻。其时，湖北当局早对局势有所准备，军警戒严。当日，中华学生收到时在北京大学读书的黄晓峰（绍谷）的来信，信中叙及北京学生示威及各界举动。林育南将黄的来信贴在中华大学的"揭示栏"上，以激发学生爱国激情，顿时学生情绪高涨，采取演讲、焚烧日货等各种形式发抒义愤。余家菊闻讯赶来，得知事情原委后，以学监身份劝告学生适可而止，并将黄氏的信撤下，结果激起了学生们的不满。其实，作为学监的余家菊，维护正常的教学秩序是其职责所在，加之中华大学是一所私立大学，出于对学校前途的考虑，对于学生的激进情绪他不能不有所阻拦；更深的原因是余家菊对于当时学生的态度大概与胡适相仿，以为学生的主要任务是读书，先把自己锻造成器，再谈报效社会，故力主"有秩序的行动"。事实上，

① 恽代英：《恽代英日记》，北京：中共中央党校出版社，1981 年版，第 536 页。

他并不反对新文化运动和学生的爱国活动，此前他一直与恽代英积极参与各种社团活动。五四运动前两个月，他还为林育南等人创办的宣传新文化运动的《新声》杂志撰写祝词，他只是不大赞成那种社会抗议举动，这与他自小所受的儒家教育有关。

5 月 7 日之后，武汉的学生运动规模扩大。5 月 11 日，来自 18 所学校的学生 4000 多人行动起来，支持北京学生的爱国运动。恽代英谓此为“湖北学生界破天荒之大出风头也”。到 6 月初，学生活动愈益激烈，中华大学的学生动辄罢课演讲，越墙外出，校规渐归无用。余家菊一再劝慰，然无济于事，他与学生的关系也越来越紧张。与余家菊不同，恽代英对学生运动则积极鼓动，他为学生讲国事，勉励大家使用国货，指出国货虽有价钱贵、不经用、难得买、不好看等问题，但作为国民，要能吃亏，不能做拔一毛利天下不为的自私国民，要“舍得”才能救国；他还想编本书介绍远东现状，详叙日本对中日之间的交涉，以警醒国人。

恽代英对学生运动的态度是复杂的。一方面，他认为，少年盛气，总好做越范围事，激烈未必有益，故其希望林育南等学生辈不要只图一时自信。但另一方面，在政府昏庸无能、国人麻木的情况下，学生行动的确有其价值所在。当时，仁社成员张景武（字复初，湖北第一师范学生）来信，指责恽代英不该参与学潮，张氏之意与余家菊一样，认为爱国需要实力，中国目前实力不济，难以对日采取强硬政策，学潮更多只是国人维护颜面，非爱国的根本办法。恽代英则认为，学潮一事，应顺其自然即顺群众心理发展之自然并在可能的范围内予以扶助之。恽代英说：“山东交涉失败，而国民仍不觉悟，国亡不可立待乎？用何法唤醒国人？果全国立争，犹有侥幸之境。今日力

中华大学，即私立武昌中华大学，是中国第一所不靠政府和外国人出资而独立创办的私立大学。它将中国古代兴办私学的教育传统和近代日本、欧美大学体制相结合，开创出符合近现代中国国情的高等教育模式

持，犹有最后胜利之侥幸的希望。不然，山东问题从何方面，用何法挽救乎？假令全国由足下不顾面子之说，毫无举动(论实力，则吾国只有楚囚对泣，不应有所举动)。他国人能谅此系我国人之道德而相助，或甚至不致以我甘心亡国，从此任日人支配耶?”[①]至于罢课、罢市虽对学生、工商界及一般平民颇生影响，但此次运动，一方面使不甚活动之有志者，渐进于活动，不甚切实之有志者，渐进于切实；一方面可以增工商界乃至学生之自信力，为平民政治进一步；可使有志者受一番强烈刺激，从生活中得到切实的觉悟；亦可使平民注意政局之腐败，而生不满现在之思想，此渐为革新之动机。

对于张景武所谓有实力然后活动，恽代英则不以为然。他指出：假令中国如朝鲜，能望何日有实力乎？如等全国觉悟然后活动，实遥遥无期，何况教育权不在我辈之手，一切进行亦不自由，何时望全国觉悟？事实上，所谓全国觉悟，实世间所无之事，昔日英国革命、美国独立战争、日本明治维新，全国何曾觉悟？不过少数先觉之倡率而已。若待全国觉悟，然后活动，则世间一切革新之事，皆不应有。而罢课、罢市等群众抗议运动正为造实力促觉悟之途径，只是在人善用而已。他同意张氏所持学生界由于此次成功日后会轻用其力的忧虑，此诚可虑之事。但又谓在此天昏地黑之政局中，必限死决不再用此实验，殊为无理，而且决限止不住。恽代英认为，此等实验只可于国家命运或名誉有极大影响时用之，若轻用之，必致不能全国一致，且不能发生各界一致的同情，有损学生事业之能力与威严。

从五四运动中工人的加盟，恽代英看到了今日群众已渐有思想之

---

① 恽代英：《恽代英日记》，北京：中共中央党校出版社，1981 年版，第 584 页。

觉悟，可不妨因势利导，只是做事要顺其自然，当非做不可时一定要做，然亦不必太勉强地做。他以为，学生平日研究政局真相，并以其真相告知一般社会，这是应该而且要紧的事，但此时他并不主张学生去革命，他似乎认可那种较为文明的即非暴力的抗议活动，正是这种非暴力抗议运动，是改造学生和国事的一种手段，可以锻炼人的合群能力、负责能力。但与余家菊相似的是，恽代英也担忧学生运动的发展，这也表明了余家菊、张景武等人对学生运动的顾虑不无道理。

余家菊所在的中华大学俨然成为武汉新文化运动和五四运动的中心，然由于恽代英、林育南等师生的激烈行动为当时一些老辈不满，1919 年年底余家菊、恽代英相率辞职。次年秋，余家菊与陈启天应湖南第一师范之聘任职，但湖南第一师范教师思想更为激烈，学生行动尤为急进，该校在当时当地颇为人所注目，于湖南后来之文化运动及政治运动，亦不无影响。寒假将届，长沙各省立中等学校均因经费问题罢课，第一师范亦被牵及，复课无期，余家菊遂辞职。

总之，中华大学受学从教数年，余家菊因新文化运动的影响开始受到现代西方思想的洗礼，这个时期他的思想可以说是儒家与工读主义、无政府主义、社会主义、朴素的民族主义以及西方民主主义等各种思想的大杂烩。这个阶段，就思想而言，他还是一个受影响者，尚无自己独立的思想见解，其对中国传统与西方现代各种思想并无明确的价值判断。五四运动的爆发成为余家菊思想发展历程中的一个转折点。五四之后，一部分青年人受五四运动中学生运动成功的激励，信心大增，加之受强烈使命感与责任感所趋，进而走上政治革命的道路。余家菊虽受新文化运动中各种西方思潮的感染，然对社会发展持温和的稳健态度，主张从教育下手，进行缓和的社会改革。

三、教育救国理想的萌发

新文化运动期间，英美教育名家罗素、孟禄与杜威等人相继来华，所到之处或讲学或演讲，中国知识青年受此启发，不少中国知识青年视教育为救国的一条实在路径，因而教育救国思想蔚为潮流。余家菊大约在1919年中华大学中学部从教期间萌生教育救国的想法，直到北伐战争期间南方国民革命军打至武昌时梦想破灭。

(一)对中国教育现状的反思

在中华大学中学部任教期间，余家菊积极致力于武汉地区的新文化事业。1919年3月初，林育南、胡业裕等几名中华大学中学部的同学受《新青年》杂志的影响，创办了《新声》半月刊。余家菊予以支持，他为该刊撰写祝词："各尽所能，各取所需，同心同德，振声百里。"不久，与恽代英发起演说会。演说会取法青年会，会务由教员主持指挥。演说题目由主持者宣布，全学期立一大题目，每星期开会一天，立一小题目，使之有系统地研究。

针对当时学生的实际情况，余家菊主张应重订学制。中国之有学制始自清末，1902年(光绪二十八年)，清政府管学大臣张百熙等，首次议定初等教育十年，内分蒙学馆四年，寻常小学堂和高等小学堂各三年，中等教育四年，高等教育六年，预科和本科各三年。次年，张之洞、荣庆对此学制进行修改而颁布。修改的学制主要表现在：1. 中等教育段，将中学、师范、实业三种并列。2. 高等教育段，将高等学堂与大学堂分为两级。3. 大学预科独立。4. 于大学预科之外，另设高等学堂。5. 实业学堂分为各自独立的三级，以应各级学生就职业者之需要。1912 年，民国政府将 1903 年学制又进行修改，修改后的学制，将全部教育年数缩短甚多，对各学级的学龄标准予以确定，高等教育段只存一级，但专门学校(以前称为高等学堂)仍与大学并立，高小与初小之上，皆设补习科，以延长其教育机会，取消前制独立的高等学堂，大学院不列入学校系统，初等小学后改名为国民学校，意思是凡系国民皆应入学。余家菊认为，1912 年学制不合各地的学情，需重订学制。他与恽代英商量的结果是：应将中学一级根本推翻，只要小学教授得法，可以将国民、高等打成一体，即可以传授普通国民需要的常识；小学卒业，更无受中学常识的必要，欲进入高等专门，可选入高等专门预科，其预科或较今日年限稍长；求职业，则入职业学校，中学一级用处不大；依此意见，学制可拟为：专门三年，预科两年，大学四年，预科二年，补习学校一年，小学七年(义务)；补习学校是养成生活力的捷径，专门学校亦较高执业者的养成所；预科应随学校分设，可免其消耗精力于歧道的功课；若顾虑其未入中学而入专门，恐成偏歧的发达，可办理各科预科者注意配置课程以调剂之；小学义务教育至少应七八年，没有分国民、高等两级之必要①。他还与恽代英建议改良私塾，并创办《教育改进》杂志，参与创办利群书社。正是在此时，余家菊开始萌生了教育救国的理想。教育救国是自清季以来流行的一种救国思潮，不过，大多数人主要关注都市教育，对乡村教育则鲜有关注。可以说，近代中国最早注意到乡村教育的当从余家菊始。

余家菊因出身乡村，对乡村教育的状况比较了解，又相继调查了

---

① 恽代英：《恽代英日记》，北京：中共中央党校出版社，1981 年版，第 527 页。

中华大学附小、武昌高师附小、模范小学等几个小学的情况，意识到湖北的乡村教育已面临相当的危机，乡村教育濒临破产。他观察到，有许多年龄很小的孩子已从乡间来到城市接受教育，其中原因尚多，一个重要的原因是许多人已不信任乡村的教育，但凡家事小康的人家，都不愿让子弟在乡村读书，想方设法让孩子从农村出来。同时，愿意到乡村中从事教育事业的人越来越少，一般到乡村中从事教育工作的人主要是：前清的师范生、新学家，还有“篱笆馆式的学究、半路出家的道士派先生、穷愁潦倒的新学生”，那时“有志的青年，都眼汪汪的望著都市，想大活动，想做伟人”。① 造成这种状况的原因主要在：乡村教师薪俸太薄，无高升的希望，无志同道合的乐趣，缺少增进知识的机会。当时在乡村教育中，旧的私塾仍然占一大半，但麻烦的是私塾也面临一定的危机，一个由于私人经济力量有限，乡村中私塾的情形愈来愈坏，二是有志的青年多不喜欢替私人服务。这就会出现以下局面：学校不好，还可以向私塾内跑；私塾不好，那就无处可走了。他认为，当时的教育已完全集中于都市，教育成为都市的出卖品，也是特别阶级的专利物，这种都市化的教育，只会使城乡分化愈来愈大。因此，他认为，现在的文化运动是偏枯的、局部的，因其只注目于城市，故文化运动要向乡村努力。

余家菊还注意到教育商业化的负面影响。如教科书的编辑和发行，多半是纯粹的商业行为。因此，在余家菊看来，现代教科书不配负担促进文化的担子，不配做教育人类的工具。他劝告各书局，要留意于改进文化的责任，对于编辑教科书的人，需加以审慎的选择，不

① 余家菊：《余家菊(景陶)先生教育论文集》(上)，第384—391页，原载1919年《中华教育界》第10卷第1期，第83—86页。

可抱着纯粹商业的态度。他列举了当时教科书在教材内容和形式上存在的很多弱点。在教材方面，存在："(一)不合教育宗旨，取材太无主义。(二)不合人生需要，太重学术的体制。(三)不合时代需要，又多废话，又多罣漏。(四)不合地方需要，多抄袭日本的。(五)不合科学的新趋势，太陈腐腐败。(六)不合科学的精神，太支离，太抽象。"在形式方面，也存在："(一)文体无生气；板滞的。(二)前后无结构；破碎的。(三)不合教授法；注入的。(四)忽略审美性；像插图的粗糙。(五)忽略卫生，像字的太小，纸的太光。"①不难看出，余家菊对教科书的看法受新文化运动期间新文化人士的影响。怎样改变上述局面呢？他提出以下建议：(一)我们要多做文字，批评各种各科的教科书；要利用机会，向与教育有关系的人指出现行教科书的破绽。(二)请求各著名的教育杂志和报纸，注意教科书问题，引起社会关注。(三)各学校各种学科会议，应该研究教科书问题。(四)征集各种学校、各科教员，对于所用教科书的意见；能得着有价值的报告更好，即令了无所得，也能引起他的批评，打破他的迷信。(五)各师范学校，应该教将近毕业的学生，留心研究教科书。(六)向教育部请求废除教科书审定制，各学校可以自由编纂讲义，可以自由采用教科书。余家菊理想中的教科书如何产生呢？他指出：第一，对于有思想有经验的教育者，可以自己编辑教本，先行试用；第二，专门以上各校应该负担编辑中小学教科书的责任，特别是高等师范毕业的有学识有经验的教育者；第三，成立各种学会，对于新出的教科书，应该多加批评，多加介绍，学会还应悬赏征集各级学校应用的各种教科书；第四，各省教育厅，

---

① 余家菊：《教科书革命》，原载1920年《少年中国》第1卷第1期，第102—103页。

或者各地教育会，或者各科教员联合会，应该设教材研究会，调查适合于本地方需用的特别教材；第五，劝告各书局，留意于改进文化的责任，不可抱着纯粹营业的见解。

杜威、罗素等欧美学者来华讲学时，北京高等师范学校创设教育研究科，余家菊随即报考该校教育研究科，于是在1920年春进入该校研究科学习。北京高师问学期间，授课教师皆为一时名流，如杜威、蔡元培、胡适、邓萃英等，正是在北京高师期间，他开始以教育学为门径较有系统地接受西学。在此期间，他认识了少中会友李大钊、陈愚生、毛泽东、黄日葵、邓中夏、康白情等人，并一度被推为北京高师学生会主席，然而对课外活动他并不热心，只是埋头问学。

在北京高师期间，余家菊主攻教育专业，对近代西方教育知识广研博习。在教育思想方面，由于与杜威有面对面的交流，杜威的教育思想对其影响颇深。杜威是在五四运动爆发前三天应北京大学、南京高等师范学校、中等教育改进社等团体之邀请来华，他是美国著名的实验主义哲学家和教育家，其教育思想特别强调教育的过程性及其与社会实践的联系，他认为教育的意义是“生活之更新”，是“经验之连续的改造”，“是社会之适应”，教育之本义，在于“个人与社会之不断的改造过程”。杜威指出，教育从来不存在普遍的目的，只有具体的教育目的，教育的目的是包含于被教育者之生活过程中，生活是不断地连续地发展，故将各时期、各过程中之生活充实地生长，即为下期生活之最良的预备，舍此以外，殆无其他真实的教育目的。杜威的教育思想即为具体的现实主义，“教育即生活论”①。在他看来，现实生活

① 雷通群：《西洋教育通史》，北京：商务印书馆，2007年版，第425页。

杜威来华时与众人合影，前排右二为杜威。“自从中国与西洋文化接触以来，没有一个外国学者在中国思想界的影响有杜威这样大。”胡适在《杜威先生与中国》一文中这样写道是一元的、连续的、发展的，要尊重过程。杜威的教育思想主要针对英国斯宾塞的生活准备主义。斯宾塞将现在与未来切断，视人生为二元的，认为价值与理想只在于未来，即成人时代的未来，至于现在的少年期，本身没有多大价值，只当作未来准备的手段，始有价值，因此，斯宾塞不惜牺牲现在，专顾及未来的教育。杜威以为斯氏教育思想，实不明了人生为连续发展的过程，现在的生活，其本身即有价值，故在教育方法上，杜威提倡儿童本位的、生活（行动）本位的思想。

杜威的教育思想对中国教育最大的影响在其“动的教育”与“教育即生活”的思想，其思想类型和中国传统的儒学思想比较接近，即都属于“改变世界”的思想类型①，且他在教育方法上从“行动主义”出发，进而主张“由行而学”，这在新文化人士看来可以改变中国传统儒家“主静”教育的不足，故其一进入中国就风靡一时。

罗素本是一位分析哲学家，以研究数理逻辑著名，在思想气质上与中国人不大相投，但其政治哲学对中国思想界有一定的影响，他在中国演讲的重点主要集中在政治方面。他认为，教育应注重社会，不应专重个人。一战期间，目睹战争对人类社会带来的创伤，他于1915年写了一系列的演讲稿，后于次年以《社会改造原理》为名发表，在本书中，罗素指出，人的本能冲动比有意识的目标在构成人的生活方面有着更大的影响，人的冲动可分为两类：占有的和创造的，最好的生活大多数是建立在创造的冲动之上，好政治是助人发展的，如教育、婚姻与宗教体现创造的冲动；而最坏的生活大多数是由爱好占有而激发出来，坏政治是压抑摧残人的，如国家、战争与财产是占有冲

---

① 余英时：《重寻胡适思想历程：胡适生平与思想再认识》，桂林：广西师范大学出版社，2004年版，第207页。

动在政治上的主要表现等。他主张人们应更多地发挥创造性冲动，而减少占有性冲动。罗素政治哲学中包含有通过教育来改善人生和社会的思想，这与余家菊抱持的教育救国思想相通。余家菊儿时教育偏重谨饬整齐，自翻译了《社会改造原理》一书之后，多少受其影响。罗素在政治上是一位社会主义者，在其《到自由之路》书中，曾说马克思主义可望造成一个比较完善的世界。他来到中国之前，访问过苏俄，见过列宁、托洛茨基。罗素初抵上海时，曾说一个国家的政治，应由下而上，在长沙讲演《布尔什维克与世界政治》，谓十月革命对于人类的新生存上，很有些意味，对于将来一定很有影响；布尔什维克行，人人工作，不致再有劳逸不均的事，人的生活不致相差太远。他虽不赞成布尔什维克主义之尚专制，但行动有效力，忠于国家，改革中国政治，最好是采用苏俄方法，不宜用西洋民主政治。

余家菊从杜威的教育思想出发，认为社会改造应从教育入手，学校生活是社会生活的准备，学校生活如上不了轨道，什么“平等”“博爱”“互助”“团体生活”这些新文化运动的目标都难以实现。他以为，中国人缺乏社会性或者说社会性不强就是在学校生活里养成的，甚至中国人的反社会性就是在学校内加工制造的，如教师和学生不发生交际，即制造的一法。中国传统社会中，老师与君父并重，所谓天地君亲师，教师与学生的关系是任意往来，不拘形迹，质疑问难，谈叙衷曲，学校无疑是种极乐之地。但自西方新教育引进之后，师生关系渐行渐远，学生眼巴巴地望着放假，教师则眼巴巴地望着下课。老师教了半年，还记不清学生的姓名，认不得学生的面孔，师生之间连门房和学生的关系都不如。学生学了一学期，还不清楚教师的历史与性格，以致学生和教师的关系，只是上课50分钟的关系，许多师生之间常年不交一语。不少学生对学校不是冷淡，就是嫉恶。在他看来，学校师生之间的这种“冰铁态度机械关系”于中国的社会改造大有弊害，因它会造成“冰冷的国民”“变态的人生”“阶级观念的巩固”“事务上的障碍”“个性的抹煞”等问题。他认为，中国国民“生活是静的，是死的，是毫无生气的”的原因是感情的缺乏。他说：“感情是活力的根源。没有感情的行为，是薄弱的，因袭的，敷衍的，不是勇健的，进化轨道上的。”他主张，人的感情如果没有正当的发泄途径，就会流入歧途，如果压制过分，不得发泄，就会酿成悲剧。他说：“我国大多数的人，不外两种，一种是醉生梦死的乐天派，一种是抑郁悲愤的厌世家。”这显然受罗素《社会改造原理》思想的影响。

余家菊认为，中国学校师生缺乏交际的原因：其一是历史原因。他说：“现在虽说尊师—畏师的偶像打破了，可是大家仍于无意识中受了习惯的支配。至若还在提倡纲常名教的人，不肯与学生交际(恐怕有失身份)，学生亦不肯和他交际(恐怕气色难堪)。”中国传统社会教师的地位与君父并列，师生关系中完全以教师为中心。古代一直有“师严而后道尊”“民生于三：父生，师教，君食”“事师服勤至死，心丧三年”等说法。新文化运动期间，教师的地位受到冲击，一些人将“师”列入三纲五常之说，予以贬斥。恽代英说：“一般为师的，不自知他的位置，时时觉得他是比学生高一等的人。一般为学生的，亦不知教师的位置，时时觉得他是比教师低一等的人。这种高于人、低于人的观念，便是一种官僚同奴仆的精神，便是平民主义的大仇敌。教师不自觉的说话像训谕一般。学生不自觉的写信像禀牍一样。彼此诱惑，忘其所以。”[①]他还经常写信劝学生不要称他为“师”或“先生”，以免自己无形养个高于人的观念。

其二是缘于中国的国民性。余家菊指出，中国人“原无所谓社交。庆吊来往，不是亲戚就是邻里——不是血统的关系，就是部落的遗习。即令说他是交际，亦不过是勉强应酬，不觉得什么趣味，亦不觉得什么重要。乡党自好的人，差不多都有个‘闭门谢客’的‘隐君子’在心目中。幽独的生活，实是我国国民的特性。以家庭为生活的范围，以‘于人无求，与世无与’为生活的极则。这种性质的国民，自然无所谓交际，更无所谓师生的交际”。

其三是嫉俗，时人因对社会上的“攀缘、利用、对付、树党”的失望故废然思返。

余家菊上述看法实际上是新文化人士所说的“东洋民族以家庭为本位”和“东方文明是静的”等言说的进一步发挥。按新文化人士的思路，由于以家族为本位，故中国人缺乏社会性，从而导致国民生活是静的，是死的，国民无合群性，无公德心，一盘散沙，无三人以上的团体。团体生活的欠缺和社会服务意识的不足是社会的制度和习俗造成的，社会使人们的情意不得正当地发展。对此，他提出一方面要造成师生交际的机会：教师要主动地接触学生，师生都应在校膳宿等；另一方面要养成师生交际的精神，要相信社交即是生活，教师要具有德谟克拉西的精神。他提醒广大教育者，师生的交际问题，小言之是教育的问题，大而言之是改造国民性的问题，是确立民主精神和建立民主生活方式的问题，是变学校为社会的问题，大家切不要轻看。

① 恽代英：《恽代英日记》，北京：中共中央党校出版社，1981年版，第612页。

对于中国传统教育重德育的特点，他运用自己初步了解的西方教育学、人类学知识提出了自己的看法。他指出，道德教育如何下手？根据西方人类学者的看法，个体发展的程序，是复现民族发展的程序，故研究儿童的道德，可以探究人类道德的真相，这比空谈人性显然更有说服力。他认为，在道德的进化中，本能居于最重要的位置；儿童的行为大多是本能的，而本能的行为无所谓道德不道德，只是自然的，因此，儿童的行为无所谓善恶；道德的可能性是生成的，道德律、道德理想是经验、训练、习惯与意愿的结果，是起于经验与天性的交相反应；道德的起源与本质，都是社会的；道德标准、道德理想、道德习惯等，随年龄、民族、时代、文化、制度进化的不同而不同；人类早年的行为，受个人本位的本能支配，没有道德的素质；儿童的感情与道德有重大的关系，陶铸儿童品性的不是善、敬、利害等观念，而是父母师友所未曾自觉的感情状态；父母的人格，对于儿童的心理，有极大的势力。道德性发展分为四个阶段：幼儿期处于无道德阶段，一切行为出于本能；第一童年期处于预备阶段，儿童的言行主要是习惯、模仿、抑制起作用；第二童年期处于过渡期，部分行为是道德的，部分行为是非道德的即受本能支配；第四阶段是青年期，即道德自我的发生期，亦是品性确立期，这个阶段是紧急、危险期，儿童的行为有所有权、好奇心、偷逃、谎话、反抗性、捣乱、模仿。道德的发达，完全依赖儿童对于道德观念与道德标准的理解力与反应力，理解力与反应力是生而有的，只需训练，才能发展。道德性根本上是社会的，发展道德性亦宜于在社会的环境中。道德性的发展与训练，要注意儿童身心发达的阶段。儿童种种不利于别人的行为，都是本能的，都不是不道德的，都有利用的价值，惩罚与压制往往有害无益。[1]这显然是对中国传统教育中对儿童教育过于严谨、规制的不满。

余家菊提醒教育者，要重视“游戏教育”。中国传统教育一般将儿童的游戏看作万恶之源，要求儿童一举一动都要循规蹈矩。他从西方儿童的教育经验出发，提出：游戏场就是儿童的学校，新教育是利用儿童的本能施行教育，儿童既有天然的游戏本能，教育者就应知道怎样利用本能去实施教育。他认为，游戏是最好的教育机会，在游戏场上教修身，在街上教认字，是实际的、是动的，比起呆板的讲堂教育要有效得多。为什么说游戏是最好的教育机会？他从学理上进行论证，指出：儿童在游戏时，所运用的都是发达最早、使用最多的能力，于能力的发达和习惯的养成都极经济；游戏时是快乐的，于增进教育效率有很大的关系；游戏时注意力是专一的、自发的、有兴味的，能引起最强反应的教育；游戏是发于本能的，自然的，是最适于儿童的本来需要的；游戏中的反应，最富于变化性，能使身心各方面都得到合宜的锻炼。他还指出，游戏对于儿童的德、智、体、美等各方面都有很大的价值。在身体方面，游戏能流通血脉、促进消化，使人活泼自如；精神方面，可以训练感官和培养随机应变能力；在德育方面，通过游戏可以发挥儿童的若干本能，使其剩余精力有正当的发泄，从而变害为利，游戏可以培养种种积极的品性，如遵守规则及守法习惯等。他指出，“国内讲德育的人，素来偏于静的教训，而不知道从儿童的自然活动上去陶冶，素来偏重存心养性，而不知道行为与心习的关系，须知静的道德是主知的道德，知识只能做我们的统帅，须知专重

① 余家菊：《余家菊(景陶)先生教育论文集》(下)，第476—491页，原载1920年《中华教育界》第9卷第1期。

存心的道德，每每行与愿违，每每明知故犯。”①两年后，当他在英国观摩一次选举活动后，主张中国的儿童应当多打架。他说，“英国的国内和平，是在足球场上维持住的”；而中国传统硬要人过清教徒的生活，牌也不许打，马也不许跑，所以只好去打仗。他又说：“老子主张不抵抗，他的学说行而中国六十年一大乱！理学家教人去一怒字，而中国三十年一小乱！”②游戏和作业、苦工在态度和意趣上不同，游戏是活泼的、自发的、快乐的，教育者必须使苦工成为作业，作业成为游戏，免得学生在校如坐牢，上课如罚工。他提出，西方各国盛行游戏场运动，国内小学校聘教师时，不但要看他能否教书，还要看他能否教玩；要使正课与游戏联系起来，如欧美各国教国语的，每每教学生扮演课本上所讲的事项，国内的小学教师应将这种精神引入课业中；儿童在校外如没有适当的游戏，势必要干出种种不好的行为。他还引用欧美一些国家的统计材料，指出一项事实：一些国家内，凡开辟了游戏场的城市，儿童犯罪的案件，比较未有游戏场的要减少许多。总之，游戏是儿童发挥天性的最好机会，要施行儿童本位的教育，要施行个性教育，最好是从游戏去了解儿童。

余家菊在少儿时代，受理学熏染，不免过度检束自己，流入矜持一途。后受阳明学说的影响，性情开始变化，不过在中心观念上，究竟没有一个提示，罗素的《社会改造原理》对他“实在发生了解放作用”③。他于1920年秋在长沙第一师范碰到罗素时，亲口坦白罗素的

---

① 余家菊：《游戏教育》，参见：《余家菊（景陶）先生教育论文集》（下），第455—461页，原载1920年《中华教育界》第2卷第3期。

② 余家菊：《五十回忆录》，参见余家菊：《余家菊景陶先生回忆录》，台北：慧炬出版社，1994年版，第129—130页。

③ 余家菊：《五十回忆录》，参见余家菊：《余家菊景陶先生回忆录》，台北：慧炬出版社，1994年版，第140页。

《社会改造原理》整个地改变了他的生活态度，其影响直至30岁左右才逐渐减弱。他认为，罗素教人适当发泄自己的冲动可以救济理学家的严肃主义，杜威的教育思想则在具体内容上影响了他。可以说，罗素的社会改造学说以及杜威的教育思想同时对余家菊发生了影响。吴俊升后来指出："中国教育所受到外国学者影响之广泛和深远，以杜威为第一人。杜威所给予外国教育影响之巨大，也以中国为第一国。"①

在北京高师求学期间，对于当时中国的考试制度他也进行了批评，并主张废除考试制度。五四运动以后，因青年学生在中国政治、教育和社会的影响愈来愈大，在校园内，"学生自决""学生参加校务"等呼声越唱越高，学潮层出不穷。就在五四运动当年，北京高师的学生发起了废考运动，余家菊予以明确支持。他指出，"自从有了考试制度，我国的文化就无显著的进步了。从倡新学到于今，已经有了二十多年，为什么还不看见新文化的'影子'？研究新学的人，都仍旧是举子的心理，所以他们成就的功业，仍旧是举子的功业"。他还说："自从有了考试制度，就没有教育，只有考试。及令有'所谓教育'的，亦不过是考试的预备，或者是考试的副产物。科学是为读书人谋出路的，现在学校的骨髓何尝有什么不同！从历史上看来，'谋出路'就是考试制度的主旨，什么'拔取人才''考查成绩'，不是欺人的话，就是'皮相之谈'。"②表面上他斥责的是中国学校的考试制度，其实矛头是针对传统科举制度的流弊。但废除考试运动，只算是解决了教育上教育的问题，还没有解决社会上教育的问题。他认为，从社

① 杜威：《民主主义与教育》，王承绪译，北京：人民教育出版社，1990年版，序。
② 余家菊：《北京高等师范废除考试制度的经过》，参见余家菊：《余家菊（景陶）先生教育论文集》（上），台北：慧炬出版社，1997年版，第148页。

会上看，不应有入学考试，为什么有人不能升学？不能升学的人就应该不升学吗？他以为这是社会的病态，不是正当的道理。北京高师的学生在1919年年假时，有少数人认为应该废除考试。次年2月间，由各班班长临时会议，决议废除考试，并由各班各选两个委员，组织考试制度研究会。全体委员大会提出：考试应全部废止（包括临时、学期、学年、毕业四种），减少授课钟点，使学生自学时间充裕；设立各科研究室及教育研究室，并请指导员；留级制度废止，如有某科不及格，仅补习该科。考试废除以后，各科考查成绩方法应采用笔记、摘要、论文、批评、译述、编辑等形式；学生可自由选择以上各种形式；所交成绩均须学生自动制作，教员不宜强定范围及程度。

余家菊对当时中国教育现状的反思，一方面体现了他对中国传统教育的消极影响有所批评，进而企图按照西方现代教育精神和方法来改造中国教育；同时他也看到了西方文化教育的引入对中国社会带来的复杂后果。他发现，当新文化人士用“团体生活”“社会服务”这些“好听的名词”来医治反社会性的中国国民时，效果显然并不理想。他质疑道：“究竟团体生活的成绩，是不是多添了一些嫉妒、倾轧的风气？究竟社会服务的状况，是不是造了一些机会去锻炼有始无终的劣根性？”他注意到，时人已有“学校即是市场”的说法，虽觉得此话太刻薄，然学校的现实却是“教员呢，两块钱一点钟，钟点到了，钱得了，坐上洋车回公馆。学生呢，三十元一年，期满了，卷起行李，回家去。你你我我，两不相管，‘萍水相逢，尽是他乡之客’，究竟是所为何来？饭碗……，出身……”①。当时，时人就有教科书不如四书五经

① 余家菊：《教科书革命》，原载1920年《少年中国》第1卷第1期，第102—103页。

的看法①，这实际上是中国自清末采取废科举、兴游学等全方位引进西方新式教育体制之后教育商业化、功利化的一个必然后果，上述教科书的编辑、发行是这样，前述余家菊谈到的师生关系的日渐疏离也是近代中国引进西方班级授课制之后的一个必然倾向，余家菊仅归咎于中国历史与国民性，足见其受新文化运动的影响之大。

他也注意到新文化运动对乡村教育的影响。在中华大学附中任教时，他就指出，新文化运动是偏枯的、局部的，因其仅在城市打转，而乡村的教育已经破产，其破产的主要原因一是乡民们对乡村教育不信任，二是读书人多不愿去乡村从事教育工作。他看到近代中国城乡教育的不平衡问题，这背后的根本原因实际上与近代中国引进的西方教育制度有关，近代西方教育制度是与西方工业革命以来的工业化、城市化进程紧密相关的，其教育制度完全是城市化教育，中国近代在工业化和城市化方面进展不大，但在教育方面全面引进西方的这种城市化教育，其流弊自然较多。

余家菊从对其家乡黄陂的观察中，发现新文化运动的影响仅限于城市，对于乡村不但未见其利，反而只见其害。他认为，新文化运动忽略了底层社会，而社会改造，要从底层做起，文化运动要普遍到了底层社会才有希望，然在他看来，中国社会尤其是乡村社会依然还在宗法时代，与当时新文化人士一样，他意识到：血统观念弄得国人只知道有家庭，不知道有社会国家，但血统观念也有它的好处。他发现，乡

---

① 据余家菊回忆，1922 年冬，他在英国碰到范源濂，范氏给他讲了一个真实的故事：民初范任教育总长时，一日遇见康有为，康问他，你们学校里读四书五经否？范答：不读。康又问：你们的学生读什么书？范答：教科书。康又问：教科书是谁作？范答：是书店内的编辑所作。康说：那么你们的编辑先生胜过古代的圣人了。范说：我闻此言为之毛骨悚然。可见，民初时相当一部人对所谓的新式教科书持保留意见。参见余家菊：《余家菊景陶先生回忆录》，台北：慧炬出版社，1994 年版，第 57 页。

村中单姓村一般比杂姓村民风要好。他注意到：在那些已经完全无产化的村子里，村民之间，“没有不平等的现象。彼此的嫉妒心，要比较的少得多了”。他们在劳动时“彼此很情愿互相帮助”，他们在供给不足时“彼此都能按著公理，求得均平的分配”，“他们总能顾及别人的需要”，“他们有公共禁约时，彼此都能遵守”，“他们知道彼此都是可怜的人，所以能够互相扶助。即令有什么争端，也不至成了不解之仇。这真是‘共患难易’呦！真是无产阶级的优点呵！”而在那些贫富分化较大的村子，富人们经常借势欺贫，穷人也不时恃穷横闹，富人要笼络、防备甚至吓诈穷人，穷人要巴结甚至借故讹诈富人，村子里无日不在战争状态中。他注意到：一些规模较大(百人以上的)的村子已经沾染都市的气息，“都市上的罪恶，大村内也差不多件件都有，不过是‘具体而微’”。而小村内则相反，“对内是‘休戚相关’的情谊，对外是团结的精神”。以他在黄陂乡村的观察来看，乡村的衰落与都市的繁华适成反比。乡村前有“都市的利诱”，后有“经济的压迫”，许多农民已不安心农业，有钱的、没钱的大多到都市里来寻出路，乡民到都市后，却“最易染受都市的恶习。善良的根性，一天消灭一天。较为健全的国民，一天少似一天。再看留在乡村的农民，除了有特别的原因的外，多半是未成年的，或者不十分强健的，或者不大伶巧的。优秀的农民，逐渐地减少，农事的成绩，逐渐地窳败。中产人家，都对于置备田产没有趣味。田产也就一天一天地流入大资本家手内去了！其中的危险，很足唤起我们的注意呵！”[①]他认识到，中国社会的危机是乡村的危机，要解决乡村危机，必须要文化下乡，即开展乡村教育运动。

---

① 余家菊：《农村生活彻底的观察》，原载《少年世界》第1卷第2期，参见余家菊：《余家菊(景陶)先生教育论文集》(下)，台北：慧炬出版社，1997年版，第430—441页。

在他看来，乡村与城市以及整个社会的发展应是互为条件、相互影响，乡村危机会影响到都市和整个社会。因此，乡村教育运动“直接是救济乡村的危机，间接是救济全社会的危机”。在他看来，近代中国城乡发展的失衡，使得乡村成为最大的受害者，这体现在：农民的生活理想与习惯日益都市化，乡村的精英群集于城市，社会将有分裂为都市阶级和乡村阶级的危险；而乡村人才日渐缺失，不仅会使乡村日渐衰败，同时也会导致都市失去领袖的来源。他把乡村看作中国社会发展的基础所在，都市人“体质衰败”“精神颓丧”“道德败坏”，所以必须设法使乡民安于乡居，以为中国社会的发展保留一线生机，要改变现状，则必须重视乡村教育的发展。

他认为，乡村教育不振的原因有两个方面：其一是乡人不重视教育，当时科举虽废，“而科举的精神则仍旧盘亘在多数国民的脑筋中”，在一般国民的意识中，“学校无非是进身的阶梯”，晚清以来，随着城乡发展的失衡，社会的各种资源与个人的上升性机会皆集中于都市，由于科举已废，以前乡民通过读书来改变社会地位的渠道中断，新的上升性渠道又不明朗，许多人便不大重视读书，或直接送子弟去都市接受教育。其二，就教育者自身而言，“由于教育界斩桑教育的信用”，昔日中国国民虽知识不足，然日常德行很能维持。但现在的多数教员，“一由都市而到乡村，即刻就将文明博具——麻雀已旧了，扑克正时髦，办公习气，带去了！”[①]年假未到，学校则关门放假。余家菊的分析显然是以他童蒙时的家塾教育为参照的。

赴英途中，余家菊读到梁漱溟的《东西文化及其哲学》时，觉得

① 余家菊：《乡村教育运动底涵义和方向》，原载《中华教育界》第10卷第10期，参见余家菊：《余家菊（景陶）先生教育论文集》（下），台北：慧炬出版社，1997年版，第402—409页。

“其说甚洽我心”。他指出：“时人知国人生活之疲惫，实缘寡欲说之笼罩人心过深而且过久，故欲以西洋之多欲的生活代之”，但中国人的能力不足，环境供给不丰的现实使得仅有心中的欲火，究有何益？这对青年人来说只有自苦而已，故“寡欲之说亦未可尽非”。于是，他对中西两种人生态度予以折中，“于生活的享受上当寡欲，于事业的营谋上当多欲”，[①]从而主张对东西文化之特长当兼收并蓄。不过，这只是一种本能的直觉和初步的态度，在学理上并未有多少牢靠的基础，直至赴英国留学之后，这种状况才发生了改变。

北京高师学习数月之后，余家菊先后在长沙第一师范附小、开封第一师范经历了短暂的任教。1921 年 8 月，他以复试第一名的成绩通过了湖北省留学考试。1922 年 2 月，怀着直接了解“德先生”和“赛先生”的真诚愿望，他从上海出发海行赴英国留学，迎来了其一生志业发展的关键阶段。

（二）西方实验科学的训练

王汎森曾指出：“近代中国新知识分子多有一段留学异国的经验，这一段经验在他们一生思想及事业发展中常居关键位置，所以也特别值得注意。”[②]的确，由于近代以来西潮的强烈冲击和中国与西方在历次冲突中的不断受挫，中学在国人心目中因其不能经世而地位日趋边缘化。与此同时，西学在中国知识界和思想界中的地位渐趋中心。到新文化运动期间，只有西学才是真正的学问已经成为中国绝大多数知

① 余家菊：《海行日记》，参见余家菊：《余家菊（景陶）先生教育论文集》（下），台北：慧炬出版社，1997 年版，第 619—620 页。

② 王汎森：《思想史与生活史有交集吗？——读“傅斯年档案”》，参见王汎森：《中国近代思想与学术的系谱》，石家庄：河北教育出版社，2001 年版，第 312 页。

识人的共识。余家菊受五四新文化运动的感染，希望通过留学为中国建立基本的科学基础；也正是两年的留学生涯，为其后的志业打下了一定的知识和思想基础，这主要表现在两个方面：一方面，通过对西方实验科学的学习，为其以后的思想发展奠定了科学的方法论基础；另一方面，对西方各种思想的迎纳很大程度上确立了他在文化、政治方面的价值取向。

在北京高师读书期间，余家菊通过杜威、胡适等人开始较有系统地接触到西学，但这只是间接地了解。他是一个凡事要知其所以然的人，加上自己在英文方面有一定的基础，怀着了解西方民主和科学真相，进而为中国社会现状的改造建立基本的科学基础的愿望，于是有了留学的想法，正是英国留学使他较为系统、直接地了解了西方文化。

新文化运动期间，出于改造中国国民性的需要，不少知识青年受西方弗洛伊德等心理学名家的影响，对西方心理学产生了很大的兴趣，如章士钊、汪敬熙、吴康、傅斯年、杨振声等人。余家菊主张教育救国，而心理学是教育学的基础学科，故他对心理学极有兴趣。在中华大学本科读书期间，他就在学报上发表了一篇心理学论文《梦的心理学》，由于以教育学为自己的专业，而教育学又以心理学为基础，遂自命将从心理学的途径去设法解决中国社会改造的一切问题。在海行途中，他拟定在英期间问学的大致计划为："从生物学以了解心理学，从心理学以了解教育的真义及方法"①。

1922 年 3 月上旬，余家菊抵达英国伦敦，定居于伦敦西南十一区

① 余家菊：《海行日记》，参见余家菊：《余家菊(景陶)先生教育论文集》(下)，台北：慧炬出版社，1997 年版，第 611 页。

克莱芬公场马林逊路的来丁格巷邻街。由于初至异国，对相关情况不太了解，他起初并未按其夙愿学习以心理学为主的实验科学，而是先入伦敦政治经济学院，从瓦莱斯学社会学，从霍布豪斯学政治哲学。在经过半年的游学之后，是年9月，余家菊按照自己的原定目标，进入伦敦大学心理学院，师从史皮尔曼教授攻读心理学研究生。史皮尔曼(Charles E. Spearman，1863—1945)是20世纪前期英国以研究心理统计学著名的心理学家，史氏长于分析，又辅之以实验方法，每周为学生讲授讲演、实验、讨论各一课，这使余家菊对西方科学方法的理解较为深入。在伦敦大学这两年，他的收获是一方面摒弃了中国传统那种模棱两可、过于笼统和形而上学的思维方式，另一方面尝试运用一些实验的、观察的和数理分析的方法探求人类思想的深层。由于一直对改造中国国民性颇为关注，他希望运用实验心理学来探索中国人的集体心理，以为改造国民性建立科学的依据。他出国前后反复研读麦独孤(William Mcdougall)的代表作《群体心理》，麦氏将这本书的副标题定为“群体心理原则论稿，并试用于解释国民的生活和性格”，这正好体现了余家菊的关注所在。他也特别注意精神分析，希望用其深入探究中国传统的禁忌领域，以便将中国人从传统的束缚中解放出来，重新确定他们对待这些隐藏潜能的态度。

清末时，“科学”一词从日本引入中国，其最初的含义强调的是“分科治学”。从内容上看，晚清时国人对科学的认识主要是将其视为致用之具，特别看重物质科学，因其为救国之要道。在方法上，当时中国学人对科学的理解主要集中在关于中西思维方法的优劣利弊的认识上。梁启超在评论中国先秦学派时，认为其中的第一个短处即是“论理Logic思想之缺乏也”，他觉得“论理者，讲学家之剑胄也”，由于西方到亚里士多德时，论理学已“蔚为一科”，故“其持论常圆满周到，首尾相赴，而真理愈析而愈明”。而中国古人之说理，字义寥廓不定，又论法单一，颇多循环论证，不像西人之著述“必先就其主题，立一界说，下一定义，然后循定义以纵说横说之”。究其原因，一为中国学人“务以实际应用为鹄，而理论之是非，不暇措意”；二为“中国语言、文字分离，向无文典语典 Language Grammar 之教，因此措辞设句之法，不能分明”；三为“常以教人为任，有传授而无驳诘，非如泰西之公其说以待人之赞成与否，故不必定求持论之圆到”。梁氏说的是先秦学派，实可代表中学整体。他还以例为证：“试观泰西古代思想，集成于亚里士多德；近世文明，滥觞于培根。彼二人皆以论理学鸣者。”①在他看来，思想方法看似细故，对于学术的盛衰却至关重要。

稍后，王国维也表达了类似的看法。王氏说：“抑我国人之特质，实际的也，通俗的也；西洋人之特质，思辨的也，科学的也，长于抽象而精于分类，对世界一切有形无形之事物，无往而不用综括（Generalization）及分析（Specification）之二法，故言语之多，自然之理也。吾国人之所长，宁在于实践之方面，而于理论之方面，则以具体的知识为满足，至分类之事，则除迫于实际之需要外，殆不欲穷究之也。”②王国维与梁启超一样，对于中西学术利弊的认识基本上都是从西方的科学出发。

新文化运动时期，胡适等人更强调的是“科学”的“精神”与“方

---

① 梁启超：《论中国学术思想变迁之大势》，上海：上海古籍出版社，2001 年版，第 44—45 页。

② 王国维：《论新学语之输入》，参见傅杰编校：《王国维论学集》，北京：中国社会科学出版社，1997 年版，第 386 页。

法”，并将其具体化为实验主义与辩证唯物论[1]。余家菊在北京高师求学时，杜威主讲思维术，胡适又倡导“方法至上”，受他们的影响，其对西方实验科学发生了极大的兴趣，而且尤其关注实验科学的方法。他把杜威的思想方法概括为五大步骤：①感觉疑难；②确定问题所在；③建立假设；④阐明发挥；⑤勘验。这与胡适的见解相似。胡适也认为，杜威的实验主义方法就是科学的方法。余家菊之留学，本抱着学习“国内所无、西人所有”的倾向，故西方实验科学是其特别注目之所在。史皮尔曼的讲学风格是分析与实验并重，恰好符合余家菊的学术兴味。他后来说史氏对他的影响主要是在“思想态度”上，这显然是指史氏论学的精细、确切、冷静的风格而言。后来他说：“若问我所受到影响的老师，以哪一位为最大？单就讲学而不就做人说，我就要说：在我觉识的范围内，最大的影响是受自伦敦大学学院的心理学教授史皮尔曼。他所主持的讨论班，是用极精细的分析态度，做着极烦琐的推敲工夫。每一个字，必分析它的内容，探究它的源流，排比各家意义的异同，厘定它的确切界说。我受了他的一年训练，我才不敢胡乱地用字、粗疏地说话。他把我的轻浮气、妄诞气，一齐都打下去了！假使我在学术上真有一点点成就，假使我所作的文字真有一点点价值，我的感谢大半要向这位老师表示。”[2]史氏的教导无疑使他在思想方法上由之前的登堂进一步入室。

留学期间，余家菊自定的学术路径是以教育为据点，以伦理为目标，多学实验科学，多看客观事实。他学教育学建立在实验心理之上，

---

① 罗志田：《走向国学与史学的“赛先生”——五四前后中国人心目中的“科学”一例》，《近代史研究》，2000 年第 3 期。

② 余家菊：《五十回忆录》，参见余家菊：《余家菊景陶先生论著专辑》第二辑，人文，台北：慧炬出版社，1986 年版，第 789—790 页。

学心理学又建立于试验生理之上。由于研究生课程较少，他有较多的时间按照自己的计划学习。除问学史氏以外，他还在伦敦学院学习实验心理学，又在国王学院学习变态心理学，柏德浮女子学院学习儿童心理学，在师范学院学习教育哲学，并于夜间在巴特洗多拔学校学习生理解剖。他如饥似渴地汲取西学新知。

经过英国留学，余家菊对西方实验科学的精神实质和方法有了进一步的了解。这从他之后发表的有关教育学论著中可以看出。在《教育学科是科学了》一文中，他指出："我们颇不必斤斤于教育是否独立的科学，而只希望大家都从科学的见地去研究教育，而打破我们得自先天之笼统的、直觉的、空想的习惯。"[①]言外之意，所谓科学精神就是精确的、经验的与实际的作风。从其所举的若干实例可以知道，他之科学方法是为通过实验与统计得出数据，然后从数据中归纳出结论。他与梁启超和王国维一样，认为中国人在思维方面有笼统和粗疏之弊，由于思维笼统，所用词语无精当的含义，亦无明晰的界限，所论无洁净无疵之内容，亦无确切不移的效限；因思维粗疏，所论上下句间，每每无必然之关联，又或以一端而概全体，于其依据所应有之应用范围辨识不真。囿于笼统与粗疏，故国人所论，虽妙辞盈纸、脍炙人口，然一考其实质，则不知其主旨何在；议论虽宏，然结构松散，以如此之思想习惯而侈言创造新文化，夸谈融合东西哲学，"何异以漏舟而载万吨，适以沉诸海底而已"[②]。他主张以分析对治笼统，以严谨的推理对治粗疏。简言之，即希望国人注重逻辑训练，在他看来，科学方法

① 余家菊：《教育学科是科学了》，参见余家菊：《余家菊(景陶)先生教育论文集》(上)，台北：慧炬出版社，1997年版，第55页。

② 余家菊：《治学论事之基本要件》，原载《国论》第二卷第三期(1936年10月15日)，参见余家菊：《余家菊景陶先生回忆录》，台北：慧炬出版社，1994年版，第342页。

的实质在于逻辑，它可使知识具有确定性、普遍性和公认性。晚年，他对科学方法进行了总结，他说："谈赛先生，不可不了解的，是分析又分析，科学的方法，就是在分析。将一问题分析到最小的单元，加以实验观测，做成记录。分析试验之后，得有结论，然后以此结论和其他结论贯通起来加以组织，然后成为科学的知识。不分析无从谈科学，不组织也不是科学。"①这明显是在留学期间受到史皮尔曼的影响。

对于科学的价值，余家菊受到英国生物学家赫胥黎的科学功用观影响。赫胥黎之前，英国拥护科学者大多重视科学的实用价值，而赫氏认为科学不仅可以伸张人的理性，而且具有感情、审美的价值。余家菊认为，赫氏科学功用论主要表现在：科学能"使人爱好自然，使人虔敬自然，使人富于美感而归于道德化也"；科学知识"可以改变吾人之人生观"；科学能够培植人们的因果观念；科学就要善用自然法则；科学的成绩可以培养独立研究之能力。

此外，余家菊在潜心于西方实验科学的同时，对西方的人本学科和人本主义思潮也颇为关注。他注意到 19 世纪英国著名的文化批评家马修·阿诺德的文化思想。马修·阿诺德是英国维多利亚时代人文主义知识分子的杰出代表，他将社会道德批评与文化理想结合起来，对英国工业革命期间狭隘、庸俗的科学主义和功利主义进行批评，提出人类追求的目标应是美与智的全面、和谐与完整的目标。余家菊认同阿诺德所言："吾人欲有运用科学知识之能力（是乃吾人之所愿望者），则必先经过若干的道德化。欲道德化 Morlizing，而不用文字、诗歌、

① 余家菊：《我的学习生活》，参见余家菊：《余家菊景陶先生论著第六辑》（一），台北：慧炬出版社，2001 年版，第 60 页。

精神修养 religion 等旧工具，殆为不可能。”[①]阿诺德的文化思想多少加强了余家菊对传统儒家价值的信念。他认为，历史上的诗文承载着先人的伟大精神，寄托着先民的深远情思，其能经过长久的时间考验而存于现在，因其中代表人性中的共同成分，后人每每闻其事读其书时，莫不有所动于中而表于外，今人需要对古人保持敬意，学校教育若使学生为古人的高尚精神所熏染与浸润，庶几人格教育才能收效。他强调，教育决不能忽视人本学科，这显然是针对中国教育界当时有专门化且专门过早的倾向，学习实科者往往以实科功课为唯一有关国计民生之学习，习文科者又多忽视实科，这种专门化倾向对于个人则为偏枯的发展，易流于畸形的人格，在社会则彼此隔膜，而发生无谓的龃龉。他建议，学校教育在课程编制上应遵循均衡原理，于实用科学与人文科学要平均重视，这对国民人格之圆满与国民情意谐和有一定的助益。

（三）中英教育制度之比较

西方实验科学给余家菊提供了方法上的典范，但科学精神、态度的养成仅仅靠方法上的借鉴显然不行，必须要以国家的教育制度为载体才能实现。为此，他对英国教育制度进行了关注，并用比较的眼光探讨中西教育制度的异同。通过对中英双方在中学学程的设置、大学入学考试制度等方面的比较，他指出：中国人的科学精神与态度的养成必须要在教育制度上进行改革。他指出，国内教育界对于学程的拟制一般不出两途：一种是学程多而范围广，一种是学程多而范围窄，

① 余家菊：《国家主义教育学》，上海：中华书局，1925年版，第50—53页。

前者的问题是学生忙于吸收而不暇消化，后者的问题是学生知有己而不知有人。他说："现时我国编制学程之最大牵制，是每个学科不列入功课表而已，一经列入，至少就延续一年，每周之内至少要占两小时。"他以英国学校经验为蓝本，指出学程的编制应按"从普遍中求精一"的原则，学程的数目无妨多，范围亦应广，只是各学程所占的时间不可过久。他主张我国中学学程应以半年为单位，每周一小时即可，于各科皆只求其大纲而不必要求每人都习其细节。

晚清时我国学校学程配置，大都用直进法，新文化运动时期混合教本之说又一度流行。他认为，仅仅混合，不足以尽其能事，应于混合之中存演进之义；因混合而不得当，就成为杂乱而无条贯，失却联合之原意，而前后重复而无生气，又会减少研究之兴味。他举例说："(英国)好几个学校，他们的学生讲植物能实际的试验进化论，讲化学能遍述瓦斯工厂之各种经营法，俨然是一个学者或工程师的派头。考其原因，他们的学程编制，都是于第一年使学生学得生物学或科学的轮廓。第二年于此轮廓中择其一部而为细密的学习。第三年只择几个重要的问题而为深沉的研究，他们名之为研究工夫(Research work)。……到了第四年，教师从原理上又将学生引导着去探视学海之汪洋。"在他看来，英国中学生由于在学程编制上实行了"中学之大学化"，所以他们的中等毕业生，已经领略过学术的真义，于研究的方法确已有几分把握。而国内中学，他以博物学科为例说："第一年是入生理的门，第二年是入植物的门，第三年是入动物的门，第四年是入矿物的门。有时毕业期到了，学科教不完，于是连门也入不成。永久在入门之尝试中，哪里能来透彻的知识吗?"他认为，这四门功课，只有材料上性质的差异，而没有分量上程度的深浅，四年下来，学生始终在一个入门期内打转，难以进行深彻的研究。他说："科学的态度与精神，使学生不从事深彻的研究，专教点科学方法论，绝然无益。"他的建议是：初级中学课程要普遍，范围多广，要有关于基本知识，不要太难，16岁前不能从事专科，到了高级中学阶段，学程应该逐渐发展，即采取演进法：由轮廓而及其详节，由大纲而及其细分，由广处而及其深处，也就是说，在初中阶段应"重视面的涉猎"，在高中阶段应学习英国那种注重"一条线上的深入"。

但学程的分级只是解决了学习中知识深浅差异的问题，这还不够，因前后的学习尚需一贯的精神，为此必须在学科内容上进行整合，他建议实行"分组制"。他指出，中国在科学教育方面，"于博物则使学生于植物、动物、矿物都须知道一点，于科学则于物理、化学都须知道一点，于史地则古今中外无不通晓；结果呢？外貌是百科全书的教育，实际是就等于制造字纸篓而已"。他提出"分组制"的大致思路是：按学科性质或内容分为：国文、外语、自然科学、社会科学、职业学科、艺术学科，或科学组、手技组、数学组、语言组，各组皆定一最低标准，未达到者，不得选修别的功课，同组之内有选修的自由；实行分组法，学生于第一年对该组学科知识应有一种轮廓的知识，习其大纲要节，第二年再偏重一方，后面几年，学生可以根据自己的志愿与兴趣进行较深的学习。他认为，真正的科学知识都是自己研究的结果，"不行分组制，就没有真正的研究之可能，亦就没有产生真知识的余地"。

然分组制的最大难关是大学入学考试。他批评中国现行的大学入学考试，“是以百能责望于中等学生，是制造浮浅简陋的总机关”[①]。因为它要求中学生对于植物、动物、生理卫生、代数、三角、几何、中国史、外国地理各门功课都要学习。而英国各中学将学科分为四组：人文、语言、数学与自然科学、职业(技艺、家政等)，学生毕业时，除第四组外的其余三组要须及格就可，参加大学入学试验考试时，考试科目可自由选择。余家菊言外之意，主张中国应借鉴英国的大学入学考试。

四、国家主义教育观的形成

除过多学西方实验科学和关注英国教育制度之外，余家菊在留学期间的另一大收获即国家主义教育观的接受与构建。

国家主义教育以国家的富强为目的，认为教育是实现国家目的的手段，教育是国家的事业，必须由国家控制经营，不得由私人、党派、地方权力、教会或外国人所办理。这种教育思想，在清末及民初的军国民教育思想中，已含有一点成分。1912 年的临时教育会中，刘以钟、吴曾禔首次提出“请决定相对的国家主义为教育方针案”，民国政府虽同意以国家为中心，但因其违背世界潮流与个性发展原则，而未被采用。及至五四运动及杜威等美国教育家来访以后，民主主义思想风行全国，国家主义教育不受重视。1923 年，余家菊、李璜等发表《国家主义的教育》一书，重提此说，引起教育界的重视。后因五卅惨案激起团结爱国情绪，而凌驾于民主主义教育之上，至 1927 年受国民

① 余家菊:《个性与学程编制》,《教育杂志》, 第 15 卷第 7 号。

政府的禁止而削弱。

(一)背景：反对殖民化教育和教会教育

国家主义教育观产生的背景首先是直接针对当时国内存在的中国教育的殖民主义倾向。据李璜回忆，1923年暑假，余家菊自伦敦来巴黎度假，两人偶然谈到国内教会教育甚为发达，他们觉得外国宗教家来中国办教育，其目的是为了传教，这与少中学会一贯秉承的自由思想的教育宗旨不符，而宗教信仰没有不排他的，亦会导致国内的教育见解分歧，并忽略了中国的文化与科学思想。于是，两人各写了几篇文章，合为一册，名为《国家主义的教育》。此后，国家主义教育成为一种思潮，影响渐及全国。

1. 反对庚款兴学式的殖民主义教育

自清季以来，西方列强为争取各国文化在中国的市场，培养和扶植在中国未来的代理人，进而影响未来的中国政局，遂提出以超收的“庚子赔款”退还中国以兴办教育。最早提出退款兴学的是美国。早在1905年，中国驻美公使梁诚与美国国务卿海约翰(John Hays)已协商退款兴学事宜。1908年5月25日，美国国会通过退款议案，同年7月11日，美国驻华公使柔克义向中国政府正式声明，将美国所得“庚子赔款”的半数退还给中国，作为资助留美的中国学生之用，中美双方达成退款兴学的协议。第一次世界大战之后，其他各国(除过日本)陆续宣布放弃或退回庚子赔款余额。退款遂被广泛应用到中国的教育文化事业之中。当时不少人对西方各国的退款兴学这一举措持乐观的欢迎态度，认为此乃中国之福。

余家菊则认为各国退还庚子赔款兴学绝非对华亲善或良心发现，

实乃眼见美国教育政策在中国已显见成功，美国的势力遍布中国社会各界，意识到欲保持其经济的势力或扩张之，不可单自经济上的侵略着眼，还须先于教育上培植根基。事实上各国赞助退款甚力之人，往往是工商界的巨子，因此，各国退款兴学之用意，就是要为本国造在华经纪人而已，以中国人的钱制造剥削中国人的工具。他提醒国人，要防止各国的教育侵略政策，不能汩没了中华民族的特性，破坏了本民族的意识。针对当时各国的退款兴学举动，他提出一系列具体办法：第一，反对各国建设清华式的(洋化)学校，目的是防止中国民族性之汩没和民族精神之分裂。一般认为，清华是洋化最深的学校，洋教师、洋课本、说洋话，其办学理念和教育目标有强烈的美国化倾向，清华学校的管理权主要操控在美国人手上，而且清华学校已逐渐开设中学班。余家菊认为，小学和中学是注意普通常识和一般修养的时代，与民族性的教育最有关系，故为国家之安全与独立计，万不可由外国人来办理，外人办理高等以上的学校可以相对允许。但中小学生应受长期的本国教育，万不能同化于外人，如中小学生就开始接受洋化教育，学生不了解本国历史与文化，泯灭了独立自尊的精神以及与国人通力合作的修养，倘若各国都来竞争这种教育，势必使国人的精神四分五裂，各随其所受的教育而拜倒于各该国之旗帜之下，颠倒于各该国之精神之中，故无设立预备学校之必要。第二，反对滥派留学生而主张充实学术机关，以为民族独立树立百年大计之基。他以为，要通过留学政策实现强国是不可能的：其一，留学政策本是治标的方法，于一国之学术独立与教育独立相去很远；其二，留学政策是所费多而收获小，是一时之计而非永远之法。要提高学术，不能寄希望于留学政策，当注全力于国内学术机关之充实。事实上，中国自清季以来派遣留学生已几十年，然于学术与教育的独立和进步助益不大，此中原因一是留学生自身的堕落，二是国人对其希望太高。当时国人总希望留学生回国后就可提高学术，振兴百务。然一种学术能力的养成，绝非数年间的学生生活所能成就的，留学生最多只是摸到一个门径而已。为此，他主张，留学生应愈少愈好，少而能出以精选，其结果自然就好；要提高中国学术水平，不能寄望于留学政策，应全力充实国内学术机关。因此，国内大学要充实各学术机关。就充实各高等以上学校而言，包括设备之添置和外师之添聘两个方面。他提出，要重视研究科，没有研究科也就没有学术，故应多聘一些外国的优秀人才担任一部分功课，兼做各研究生之指导者，同时帮助从外国回来的少年教授，因有个外国人在旁边比较着，自然不容易心满意足、趾高气扬而不求上进。如此，双方并进，十年之后，国内学术当有起色，这比派遣留学生重要十二倍。第三，反对款项集中在少数点上使用。余家菊认为，一个国家的教育政策，贵在能调剂各方面，使之能有平均的发展，然后全民族才能和谐、了解、同情。然我国教育素无一定政策，各省进行，或缓或快，皆听之于自然的驱使，结果捷足先登的或因缘时会的地方，往往人才辈出，而其他偏僻省份事事皆落人后。国家对于落伍省份，应格外补助，但事实上占便宜的，反为较为活跃的地方。他提出，退款的分配应按照省份的大小（就人口言）及其文化之现状而平均分配，希望以经济力的平衡而促进其文化之齐等，教育款项分配不应集中于少数地方或少数人手中，最好由教育部及各省代表组织一委员会，保管此款并议定其用途之标准，这比由少数人把持垄断，单图一小部分事业之发展，总要好得多。他还主张，退款应各省分享，意在使民族的全体能于文化上并驾齐驱，以免文野不齐，情意隔阂之弊。余家菊关于退款兴学的呼声，得到了国内的响应。教育部不久便设置了退款兴学委员会。

余家菊还就退款兴学问题与英国哲学家罗素交换过意见。1923 年 3 月，罗素托人转告在英的中国留学生，希望与中国内地的学生讨论庚款兴学问题。当时不少中国留学生的主张不免出于外交的考虑，处处迎合英国人的心理。余家菊对此不满，于是给罗素写了一封信，申述自己的意见。他指出：用此款所办之教育事业，就原则说，一须以中国国民的特性为根据；二须不妨碍中国民族意识之发达。就实际说，须由中国教育者组织一委员会以处置之，另外由英国有眼光的教育家组织一委员会以辅助之，但绝对不允许门外汉及外交官干预其事。具体说，此款不得用以扩张教会教育，不得用以建设清华式的特殊学校，不可耗费过多于遣送学生来英，宜用之于扩充并改进已有的中国自立的大学，指派有名的教授至中国掌教，在中国各大学设立特种讲座，建设国立图书馆、实验馆、美术馆以及各种研究所等。作为自由主义者和世界主义者的罗素认可余家菊的意见，但他提醒到，国民意识之发达恐怕不是英国政府所希望的，英国政府就是希望中国人没有国民意识，这笔款子可能要用在香港大学这一类事业上。余家菊的目的主要是维护中国教育的独立与统一。他认为，当时中国教育面临的主要问题在于：①各种外来宗教与文化，澎湃而入，如何使之谐和与统整，实为一最困难的问题；②在外人设立之学校出身的学生以及留学生，对于中国历史及国情，大多一概不知，且有许多不能写作通顺的中文，此等教育，于中国文化及前途，具有无穷危险；③留学生常怀一种偏见，遇事趋向于其留学所在国的办法，此于民族的理想及国民之同心上，实为一大障碍；④中国处处需要高等人才，而中国之高

伯特兰·阿瑟·威廉·罗素，英国哲学家、数学家、逻辑学家、历史学家、文学家，分析哲学的主要创始人，世界和平运动的倡导者和组织者。主要作品有《西方哲学史》《哲学问题》《心的分析》《物的分析》等。

等教育又几乎完全不能进步，此因缺少学术的设备与为学的空气所致。故他主张：①此款所办的教育应交由中国人自办，给他一个机会，使他可以设法予其青年以谐和的适当的教育，英国政府可监督此款的用途，但不宜干涉其教育的事业；②此款所办的教育，须在中国内地即不能在香港办理，使中国得以逐渐建设其高等教育的基础。

当时影响中国教育统一与独立的各种教育设施与举措有教会教育、派遣留学生、香港大学以及清华式学校等。他认为，教会教育是一种由条约得来的权利，我们尊重之，但从同胞主义之见地言，教会事业已有或将有多少成功，实属一种疑问，因教会的煽惑办法及群众运动式的传教，与中国人的性情不相投。国人都相信关于宗教一点，教育是应该中立的，因此，庚款不应补助于教会学校。留学政策需要改进，所派留学生应该从事于高等研究，不得仍做大学本科学生，大学本科阶段应在国内受教合适，研究生阶段可出国深造。留学生数目不宜多，应用一种较高的标准去选择，有组织一适当的选派与指导委员会之必要。不赞成庚款用于扩充香港大学。反对建设清华式的学校，因清华学生过于美国化，学校完全受控于外交官组成的董事部，倘若英国政府执意为之，宁愿在内地建设一个医工大学，但此大学之管理权须操之教育者之手，此大学须收受中国自立的中等学校毕业生，不宜附设中学部，于一定的年数以后，完全赠予中国。坚决主张交还就认真交还，不能交还其名而自用其实。余家菊坚持认为教育权是国家主权之一，中国应收回教育权。

2. 反对教会教育，主张收回教育权

余家菊怀抱教育救国的理想，其自身以教育为志业，故对教育问题特别关注，当他把教育权作为国家主权之一来看待时，任何侵犯中国教育主权的举措其必反对之。在他看来，近代以来的西方教会教育首当其冲。他认为，对中华民族之前途有至大的危险的，当首推教会教育。教会在中国取得了传教权与教育权，实为中国历史上之千古痛心事。近代以来西方武力侵略的前驱就是传教的牧师们，而近 50 年中国外交史上的痛心事无不与传教有关。余家菊根据基督教在华教育调查团的报告，警告国人：教会教育的目的是彻头彻尾为宗教之传播而设立的，他们的最终目的是将来使中国成为一个基督教国家。

当时一些教会人士认为，基督教有矫正中国人不良习惯的作用，余家菊则分别据理斥之。如教会人士认为，中国人喜回顾而不喜向前，喜尊重死者而忽视生者及未生者之利益，喜遵从传统的意见，喜折中于圣人之言而不喜折中于事实。余家菊认为，中国文化之特征，在持中、平定，其人生态度不似西方人之剧烈及冲动，说中国人只知回顾保守则未必，因中国人讲究因时制宜，孔子即以“圣之时”著名，这只是东西方人生态度的一大差异，至于长短得失未可轻论。中国传统尊重死者是由于慎终追远之一念，而慎终追远，又是出于人情之不得已。可以说，中国文化完全建立在情上，所谓亲亲仁民、孝敬慈友，无一不是感情作用；在长于西方个人主义与计算主义之教化中的人，自然不能了解。至若传统的意见与圣人之言虽不可尽从，然而事事乞灵于教典圣经、祈祷于天父的人绝无批评人的资格。

其次，教会人士认为，基督教有矫正中国人重家族观念、轻国家观念的作用。这点他承认是事实，感叹各国宗教家在战争期间的爱国，且耶稣既无妻室，又无子女，这对于当下终日劳心于男女问题的国内青年们可以反省。

第三，教会人士指出，基督教有矫正中国迷信鬼神的作用。他认为基督教之迷信与中国人的迷信鬼神并无二致，所谓基督教国度的国民，其迷信之多，其谈神说鬼之津津有味，并不让于“被人践踏的”中国。

第四，教会人士攻击中国的伦理思想没有宗教的基础，这对道德观念的养成不利。教会人士的意思是中国传统儒家思想属于典型的人道主义，儒教重在教育，并非宗教，这是事实。余家菊指出，如泛爱，本是孔子与基督教之所同有，但是基督教教人相爱是因为上帝的缘故，孔子之教人爱人是教人发展其天性，故孔子更为简捷、自然与合理。

当时在国内广为流传的一本名为《基督教在华教育事业》的小册子指出，西方的基督教文化固然有许多罪恶，但同时也要感谢上帝，因为我们承受的遗产中有一半来自西方之非基督教文化，而一半则起源于基督教文化，将基督教文化引进于中国民族生活中，对于中国人不无裨益。如基督教文化中有许多可造福于中华民族的，包括自然科学(生物科学)、应用科学、历史与社会科学、基督教原理可应用于工商业及生活之物质方面的价值、游戏与娱乐之道德方面的价值、对健康的家庭生活的极端重视、对于教育之研究的态度、注重品格发展的教育并养成社会上富有价值与能干的分子、伦理道德与宗教信仰的紧密结合等。

对于上述册子的观点，余家菊进行抨击，他指出，基督教在历史上不但不是上述诸端之发源地，而且常为其障碍物。他正告教内外人士：改革中国的恶习是一事，宣传基督教又是一事；采取西方文化是一事，排斥基督教又是一事。他特别反对基督教，而不反对佛教，因佛教与基督教之异同，虽同以教名，种类大异，不可循名忘实，其输入之路径不同，其产生的结果亦自有别。

余家菊指出，教会教育的危害性主要体现在以下方面：

第一，教会教育采取的方式是侵略的。教会的目的在泯灭中国人固有的精神，而代以基督教的信仰，基督教本是侵略的宗教，只知有己，不知有人，凡信仰基督的，都是上帝的儿子，凡信仰异教的，都是野蛮民族。他认为，宗教的主旨在救济人们，在使人们有安心立命之道，安心立命之道，各人虽各不同，只需有一个道，就可得而安心立命。只需他有个安心立命，宗教的主旨就算达到，无须强劝硬拉要人信教；基督教则不然，其根本动机系以传教为目的，以收服信徒为荣誉，为宗教而传教，为上帝而传教，忘却宗教之本身目的，忘却宗教是为人所创，是为人而设，对于教主就硬加以圣子之名，对于教典就硬认为启示录，将根本基础建立在神道之上理性之外，于是宗教成为不学无术的宗教，教会牧师不知阐发本教之大义与启发人们之思维，从而使人悦其义而乐于信守，只知利用人心之弱点，教以祈祷，播以祸福，炫以奇迹，其教义内容之贫乏，为学人不齿。可知，余家菊此时对宗教的看法是从理性出发，他认为基督教教学分离，教人不重在道理，利用感情，其信仰不是智信，而是迷信，因是迷信，所以抹杀一切，颠倒是非，扫除异己，认手段做目的。

对于佛教，他的态度较为宽容，一方面是佛教进入的方式比基督教要温和得多，其进入中国未曾引起骚动，另一方面因佛教教义本基于学，且其学之素质又与中国老、庄之说接近，中国人本有接受之可能，而且其教之昌大，不是由于该教产生国人士之传播，乃由于我国学人苦心研求之结果，加之信佛之人，复恪守礼法，潜心修养，尊重他人，严绳一己，不似基督教之专事诋毁异教，舍己之田耘人之田，以其昏昏使人昭昭。在他看来，基督教实一适合西方民族性格之宗教，其命运只有宰割异族或被异族宰割之两途，绝无包容异己共存共荣之大度。

第二，基督教制造宗教阶级。余家菊认为，中国社会历来是四民杂处三教同居，没有强烈的阶级观念与明显的阶级歧视，尤其是唐代以后，中国社会各阶级阶层逐渐呈平铺化的倾向，像梁启超、钱穆等人都持这种看法。在他看来，基督教对于他教取攻击的态度，对同教又施团结的技术，既经奉教以后，除上帝与耶稣外，不得崇拜第三者，精神上的桎梏可谓极严峻；教徒不能了解异教，不得表同情于别派，加以教堂耸立，钟声铿锵，仪式频繁，因美术的功用，暗示的法则，教徒的心思为其所慑服，因此执着成见，依傍他力之神遂不能自拔，亦不知求自拔，此为西方宗教社会得以确立之真因。他强调说，基督教会在中国现时尚在培植势力时代，其所用方策，在师范生之培植，加之教会与美英在华工商势力相结托以为其毕业生谋丰衣足食之道，复利用青年会之社会服务的招牌以侵入非教会学校，等到此等步骤渐次成功，而外交上的机会又使若干基督徒入主内阁，或直接间接握有教育上之最高权时，西人的中国基督教化运动必由社会的而变为政治的，教会组织的最终目的，要使一切学校皆受基督教化，此与中国教育进步妨碍极大，这才是他最担心的地方。正鉴于此，中国传统士人及佛教徒近年来的行动多少是有点起于此种现象之反感而思有以抵抗之，如愈闹愈烈，内部纠纷增多，而外国势力干预其间，更难措置。中国素无宗教问题，教会人士居心何在？且欧洲教会之争，是同教异派，派虽不同而教旨上的大体，历史上的背景，尽有许多相同，其为害之烈，既已如此。而基督教之在中国，则全无历史的背景，有的就是割地赔款的痛史，一旦利用外交的势力实行人为的移植，在此熏染之下，自然免不了倾心一方而鄙视其他，纵令英美教会无破坏中国国民意识之动机，而其结果不免于此。况且中西宗教，根本旨趣，绝不相同，欲求其结果仅如新旧教之相争，已不可得。目前之幸，是幸在教会之所养成者多为虚伪的教徒，倘使其教育政策成功，局势必为之大变。

第三，教会教育妨害中国教育的统一。余家菊认为，一个国家的教育在制度与方法上尽可千变万化，但在精神上必须统一，而教会教育的方针完全与此相反。教会教育在不重要的地方，可以与政府妥协，重要的地方则不改变，因其终极目的是要在中国建立一个基督教社会，使中国成为一个基督教国家。他提醒时人，假若各个宗教都像基督教一样坚执的话，中国的教育显然会各自为营。因此，宗教的统一与教育的统一关系极大，基督教会是一个有组织的宗教团体，他们一面不向中国政府机关注册，遵守中国法律，一面又建立各种组织，设官立职，发号施令，导致中国境内俨然出现一个基督教王国，这种局面导致中国教育界为两种制度所支配。

教会教育的危害如此之大，该如何应付呢？

他认为，首先，教育在宗教上应保持中立，即教育对于各宗教应一视同仁。从社会层面看，近代以来，教育国有化已成为西方各国的一项公共政策，教育事业为公共事业，教育机构为公共机构，教育者必须尊重公共意见，教育是社会的一种职能，教育者不该假公济私施行宗教教育。从文化层面看，教育本是一种文化事业，其职责在启发受教育者，使之能够领受已有的文化，并在固有文化的基础上，进而创造新文化。但宗教与教育，势不两立，混宗教于教育之中，会使教育根本上失其作用，因宗教之要素为信仰，凡经典上之所叙述，皆属天经地义，不能怀疑，基督教言神语怪，理智之麻木，文化之进步，全赖理智活动之敏锐，故教育以启发理智为一大目的。宗教之结果，即使理智归于麻木，其与教育不能两立。从历史上看，宗教扼杀思想自由。从教育本身来看，教育的目的为养成健全之人格，所谓健全的人格就是有极显著的自我统一的个性，依此个性以主持经历，宰制时势，不是单听外物之引诱，亦不是全凭瞬间的冲动，其内心状态、情感与意志、冲动与理性，皆保持其应有的关系，当其未发动时，呈现一种恒定状况，当其既发动时，又极为和谐，此既为健全之人格，亦为教育之所理想。宗教则利用人心之大惑，而教以自欺之术，明知生命有限，不事去其贪心，反而坚厚其以天堂永生之说，明知人心难厌，能力时穷，不事教以守分，反而激荡之以祈祷。他认为，宗教是利用人们情意与理智的不谐和，进而建立种种无稽之谈，繁琐之仪，以满足其情意上的要求，兼以压抑其理智之活动。他总结说：生活于宗教中的人，气质偏于阴柔的，往往觉得浑身皆是罪恶，垂头丧气，俯首帖耳以来往寺院而听从教士之驱遣；气质偏于阳刚的，总以为自身负有上帝的使命，鲁莽灭裂，暴戾恣睢。故而宗教信徒及其传播者，其精神多少是变态的，其人格多少失其健全，精神谐和的人无须宗教，而宗教教义之谬误甚明，亦不能使之一顾，只有人格近于脆弱者，内心之矛盾冲突，本已安排不下，而宗教又利用种种仪式以引诱之、催眠之，于是变本加厉，流连忘返，久之遂不觉其妄诞。可见，宗教与教育之真义相去甚远，拥护教育的人，不得不反对宗教。

余家菊建议，对教会教育应采取以下措施：第一，在国家宪法中，设立教育专章，明确规定教育于各宗教应恪守中立，国家可在宪法中以神道设教作为宗教之界说，以免一些不学之徒妄将孔教与基督教相比附。第二，对私立学校应实行学校注册法，注册法的范围单就宗教言涉及：①校内不得有礼拜堂；②不得教学生祈祷；③不得设宗教课程，大学亦不得设神学院，只可设比较宗教学；④不得用任何形式提倡宗教；⑤教师不得同时做教士及任何形式之宗教运动者；⑥不得聘请未经检定之教职员；⑦不得有其他一切关于宗教宣传之事项；⑧有违反注册法或径自不注册者，由该校所在地长官封闭。第三，施行教师检定法：①未经注册之学校毕业生不得为教职员；②从事宗教事业者不得为教职员；③在任教职期间，有提倡宗教之行动者，立即撤回其检定许可证，且如法加以惩戒；④未经注册之教职员不得以教员资格参加省县教育会。第四，严格施行义务教育法规，凡入未经注册之学校者，不得视为已尽受教育之义务，其父母所应受的惩戒与完全不送子弟入学者同。第五，未经注册之学校之各级学生或毕业生不得享受各该级学生或毕业生之权利：①依教育程度得来之选举权及被选举权；②投考文官权；③投考国立、省立学校权；④享受地方或国家补助权（如不得为师范生及官费留学生）；⑤各种公共职务之被选举权（如国立或省立银行员之类）；⑥不得享受在校学生之权利，如国有铁路之减费票、公共图书馆之免费阅读。①

当然，上述这些措施为治标之大概，他认为，真正治本的方法，在使全国国民，无论教内教外的人都具有确信宗教与教育之混合，有百弊而无一利，大家都诚心恪守教育中立的原理。

在余家菊等人的鼓吹下，收回教育权成为一种时代思潮，得到了国内人士和相关教育机构的热烈响应。是年 10 月，少年中国学会举行

① 余家菊：《余家菊（景陶）先生教育论文集》（上），台北，慧炬出版社，1997 年版，第 273 页。

苏州大会，会上提出的"收回教育权"的主张，得到了会员们的呼应。苏州会议制定的九条纲领中，其中就有一条明确提出："提倡民族性的教育，以培养爱国家保种族的精神。反对丧失民族性的教会教育及近于侵略的文化政策。"次年，中华教育改进社在南京召开年会，会议通过了以国家主义为教育宗旨，全国省教育会联合会也通过了同一议案。河南教育界同仁也建立了收回教育权促进会的组织。

但收回教育权运动引起了教育界中一些有教会背景人士的不满，他们认为教会教育在中国自有其积极作用，对于余家菊等人提出的收回教育权主张不以为然。如程湘帆、陶行知等人就指出，中国本未丧失教育权，政府中有教育部，各省有教育厅，社会上有民办学校，外人未尝干涉，何来收回之有？再则，他们以自身经历为例，认为出身教会学校与爱国并不矛盾，许多出身教会学校者其爱国热情并不比他人差；教会学校的课程与中国公立学校课程接近，教会教育与公立学校教育的不同只是在宗教教育这一点上，而教会之所以利用宗教教育，是因为宗教有其积极作用，如它可以满足人们的感情需要。

对此，余家菊做了一一回应。他指出，所谓教育权者，涉及建校之允准、旨趣之厘定、教师之进退、教材之规划等各方面，收回教育权只是收回一部分已经丧失的权力。收回教育权的动机在于：维护国家安全，发扬中国固有的国民性，融洽国民情意，凝定立国理想，保障国权与拥护国民人格。宗教教育的用意不过两种，一是以宗教为目的，教育为工具；二是以教育为目的，宗教为工具，前一种的企图在传播宗教，后一种认为宗教有适合人们的感情需要的功能。

此外，袒护教会教育者认为教会教育对于近代中国有普及教育的积极作用，故当务之急不在收回教育权，而在本国人努力普及教育。

余家菊的意思是，中国教育不普及不足以为外国人享有教育权之口实；即便中国教育不普及，外人也不能代办教育；外国人如真心帮助中国教育，完全可以采取赞助的态度而不宜喧宾夺主。

（二）对和平主义和世界主义思潮的回应

欧战结束后，世界和平主义盛行。1920 年，梁启超的《欧游心影录》，提倡和平，反对战争。同年 5 月，蒋梦麟于《教育评论》一文中也主张以民主主义教育取代军国民主义教育。然而这种和平主义，乃一厢情愿之想法。巴黎和会失败，唤醒了国人对和平的幻想。余家菊回忆说："予出国时国家危兀，国事动荡，国人方沈迷公理战胜之说，而醉心于世界和平。威尔逊十四条主张失败于凡尔赛，世人终觉其为偶尔小挫，难阻进化潮。于国家则国际主义兴盛……甚且废除军备之主张，亦复见于报端。"[①]然到了英国之后，他发现欧洲各国并未因战争的结束而民族主义情绪有所收敛，反而愈趋高涨。相反，作为备受西方列强欺凌的中国却大谈非战、公理战胜强权之类的和平主义与世界主义，觉得这显然于中国的前途大为不利。他说："我到欧洲以后，和平的幻想，大同的迷梦，都粉碎了。我亲眼看见弱小民族的困苦，亲眼看见各国国民性的差异，亲眼看见各国国民意识之发扬，亲眼看见各国之剑拔弩张。"[②]为了树立国人的自尊心，发扬国民意志，他遂写了几篇文章，以鼓铸国人的国家观念。

---

① 余家菊：《疑是录》，参见余家菊：《余家菊景陶先生回忆录》，台北：慧炬出版社，1994 年版，第 220 页。

② 余家菊：《五十回忆录》，参见余家菊：《余家菊景陶先生回忆录》，台北：慧炬出版社，1994 年版，第 136 页。

1. 思想渊源

有学者已指出，国家主义教育观的思想来源主要有两支，一是以欧陆玄学为基础的历史文化哲学，二是近代西方实证科学（包括实证主义历史学、社会学、人类学、生物学、心理学等学科）。就前者来说，主要指德国古典哲学。余家菊在其《国家主义教育学》一文中，开篇就指出“黑格尔、格林、波三葵（Bosanquet），皆认定国家为实现自由意志之工具……是故国家观念中必寓有一种人生观大纲，而国家则为实现此人生观之工具”[①]。与晚清梁启超从日本引进的国家观稍有不同的是，余家菊心目中国家的要素除过土地、人民、主权以外，更重要的是精神层面的公共心灵。他引用薏朗（Renan）的话：“一个国是一个心灵，是一个精神的原则，由两件事构成：其一为具有公共而丰富的历史，其又一为同生共荣的欲望，为愿意继续努力运用其所承受的精神的遗产，前者是属于过去的，后者是属于现在的。”正因如此，他以为谋国者当以陶铸国民意识、培植国家文化为责任。

实际上，自康德、费希特、黑格尔起，国家一直被视为实现自由意志的工具，或被视为文化实体，是存在于地球上的一种理念或精神。黑格尔赋予国家在文化上的终极意义，认为一个国家存在的价值和依据，取决于其在文化上的贡献，或实现绝对精神的程度。从余家菊与李璜在阐释国家主义时经常使用的国魂、国光、国华、国性等概念可以看出，他们的理论基础无疑受以德国为代表的欧陆玄学的影响。

新文化运动期间，西方各种思潮纷至沓来，仅在教育方面，就有

① 余家菊：《国家主义教育学》，上海：中华书局，1925年版，第1页。

民主主义、科学主义、实利主义、平民教育、民族主义等各种教育思潮。余家菊认为，近代西方教育思潮中，国人应重视民族主义思潮。这显然是针对当时国内盛行的世界主义思潮而言的。当时不少人以为，第一次世界大战是建立在西方民族主义基础之上，而战争极大的破坏性使国人对西方民族主义理念进行一定的反省，加之中国传统思想中的大同思想与一战后在欧洲流行的世界主义思潮及和平主义思潮又在一定程度上契合，故而一战结束后，当时国内盛行一种强烈的世界主义思潮。中国本来没有国家观念，只有文物异同，儒家常说的治国平天下一语已说明传统中国士人理想的终极关怀是天下而非国家，实际生活中的政治效忠对象主要是帝王或者朝廷；对于一般百姓而言，其关注的主要是自己所在的家族或小团体。中国人国家观念不彰的原因，按梁启超在晚清时的说法，主要是国人不知国家为何物。他指出："中国自古一统，环列皆小蛮夷，无有文物，无有政体，不成其为国。吾民亦不以平等之国视之，故吾国数千年来，常处于独立之势，吾民之称禹域也，谓之为天下，而不谓之为国。既无国矣，何爱之可云。今夫国也者，以平等而成，爱也者，以对待而起。……必对于他国，然后知爱吾国。欧人爱国之心，所以独盛者，彼其自希腊以来，即已诸国并立，此后虽小有变迁，而诸国之体无大殊，互相杂居，互相往来，互比较而不肯相下，互争竞而各求自存，故其爱国之性，随处发现，不教而自能，不约而自同，我中国则不然，四万万同胞，自数千年来，同处于一小天下之中，未尝与平等之国相遇，盖视吾国之外，无他国焉。"[①]基本上，自秦汉大一统之后，中国人的国家观念不很显

① 梁启超：《爱国论》，参见《饮冰室合集·文集之三》(第二册)，北京：中华书局，2015 年版，第 270 页。

著应是事实。

自晚清以来，随着中国在抵抗西方侵略中的连续失败，加上民族主义、国家等学理由欧美或通过日本进入中国，中国人国家观念开始萌发。不过，起初中国士人的国家观更多或是先秦列国中一国的“国家”，与后来基本建立在西方民族国家观念基础上的“国家”不同。近代中国，梁启超在引介西人的国家观念中起了非常重要的作用。戊戌政变之后，梁启超流亡至日本，在1902年时所用的国家概念基本上还是中国传统的国家观即列国中一国的“国家”。1903年，梁氏开始接触到德国政治学者伯伦知理的国家主义思想。伯伦知理的国家观主要内容有：①国家是一个精神和有机的实体；②国家是最高最本质的目的，人民只是作为一种工具而存在，当国家利益和个人利益相冲突时，要牺牲个人利益服从国家利益；③国家和民族不同，民族是生活在同一地域，具有共同语言、宗教、习俗和生活方式的社会共同体组成，而国家建立的前提是国民，国民不仅是一个法人团体，而且具有可以表达该团体自身意志和提出该团体自身权利的有机的和法人的人格，民族可以转变为国民，但民族不能等同于国家；④国家既有单一民族组成的国家，也有多民族组成的国家，多民族国家存在根据民族的界限分裂为几个国家的可能性[①]。梁氏介绍伯伦知理的国家观在当时具有反对革命党内部流行的大汉族主义倾向。此外，梁氏将经过日本人诠释的西方国家学说引介国内之后，国家主义并未成为一种思潮，其真正成为一种思潮当自余家菊等国家主义派产生之后。

不过，起初余家菊使用的是“民族主义”这一术语。在1922年8

---

① 梁启超：《爱国论》，参见《饮冰室合集·文集之三》(第二册)，北京：中华书局，2015年版，第270页。

月13日写成的《民族主义的教育》一文中，他指出，近代教育除过平民主义、科学、工业之外，还有民族性的一面，而民族性是可以用文化造成的，而造成这种文化，就是教育的责任；教育当鼓铸民族的精神信念，中国人对于民族性的教育，之所以始终无人谈及，乃因思想界的痼弊，这种痼弊表现在一般思想界和教育界两个方面：

一般思想界的痼弊：一是世界主义，即把天下当作一家，把一国当作一身，这显然缘于中国的民族根性，中国人天性和平，胸襟开阔，但不应因世界主义之故，遂欲打破民族之藩篱。他认为，世界主义与民族主义本可并行不悖，不必入主出奴；世界为扩展线，民族为出发点，世界为集团，民族为分子，分子尽可并立，而不必相扰，集团固为总体，而分子仍有个性；世界大同，仍可容忍分子之独立，而分子之独立亦无妨于世界大同；不能自立之民族，实无讲大同主义之余地，勉强讲来，只是奴性的、懦性的大同主义，只知有利害问题，而不知有所谓人格的问题。二是非国粹主义。近代以来，中国在西方列强的压力之下，军事、政治、思想学术全面落后，国人信心丧失殆尽。到新文化运动期间，非国粹主义蔚然成风。余家菊认为，其实非国粹主义之本意，不过是扫除顽固思想以及不合理的风俗制度，然其流毒所及竟好坏不分，将中国传统一笔抹杀。他认为，即便退一步讲，我们应同化于西人，然一个民族的由来，有数千年乃至数万年之历史，此历史上的势力永远存在于各代国民之身心上，虽欲摆脱而不可能；它时时左右我们的行动，干涉同化的进行；如果同化的性质和固有的性质绝不相投，或者背道而驰，则同化之结果，只能产生精神上之不安宁，以及社会上之紊乱，而绝无成功之希望。他显然认为，西方文化与中国文化相去太远，中国不可能完全同化于西方。

教育思想界的痼弊：一是盲目的模仿主义。他肯定吸取他人之长是人类进化程序上所必要，然而吸取的目的无非是为我而已，即为我之生存和发展，模仿是必要的，但无我的模仿，是一种有害自己之生存和发展的模仿。二是个性主义。新文化运动期间，受西方文化的影响，当时中国社会出现所谓的“个性崇拜”，这种个性主义反映在教育界中的即认为教育是应当发展个性的，世间只有个性而没有民族性之说，要制造民族性就要戕贼个性。五四运动之后，学生出现随意罢课散学的情况。这在余家菊看来，教育界中鼓吹个性主义者应负其责。他认为，个性是各个人所有之不同于别人之性质，其不同不在于某某性质之有无及某某性质之强弱，而在于各种性质之谐和于统一，它本身并不违背民族性；民族性是一种集团心性，是一民族中各个人间相互影响时所产生之共有的思想、感情、意志，大不同于孤立的个人之思想，亦不是孤立的许多个人之心的活动之总和，它是由数千百年中之自然的活动和社会的活动所产生的，对于各个人具有压迫和敦促的作用。

在他看来，民族性的存在有其科学上的依据：①各民族因其人种、环境、制度与历史之不同，各有其精神上的特色，此精神特色即民族性。②民族不同于种族，民族成立的因素，除过种族以外，还有共同的语言、相近的宗教、共同的政府、共同地域及共同的敌人，而其最重要的因素，则在有一公共的遗风流俗、一公共的过去之景仰、一公共的未来之希望。他引用惹朗（Renan）的话，“民族是一种精神的原理，由两件事构成：其一为具有一公共的丰富的历史，其又一为同生共荣的欲望”。又引海尔巴特·史德莱（Sidney Herbert）之说，“民族是一种社会的群体，由一族类意识以结合之；此族类意识则起源于其群之历史所产生的遗风，且此意识是直接对于一定的故国而有的”。此外，不同的地域、种族及国际环境，酿成一个不同的历史，而此不同的历史又产生不同的社会淘汰，因此就发生一不同的递嬗与不同的民族品性。他认为，种族结合及社会淘汰这两个因素，为民族性发生之真因。

他指出，中国的民族问题就国内方面来说，主要存在两个问题：

一是国内各民族的融合不够深入，距离造成一个较大的中华民族的时期尚远；其实，中国四千年的历史中，基本上各个朝代施行相同的政教，民族的融合已有一定的基础，民族的意识已具雏形，只因地域广大和乡土观念的强烈，民族意识模糊而不甚显著，表现在民族观念只是偶当国家遭遇外患时才骤然一发。一个民族若不自知为一体，或互相漠视，或互相歧视，这个民族的内部必定难得有均齐的进步，甚至失其和谐的关系，甚至互相残杀，如我国的省界观念以及南人与北人的敌视。的确，民国以来，各省排外之风大作，接着又有联省主义之产生，国民精神全因对内问题而终日扰攘。因此，教育者应从精神上下些无形的功夫，以使各省之政权虽分，而国民之精神仍然如一，且更进而胶固，更为融合无间。余家菊认为，在教育方法上讲，教材固然有地方化之必要；自教育目的言，教材应民族化。二是汉族本身缺乏保持自身历史文化精神遗产之恒心，种类意识濒于危殆。故他呼吁教育者，须知国内各民族之融化以及汉族本身之凝结，只有自身团结起来，才能对外。

对于解决国内民族问题，余家菊寄希望于民族性的教育。他以为，民族性教育有积极和消极两方面。消极方面，教育要根据固有的民族特性，他以卢梭的教育观为理据，认为教育应注重自然发展，在方法上不是灌入，而是引申，主张自动教育，反对被动教育，主张个性教育而反对整齐严肃的办法，教育要顺其自然，要根据固有的民族特性。各民族既有其先天和后天的特性，教育当顺其民族特性。

从积极方面看，个性的充分发展是社会进步的要素，而民族性之在全人类正如个性之在全社会，全人类如果想发展至圆满的境界，单靠一种文明是无望的，因各民族都有其长短。余家菊言外之意是中华民族自有其优长之处，尤其是在一战结束之后，他确信西方人精神上中毒太深，糅合东西文明之责任要东方人承担。总之，教育要根据固有的民族特性，民族性教育本是新教育中的应有之义。

二是如何回应近代以来西方列强的侵略。余家菊认为，民族意识不仅有融合内部的妙用，对外也有抗衡的功用，他与梁启超一样，认为民族国家观念常常是因对待而彰明。近代民族国家观念来自欧洲，主要是因欧洲列国林立，此疆彼界，每每因外族侵凌之反动，常有敌国相凌、外患相逼的国家，故其民族国家意识格外明了而浓厚。中国历史上虽不乏与外人接触之时，可是所接触的都是野蛮之族，虽然勇猛彪悍，足为一时之害，不久终为我族所柔服，或则内部自行溃败，从来既无长久对峙的民族，所以民族自我意识不甚发达。然到了清季，我族屡屡为外国所败，一时救国救种之论大作，民族意识觉醒，可惜自民国以来，外国对我政策多变其武力侵略而为经济侵略，随着西人对我策略的变化，国民的民族意识复消灭。

余家菊指出，教育最大的责任不仅仅在于民族的自觉，而主要在于其能积极地鼓铸民族的心意。所谓民族的心意，即指民族的感情、信仰、目的而言，其对每个人有驱策束缚的能力。相比英美法等西人，中华民族缺乏一个共有的信仰，由于没有相同的信仰、目的，国人之间的联络协助就变为手段的、自利的。辛亥以前，大家尚有一公共之目的，就是救国。辛亥以后，政界争权夺利；教育界中，上焉者早晨制定一策以扩张党势，晚上又立一计以巩固地盘，下焉者天天想方法出奇制胜以鸣高一时。他指出，目前建立一个牢靠的民族之目的至关重要，他拟定的民族目的是：第一步，对外反抗侵略，保全国权，对内合汉、满、蒙、回、藏一家，东西南北侨胞为一体。第二步，东扶朝鲜，南扶印度，还我香港，收我台湾，帮助南洋侨胞建立自由邦，进而合亚洲、澳洲各国以创立一大联邦。

2. 国家主义教育观的内涵

余家菊反对教会教育和洋化学校，进而主张收回教育权，这是从消极方面来提倡国家主义教育；另一方面，从积极方面来看，余家菊的国家主义教育观主要是进行正面的爱国主义教育。当然，爱国主义教育可以采取不同的形式或手段甚至是截然相反的形式或手段，爱国既可以采取反传统的全盘西化形式，也可以采取维护中国传统的形式，既可以通过激烈的政治斗争即暴力革命的手段，也可以通过温和的教育宣传和思想灌输手段，余家菊显然属于后者。他之国家主义教育观的实质是通过教育来爱护中国文化，以增强国民的自尊和自信，他在阐释国家主义教育观中经常使用的国性、国魂、国华、国光等此类概念都是从文化角度立论的，即爱国首先要爱护中国的历史与文化。

余家菊的国家主义教育观最初见诸其与李璜合著的《国家主义的教育》一书中，此后散见于在各地任教时的讲演文章中，最后在其《国家主义教育学》一书中系统阐发。

起初，他在《国家主义下之教育行政》一文中指出，国家主义教育的精神或真髓有以下六项：①教育应由国家办理或监督。②教育应保卫国权。③教育应奠定国基，教育应使全民具有共和精神与公民习惯。④教育应发扬国风。⑤教育应鼓铸国魂。⑥教育应融洽民情。他指出，国民间的一体感为国家统一的基础，凡鼓吹宗教界限、阶级界限、种族界限者皆不利于国家统一，教育应提倡“五族一家”“四民平权”“诸教同等”之真精神。不久，在 1925 年 5 月 9 日国耻纪念日这天，他在国立暨南大学的讲演中指出，国家主义教育的要点是：①国家主义教育培养自尊精神与独立气概；②国家主义教育发展国性而阐扬国光；③国家主义的教育陶铸国魂以奠定国基；④国家主义的教育主张拥护国权以延绵国脉。在他看来，欲雪近代以来的国耻，首当用教育以明耻，所谓十年生聚十年教训，十年生聚乃富庶之事，十年教训则系教育之事，二者不可偏废。此处可见余家菊等国家主义派与马克思主义者的区别所在，他认为持唯物史观者，每轻视教育而主张经济问题一经解决，则各种问题皆可解决。他以为，教育之事的重要不让于生聚，不能抛弃教育以求国耻之洗血。其实，马克思主义者并不忽视教育，他们对教育的重视比国家主义者有过之而无不及。

1925 年 6 月，余家菊应东南大学之聘，在暑期学校，写成《国家主义教育学》一书。在这本书里，他指出，国家主义教育的含义可随时伸缩，就中国目前言之，莫急于：①培养自尊精神以确立国格；②发展国华以阐扬国光；③陶铸国魂以确定国基；④拥护国权以维国脉。

总体来看，余家菊的国家主义教育观的基本内容可概括为如下几点：①教育是一种国家主权，不属于私人、党派、地方、教会团体、外国等个人或组织。如果教育主权分属于外国、私人、地方和教会，则国家之主权受到分割而不能独立。教育权和经济上的产权不同，产权可归私人所有，教育权必须全部归国家所有。②教育是一种国家事业，国家为经营办理此事业的主体。在一定范围内，可容许私人和地方办理教育事业，但必须受严格的国家监督。③教育是一种国家工具，必须掌握在国家手中，教育的目的是统一国民意识，创造国家文化，确立国格，巩固国家基础。④教育是一种国家制度，必须如此，教育才能成为国家的工具，完成国家的功能与目标。

国家主义教育观的核心是国家，教育只是保障国家生存与发展的一种手段或工具而已，问题的关键是如何实现国家主义教育观？余家菊认为，应从以下方面来着手：

第一，在制度层面，国家的教育行政机关应建立独立的组织。他以英国为例，主张教育部设立永久次长一人以综理全部事务，不随总长为进退。又依法国例，设全国教育会议，议决教育方针与政策，不以总长一人之好恶而牵动全国教育。一般教育官吏，则限定以有教育专门知识者充之，在法律上予以保障不得无故更调。各省区教育厅之组织亦仿此。这主要是针对民初以来，教育随政潮而转移的倾向而发。民初以来，各派政治势力竟用教育作为政争的工具，或则用学校作宣传机关，或则用学生作攘夺武器。政治影响教育的一个鲜明体现是教育总长更换频繁。从 1912 年到 1928 年，除兼署代理的 22 人次不算外，共换教育总长 15 人次，由于任期短，权力小，很难发挥教育行政的统御作用。这些在余家菊看来足以离散国民之凝结心而戕害国家。

第二，重新确定国家的教育宗旨。教育宗旨是一个国家长远的教育目标和根本指针，它体现一定历史阶段一个国家教育发展的大方向。中国古代政教合一，教育一直未能从政治中独立出来，教育宗旨往往包含在皇帝下发的政令之中。近代以来，随着西学东渐范围和深度的日趋扩大和加深，中国开始有了明确和独立的教育宗旨。戊戌之前，晚清的个别学堂中已有近代化的教育目标，然尚无整体性的教育宗旨。戊戌之后，各省纷纷仿效京师大学堂以“中体西用”为宗旨。1903 年，张之洞等人在上呈《奏定学堂章程》时，提出了以忠孝为本，西学为用，造就国家通才的教育宗旨。然上述宗旨，在德育方面缺乏现代国民应备的基本特质，在智育方面也不够确切，与其说是教育宗旨，不如说是教育原则。

稍后，王国维指出，“教育之宗旨何在？在使人为完全之人物而已。何谓完全之人物？谓人之能力无不发达且调和是也。完全之人物不可不备真善美之三德，欲达此理想，于是教育之事起。教育之事亦分为三部：智育、德育（即意志）、美育（即情育）是也。……三者并行而得渐达真善美之理想，又加以身体之训练，斯得为完全之人物，而教育之能事毕矣”①。王氏认为教育宗旨当涵盖德、智、体、美四育，但这是就教育的内容而言，且各人对德、智、体、美四育内涵的理解有可能人言人殊，故王氏所言失之笼统，不足以为教育宗旨的标准。1906 年，学部审度中外情势，奏请宣示教育宗旨为“忠君、尊孔、尚公、尚武、尚实”②，该宗旨系教育家严修以日本教育思想为蓝本拟定而成，其中前两项为中国固有，考虑到教育的民族性；后三项为中国所缺，体现了时代性，且该宗旨切合实际，也易于贯通。“忠君、尊孔、尚公”讲的是德育，“尚武”属于体育，“尚实”指智育。道德教育是立国精神，体育和智育是强国之道，从体用关系看，此宗旨俨然属

① 王国维：《论教育之宗旨》，参见傅杰编校：《王国维论学集》，北京：中国社会科学出版社，1997 年版，第 373 页。
② 舒新城：《中国近代教育史资料》，北京：人民教育出版社，1981 年版，第 220 页。

于张之洞所说的“中体西用”。

民国建立以后，由于政体改为民主，“忠君、尊孔”不合时宜。1912 年 9 月，北京政府教育部改教育宗旨为：“注重道德教育，以实利教育、军国民教育辅之，更以美感教育完成其道德。”[①]然上述宗旨主要是教育总长蔡元培个人的主张，其中实利教育、军国民教育体现了时代要求，但道德教育、美感教育有空泛不切实际之处，实际上很难实施，加之蔡元培在该宗旨颁发前两个月已辞职，故国内并未奉行。

1915 年 1 月，袁世凯政府废除蔡版教育宗旨，重新颁布教育宗旨，鉴于蔡版教育宗旨中“美感教育”空泛而不切实用，实施困难，因此首先废除美感教育一条，而保留军国民教育与实利教育两条。袁氏尤其重视道德教育，一方面恢复了晚清尊孔（法孔孟）外，并增加诚心、爱国、尽责任、戒贪争、戒躁进五条，以充实其内容。此外，为配合当时地方自治的要求，又增加“重自治”一条。不久，袁氏又于《特定教育纲要》中，重申教育宗旨：“注重道德、实利、尚武，并运之实用。”又进一步规定：“以道德教育为经，以实利教育、尚武教育为纬；以道德实利、尚武为体，以实用教育为用。”[②]

袁氏特重道德教育，与清末民初革命风气的盛行有直接关系。民国建立伊始，国家各项事业的建设需要安定的社会环境，但当时社会风气却是：“有奔突，无控止，有进发，无回旋，有私愤，无公理，健者躁进，懦者盲从，黠者鼓吹，愚者附和。”[③]他之所以重新恢复尊孔主张，因孔孟仁义之教是中国几千年来广大国民的处世程轨，用其来

---

① 舒新城：《中国近代教育史资料》，北京：人民教育出版社，1981 年版，第 226 页。
② 舒新城：《中国近代教育史资料》，北京：人民教育出版社，1981 年版，第 258—259 页。
③ 中国第二历史档案馆：《中华民国史档案资料汇编》（第 3 辑，教育），南京：江苏古籍出版社，1991 年版，第 27 页。

扬国粹以整合人心，这显然考虑到教育宗旨的民族性。当时的学风“大都敷衍荒嬉，日趋放任，甚至托于自由平等之说，侮慢师长，蔑弃学规，准诸东西各国学校取服从主义，绝不相同”[①]。

尚武为甲午战争以来文武合一教育的加强，也是民初军国民教育的先驱，加之当时日本以“二十一条”压迫中国，民族主义高涨，故袁氏特定“尚武”为教育宗旨之一。尚实是西洋思想的发扬，提倡实用、科学与职业教育，袁氏将其视为中国富强的根本。无论袁氏有无诚意，其提倡的教育宗旨能针对当时的教育缺失与社会需要，则为事实。1919 年，民间社团教育调查会建议教育部“以养成健全人格，发展共和精神”为宗旨。而全国教育会联合会吁请根本废除宗旨，改用“教育本义”代之，同意以教育调查会之上项建议为本义内容。教育部虽未正式颁布，实则依照全国教育联合会之建议实行。1926 年，中华教育改造社依据国家主义原则，建议明定以养成爱国国民为宗旨，其要旨为：①注意本国文化，以发挥民族精神。②实施军事教育，以养成强健体格。③酌施国耻教育，以培养爱国情操。④促进科学教育，以增益基本知能。[②]此宗旨简明切要，对实际教育也有影响，然教育部未曾正式公布实施。故自 1916 年以后，中国教育实际是在没有统一及明确目标的情况下进行的。直到 1928 年，才由国民政府颁布以三民主义为中心的教育宗旨。

对教育宗旨性质和特征阐述最完整的是余家菊，他认为教育宗旨必须有五种性质：①时间性，合于此时之需要也。②空间性，合于此

---

① 袁世凯：《注重德育整饬学风令》，参见陈学恂：《中国近代教育史教学参考资料》，北京：人民教育出版社，1987 年版。

② 舒新城：《近代中国教育史资料》，北京：人民教育出版社，1981 年版，第 216 页。

地之需要。③历史性，合于此民族之需要。以上三者即国家性。④透彻性，可以贯彻于各项教育活动中。⑤确定性，可以明示教育者以努力方针。于此五者，有一不合，即不足以为教育宗旨。余家菊对清季颁布的教育宗旨“忠君尊孔，尚公尚武尚实”赞赏有加，认为立法者具有教育政治家的气魄与识力。对于民国元年的“以道德教育为主，以军国民教育实利教育为辅，更以美感教育完成其道德”这一宗旨，他认为只是策论式的教育政策；对于1919年的“养成健全人格，发展共和精神”这一宗旨，他认为是留美学生应用其教科书上之心得而已，他所拟定的教育宗旨为“精忠报国、慈祥恺悌、独立进取”[①]，这一宗旨有明显的儒家色彩。

第三，设立国庆日，以此来培养国人的国家观念。

在英国留学期间，他注意到，英国在领土上四分五裂，民族性又偏重个性，帝国领土分散于全球，随时有崩溃的危险，但英国人从教育上着手，通过设立帝国日(Empire day)来凝聚人们的国家意识。节日这天，英国的各中小学，一律举行庄严隆重的仪式，英国国王届时发表讲话，勉励帝国人民，目的是从教育上养成各地人民相互间的善意，使彼此都有同生共荣的志愿。他觉得，教育者本可以利用国庆日，以养成全国国民精神之凝结而有一同生共荣之愿望。但反观我国，也有国庆日，然教育者之于此日，仍旧泄泄沓沓，全未领略国庆日之意义。到了当日，教员们没有书教，乐得高飞远飏，学生们没有书读，乐得优哉游哉。好一点的学校，还祭一祭国旗，更用演说点缀一下，然而演说中之意义常游移而不明切，即令明切也狭隘而不咸

① 原载1924年《中华教育界》第14卷第7期。

宏。实际上，国庆日本是一个严肃的节日，国家和教育者应注重节日的教育意义，但国人一直把一些具有纪念意义的节日作为消闲娱乐的国庆日的教育，至少应当包含下列几事：①伸张民权，完成共和。中国虽号称共和，而民权仍旧薄弱，民权不确定，共和终究是假招牌。民权的伸张，有一定的程序，需要相当长的时间，而于精神上的种子则不可不努力播种。况且野心家们时常总想专制自为，宰割一切，皆为共和国家所不能容，所以排除此等恶劣思想，以完成共和政治，应为国庆日教育之第一意义。②五族一家，同生共荣。一国本是一集团，集团的根基就在集团意识，集团意识不明显，集团的行动就不能谐协。中国本来合中部及蒙藏而成，蒙藏则始终若即若离，即内地之论国事的，亦时露蒙藏是可以听其脱离宗主归附于外人的意思。国庆日教育当力矫此弊，务须养成全中华民族之同生共荣的志愿，而尤以养成内地人士一律怀抱启发蒙藏并诱导蒙藏之使命为要。近数年来，各处的地域主义皆甚发达，不但一国之内各省有排外之风，就是一省之内各府县的畛域亦很严厉。考其原因，一是源于历史上的乡土观念，二是由于政治上的纷扰，三是源于生物进化论，四是源于法律上的权利说，五是源于伦理上的个人本位说的。此种地域热情在正当的方向上，在一定的限度内，本有其相当的价值。然中国之所以只受其害而不见其利，是由于外假地域之名，内行自私之实。中国今日情势下，内乱迭生，外侮纷乘，想求自生自存而不于同生同存中去求，也就真正是南辕北辙了。要调节地域主义与个人主义之横流，莫如提倡全国之同生共荣，而国庆纪念日则是施行此种教育之最好机会。③拥护国权，发扬国光。近代以来，中国受尽侵略与侮辱，国民的苦痛不可谓不深，然而一般人对于外人不但不痛恨，而且唯恐媚之不及。外交界勾结外人以自重，经济界趋附外人以自固，甚至教育界也相率凭借外人以鸣高，其他如青年学生以能与青年会洋干事交谈为无上荣幸，文人学士奉西人的片词只义为金科玉律。在国势危急国民萎靡之时，教育家倘若能看到问题所在，利用教育以养成全体国民拥护国权、发扬国光之热忱，而国庆日则是实施的一个最好的机会。

第四，追步先烈，舍己救国。

晚清革命以来，许多仁人志士牺牲生命，前赴后继，始有辛亥革命之成功。及至革命成功，一部分革命志士热衷于功名富贵，而奸雄利用人性弱点贿赂人心，国民道德呈现普遍的堕落，国人心目中之唯一念头就是自私自利。复因新文化运动中各种新思潮风起云涌，夹泥沙而俱下，以致“自由恋爱”“爱情神圣”“主情主义”等口号盛极一时，结果却为少数无行之徒利用而醉心于个人享乐，更使全国青年颠倒于男女问题。余家菊指出，男女问题当然可以讲，但不能把他看作当今青年最大的甚至是唯一的问题，自身的、国家的问题很多，何必非得娶个所谓的“文明太太”来摆场面。青年醉心于男女问题，这在他看来，无疑是精神的堕落，对此，教育者应负一定的责任。他认为，教育方针当引导青年将其注意力集中在国家命运与群体上，不能只知有己不知其他，更不可使青年终日完全劳神于男女问题上。他建议，每逢国庆日，我们当抚今思昔，念先烈之功德，睹国运之艰难，正可以激发志气，共肩国难，以竟前贤未竟之志，而奠国基于磐石之安。

至于国庆日的具体活动，余家菊认为有以下各项：①敬国旗。国旗是国家的一个象征，它不但代表一个民族的集体生活，而且代表过去的历史、立国的理想以及未来的希望。②唱国歌。国歌的功能一方面表现已有的文化，另一方面涵养未来的理想。不能表现已有的文化，国民精神就无所寄托，不能涵养未来的理想，全国就无所嚮向。他认为，中国的国歌《卿云歌》意味深远，境界超脱，基本可以代表中国文化的精神，但此歌于涵养未来的理想一面，似乎不大相宜，中国此时正是国运阽危、民不聊生的时代，国歌为立国精神所系，不可不有发扬蹈厉、奋发有为的气概，与其失之啴缓，毋宁失之于躁急，故《卿云歌》不合时宜，只可在国家强盛、人民康乐的时代，用以涵养国民的胸襟。他主张在此歌之外另制辅助国歌，或名“国民歌”，以鼓舞国民志气为要义。③讲演先烈事迹。余家菊认为，最能感动人心的，莫过于先烈的具体事迹，故要多读历史与名人传记，尤其是晚清最后20年，更为先民热血澎湃、中华民族之伟大精神鲜明体现之一时期，教育者当利用先烈之热烈的事迹以养成青年服役之理想。④讲说国势。教育者当使学生充分明了中国今日之国势，应将鸦片战争以来外人骄横、欺凌等种种情形，制为种种图表，使学生触目惊心。

（三）对其他教育思潮的批评

自余家菊、李璜提出国家主义教育观之后，很快发展成一种教育思潮，这不可避免与民主主义、和平主义、世界主义等各种教育思想发生碰撞和争鸣。

民主主义教育思想盛行于20世纪初的美国，以杜威的《民主与教育》一书为代表。杜威认为，民主教育应包括两项内容：一是发展智能的个性，二是培养共同活动的观念。前者注重培养个人独立思考与判断的能力，后者培养互助合作的天性。为此，学校应效仿社区组织起来，学习必须与社会生活结合。在学校与社会关系方面，杜威认为学校有两大任务：一是适应社会的需要，二是带动社会的变迁与进步。他认为学校是社会的熔炉，可化除各种社会障碍，供给自我实现的工具与服务社会的精神，以保证社会的和谐与进步。在学生与课程之间，强调学生比教材重要，施教时应利用儿童的生活经验，并注意将其所学应用于社会生活。杜威的民主主义教育思想，认为教育是个人继续成长的历程，“教育即生活，学校即社会”。杜威在五四运动爆发前三日来到中国，到1921年离开，在中国停留了两年两个月，其间访问中国11省，到处演讲其哲学和教育思想，加上杜威的学生胡适、蒋梦麟等人的介绍，其教育思想对中国影响很大。杜威的教育思想对中国教育界的影响呈左右两个倾向。一部分人如胡适、蒋梦麟等人，将杜威的思想引向民主精神及个性发展方面，这属于教育原则和方法问题，他们属于杜威思想的右派。另一部分人，如晏阳初、陶行知等以教育普及化为己任，提倡平民教育，他们属于杜威民主教育思想的左派。余家菊与其他的五四青年一样，在五四新文化运动期间深受杜威教育思想的影响，但在接受国家主义教育思想之后，他对教育界中单重个人主义有所不满。

教育中的个性主义在近代之昌大始于法国的卢梭，他主张不干涉，又主张脱离社会(即有感于社会腐败而发)，儿童应复归自然，如儿童天性好动而旧教育则强制其肃静等。教育上之个人主义的内涵有二义，一为个人具有独立的人格，故教育应重视自动，而任其自求自讨，自造而自得之，反对那种一意灌输之举及纯然注入之法；一为个人有其特具之性能，故教育应以充分发挥其性能为目的，庶几人人得尽其才。除过教育上的个性主义之外，还有伦理的个人主义之说，此说以为人类的行为全为自私自利的，其利他行为亦不过自私自利之一种手段。所谓物之不齐，物之情也，故教育之义在顺应人性而使之有发扬生长之象，庶几教育有所助益于人生。教育若不问个人的性能而概责以同一的程效，显然误人子弟。发展个性为现代教育之特点。当然古人并非不知发展个性，儒家的因材施教，《论语》中孔子与弟子的对话均可说明，只是直至现代社会始知有系统地实施此原理而已。现代教育之进步，得力于个人主义，这是无人否认的事实。

余家菊认为个人主义与国家主义既有区别又有联系。二者的区别在于，个人主义重视个人的伸张，而国家主义则要求个人之服务，个人主义重视个性的发展，而国家主义则重视国性之阐扬，一重各个人之所异，一重各个人之所同，个人主义重视个人人格之自觉，国家主义则重视国魂之陶铸。其联系在于，个人的伸张与国家的服务非但不相冲突，国家的服务实为个人发展之必要途径，个人之完成，不可孤立求之，必须从事社会的生活，使其生活丰富而多方面，然后其发展始得为丰富而多方面的；而国家者，实含有许多小社会之一大社会，国家有时诚然要求个人牺牲，然此牺牲即所以使自我得以有所造就于社会者，即所以使自我得以有所完成者。因此，个性之发展与国性之阐扬，无冲突且可以两相为用。

个人主义与国家主义的关系从国家主义者一再强调的国性与国魂两个概念的内涵可以看出。余家菊认为，国性是一国国民的通有心性，是一国之内，各代国民所遗传的特质，其成因有由于遗传者，有基于后来的社会淘汰者，国性既为国民之通性，可知通性之外有个性存在之余地，发展通性无须贬损个性，且个性之发展，正为国家发展之所系，若人人能发展其特长，则国家之进步亦必奔腾直前。国魂者，全体国民共有之精神也，举凡国民之共同信仰、好恶、趋避等，皆可包括于此名之下。国魂之凝成，富有历史的因素于其中，盖先民之心血，今人之努力，未来之希望之会合点也，其形成必经种种痛苦与牺牲，或则内部的压迫，或则外侮的侵凌，或则文化高明，或则恩威远播，痛苦虽多而国命仍能延存，今人抚今思昔，自然难禁其追慕之情，而与古人分其忧而同其泪。国魂上的形成，又赖国家的种种进步与成功，国民审视沉思，自然兴起雄视宇宙之慨而愿粉身碎骨以卫斯土而保斯民。国魂教育要求发挥各个国民精神中相同之若干点，于此若干相同之点而外，各人皆可尽情离乎常情，并未使全体国民之思想言行如出一模而绝无二致，不会有碍于各人人格之发展。

在国家主义者们看来，国家主义的目的是完成国家的使命，凡足以用为达到此目的的手段无不采用，故健全的个人主义，绝无被其摈斥之虞；但个人主义离弃国家主义，易流为自私主义，否则，即为空具形式而缺乏内容。余家菊的看法是个人主义不能离弃国家主义而独全，而国家主义含有个人主义于其中。

另一类反对国家主义的是世界主义或国际主义。此派可分为三种，第一种为个人主义的世界主义。如德国哲学家康德认为，教育的目的，在使人类变成最好的人类，要达到此目的，不能将教育之事委之于国家，因王侯将相皆欲使其臣民成为更好的工具，而不欲其成为更好的人类，故教育应由私人经营，一切文化皆起于私人且发皇于私人。余家菊认为，康德所主张世界主义，其错误在于：①近代教育重视普及，人人应有享受教育的机会，而私人没有能力承担教育普及的任务。②私人经营教育往往为达到私人目的之手段。③康氏所说的私人仅限于有远见的私人，其教育观念为 18 世纪的，不符合现代社会的实际情形。在理论上，康氏根本只承认个人与世界两极，而抹杀居于其间的国家，余家菊指出，国家不但有其领土、人民、主权，还有其风俗、言语、制度、文物，即有其文化，而一国的文化即一国的精神，言世界主义没有消灭各国文化之必要，各国文化之发展实际上有益于人类。

国家主义者在国家的思想上显然受黑格尔的影响。黑格尔认为参与民族发展的自成运动并有所促进之，乃各人所应有之责任；民族之修炼与个人之发育，二者关系异常密切；个人只能生长于民族的孕育之中；个体与全部之密切关系，臻其极点于国家的凝成中；国家为最发达而最紧密之社会；历史为人性之客观化、实际化者；历史的成就，结晶于国家之体制的生活中，个人必须参加国家的生活而以国性的精神过活之；个人不可能孤立于国家之外。这些均影响到余家菊这些国家主义者。

第二种为和平主义者。该派认为国家主义鼓励侵略，易流为穷兵黩武的帝国主义，世界战争皆源于各国之同行国家主义。余家菊指出，此派实误国家主义为帝国主义。国家主义与帝国主义不同，帝国主义为侵略的，为向外发展的；国家主义为自保的，为企图振拔的。他认为，国家主义非闭门独善主义，实欲于自强之中，实行兼善天下之事，因为中国文化为人道的文化，中国民性为酷爱和平之民性，以文德怀柔远人，以新朝而兴灭国继绝世，中国历史的实例以及先民的教训，均使中华式的国家主义只会有益于和平之促进，绝无碍于世界主义之发展。

第三种为平民主义。平民主义实来自民主主义，只不过是民主主义的左翼，倡之于美国。余家菊指出，美国人不因提倡平民主义而反对国家主义，原因是平民主义不过为国家组织与活动的一种方式，国家主义以国家生活为鹄的，国家知平民主义有利于其鹄的之达到，故采用之以厘定其组织而范围其活动。平民主义的最初解释为民有民主民享，民有民主民享的实现不能离开国权国政。五四时期，教育界言平民主义者，有就民有民主民享之义发展为学生有、学生主、学生享，其意在迎合学生心理以牢固地盘扩张党势，对青年学生为害不浅。他指出，教育事业为国家事业，理应为全民所共有而共主之，非一派人所得而自私；教育乃国家达到其目的之手段，个人的利益即寓于国家的利益之中，谓学生享为教育目的之一部分则可，谓教育之目的止于学生享则不可。平民主义教育可释为“国有国主国享”，现代各国教育皆由国家管理而不全任私人自由经营者，即教育之国家化。陈启天也指出，平民主义乃建基于国家主义之上，国家主义可叫作国家的平民主义，也可以叫作平民的国家主义。

余家菊认为，平民主义的要义有二：一为个人自主，一为机会均等，前者即自由，后者即平等。他指出，国家主义于此二者实兼收并蓄并可补助其不足，近代国家立法，明白保护言论思想、集会结社之自由，近代教育行政，竭力奖励个人实验，地方变异。国家力谋教育之普及，进而制为义务教育法令，补习教育规程，于贫苦儿童则设为供给免费膳食之条，于无力升学者则设为奖学制度以资其上进。因此，国家主义所采之方策，只应根据理性，问其是否有益于国，有福于民，而不以自由主义为其最高的原则，即以自由主义不能普遍而无条件地实施。平等主义其功用有时而穷，国家教育政策有时尽可相反，如教育专门问题应由教育专家处理，普通人不能干预。因此，国家主义可以济平民主义之穷，而平民主义不及国家主义涵容丰富。在国内，国家主义者主张培养国民之同心，融合国民之情意，五族混合、四民协作，且国家主义非徒独善其身之国家主义，乃已立立人、己达达人之主义。国家之最大责任与光荣，在于对世界有所贡献。国家欲求进步，必对于世界有所取，唯其取也，非毁弃国性之盲目吸收，推尊外人之奴隶的同化，乃以自国为主而参酌历史、准诸国情之选择的承受，不若平民主义有流于拜倒于外人之下的危险。

总体来看，在余家菊这些国家主义者看来，国家主义教育与民主主义、世界主义这些思潮互为补充，并不矛盾。

（四）国家主义教育思想的影响

自余家菊、李璜提出国家主义教育观之后，很快得到时人的呼应，逐渐发展为一种思潮，对当时的中国教育界发生相当大的影响，主要表现在以下几个方面：

第一，引发收回教育主权的运动。1924 年 7 月 3 日至 9 日，中华教育改进社第三次年会在南京东南大学举行，在年会上，余家菊与陈启天等人提出《请求力谋收回教育权案》，获得大会通过，由此正式掀开了收回教育权运动的帷幕。此后，教会学校逐渐融汇于中国教育体制之内，开始受中国政府的管理监督，对中国教育起到了积极的示范作用。

第二，倡导军事教育运动，引起时人对军事教育的重视。中国儒家文化尚文，然因近代中国在外战方面屡战屡败，加上西方社会达尔文主义的输入，故自晚清以来，时人便提出了军国民教育。军国民教育主张文武合一，通过教育手段，培养国民的战斗意志与技能，以保卫国家。1898 年，张之洞在《劝学篇》中提倡兵学，主张以武力为公理的后盾，以战争来维持和平，并于其主政的湖北各学堂实施文武合一的教育。清末时，奋翮生、蒋百里曾鼓吹军国民教育思想。1907 年学部颁发的教育宗旨有“尚武”一条。1911年各省教育总会决议“请定军国民教育主义案”，请学部颁行。民初蔡元培担任教育总长，蔡氏在其《对于教育方针之意见》一文中，第一条即主张“军国民教育”。他说：“清之季世……腾于教育家之口者，曰军国民教育。夫军国民教育者，与社会主义驰骋，在他国已有道消之兆，然在我国，则强邻交逼，亟图自卫，而历年丧失之国权，非凭借武力，势难恢复。且军人革命之后，难保无军人执政之一时期，非行举国皆兵之制，将使军人社会永为全国中特别之阶级，而无以平均其势力。则如所谓军国民教育者，诚今日所不能不采者也。”①蔡氏倡军国民教育的目的，不仅在保卫国家，抵抗强权，收复权利，在当时也有防范军人专政的用意。1914年，范源濂在《今日世界大战中之我国教育》中，强调须“振尚武之精神”。1915年日本提出“二十一条”，中国爱国主义情绪高涨，袁世凯政府特定“尚武”为教育宗旨之一。是年四五月间，全国教育联合会有“军国民教育实施方法”的决议案。不过，欧战结束后，世界和平主义氛围一度充满国中，尤其是梁启超在《欧游心影录》中提倡和平，反对战争与军国民主义教育。但1919年巴黎和会上中国外交的失败，不啻给国人当头一棒，当时余家菊正在中华大学中学部任教，之后武昌地区的五四运动对其有一定的感染。出国之后，深处民族主义情绪高涨的欧洲，眺望灾难中的祖国，他感同身受，自然服膺了费希特的国家主义教育思想，对于国内的和平主义思潮不以为然。由于信奉国家主义，整军备战势在难免，因此军事教育自然成为国家主义题中之义。

---

①《临时政府公报》，1912年2月11日，第13号。

他指出，当今西方列强竞拓军备，战争可计日而发，西洋文明为战争文明，西方民性为猛兽之性，而中国土地肥沃，物产丰富，足以启列强占据之野心。中国民性怯懦，习尚文弱，尤足以使强邻产生觊觎之妄念。中国要得到和平，则非整军经武，利炮坚舰，以慑其野心。他指责教育调查会竟然主张推翻军国民教育及废除学校兵操课等举动是“不为病狂，即为愚昧，其所遗留之余毒，非数十年之努力，不足以洗涤之”，现今唯有积极实施军事教育。他强调，军事教育的目的：第一，是御外侮，当时国内教育界竞言公民教育，然独于充军役、御外侮一层则弃置不言，这于中国的未来大为不利。第二，是戡内乱，这与民初蔡元培的思路一样，近代中国政治紊乱，宵小横行，军人假其虎威鱼肉小民，土匪肆其剽悍勒索闾阎。要自卫，最好是广练乡团，实行全民武装，于是团丁之统率，攻守之教练，皆在需人，而要普遍地养成此项人才，唯有于普通学校实施军事教育。学生毕业出校后，平日则教乡民以战术，有事则率乡民以上阵，必使全国之民，人人皆是战士，全国学生(至少中学以上)，各个皆可谓官佐。第三，军事教育还可养成守纪律的习惯。在他看来，中国政治素尚宽大，士子习尚，更以蔑视礼法为能；加之近年自由平等之说大作，青年学子不辨底蕴，妄以自由为无规则，平等为无管束，纵性任情，毁法乱纪，无所不至其极，偶有一二贤明师长略加干涉，学子复加以侮辱人格之名而叫嚣喧扰，循是以往，若从其所尚，而无共受之秩序，势必流于人皆相砍的境地。第四，严组织。组织严密为军队所长。有组织，故其动作得以协同，而无人自为政之弊；组织严密，故团结坚固，不易为外界所动摇，而不至予人以攻隙抵暇之机。他认为，中国国民，在个人既无惯于组织之习性，在社会复无崇尚组织之训练。若在战时，敌国不难飞一炸弹以紊乱全城秩序，散一谣言以摇乱全国人心，其胜败之机，正不必决之于战场。即在平时，近代事业皆为大规模的，处处非组织不能有济，牵一发而动全身，各随所好以行之之习气不改，大事业决无从发达，此严组织之效又有待于军事训练。第五，克服国人怯懦畏葸、趑趄逡巡的弱点。外则列强惯用虚声以恫吓，内则民贼常恃乌合之众以蹂躏，凡以暴厉之气相袭者，无不为所欲为而如愿以偿，皆因教育上无练胆壮气之事。倘施以军事教育，使习两军对垒之事，猛击阴袭之举，更益以自卫之术和防御之识，养成临事不惧，虽千万人吾往矣的气概。第六，强筋骨。国民体魄脆弱，仪容颓唐，行为迂滞，精力疲惫，不足以当繁剧之事、任艰苦之行，宜用刚性的锻炼以矫正之，而军事训练则为刚性锻炼之尤者。军事训练可以强筋骨、壮体质，培养其习苦耐劳的性格。国人素以四万万人口自雄，须知活力不旺、体力不盛，则工作或战争之成绩皆无从佳胜，而人可以以一当百，虽多无用。第七，讲军学。审度地势之法，扎立营盘之理，合围分抄之策，趋避攻守之略，正奇迟速之变，皆人人所必需之军事知识。有此知识，然后足以讲自卫之法，人人当有军事常识，在中学以上之学生，更能实际运用之。第八，习武艺。略知使枪之法，略擅用剑之长，偶有缓急，小之则可以自保其身，大之则可以保其国家，至用以逞凶抑恶，为社会维持秩序，为人间保正气，其时会尤多，故练习武艺为军事教育的又一目的，其他如攀登之技、救护之术，亦为人人所应有之能力。

至于军事教育的内容，他认为，小学后期应注重基本训练，如军礼、步法、枪术、队伍集散、精神训话、攀升登梯、野餐露宿等。每年于国定国防日，集合邻近学校举行阅兵式，晓以国际情势，以振作其精神而鼓舞其同仇敌忾之概。中学则施行军队组织，十人一伍，百人一队，会同邻近中学合组一大队，或由省教育长官派遣一军事教育专员统帅，实际教练注重队伍动作、战斗技术，并课以战略，间日一小操，一周一大操，每学期举行野外行军一次，短则一二日，长则一周；每年于国定之国防日，会合邻近学校，举行大会操假作战一次；各省联合运动会举行时，可以省为单位演习战斗以比较其优劣；全国运动会举行时，更可以东西南北中五大部为单位，使其各表所长以资观摩。发扬尚武精神于全国。[①]由此可以看出，余家菊对军事教育的强调直接的目的是强身健体与保家卫国，其更远的关怀是通过此种教育来改变中国的国民性。

随着五卅惨案的发生，军事教育引起了时人的重视。1925 年 10 月，全国教育会联合会决议各级学校实施军事训练方法：①高级中学以上学校，一律施行军事训练，并授以军事学。②小学及初级中学应实行强迫童子军训练，初中年龄较大者，酌情施行军事训练。③施行军事训练之学校，课外运动及体育时间，仍应酌量保留。④平民学校亦应尽所能施行军事训练。尽管全国当时并未一律实行，而仅由各级学校酌情自由办理。[②]1928 年全国统一以后，军事教育终于在全国范围内全面实施。

1924 年 3 月，时在英国的余家菊接到国内武昌师范大学校长张继煦电约，请其回国担任该校哲学教育系主任一职，余家菊素来有教育救国的理想，为振兴家乡教育，因此慨然应允。4 月，进入武昌师范大学任教。此时，国共两党已开始合作，青年党已然成立，青年党与共产

---

① 余家菊：《学校军事教育问题发端》，《醒狮周报》，1925 年 5 月 2 日，第 30 号。
② 陈启天：《中国近代教育史》，台北：中华书局，“中国”近七十年来教育记事。

党的分野与斗争愈来愈激烈，而余家菊仍坚持教育救国的本旨，在政治信仰上虽然已确立了国家主义理念，但在组织上并未加入青年党。

五、为师范教育正名

对于近代中国持教育救国理想的人来说，教育既为国家盛衰之本和社会隆替之基，师资问题非常重要。要振兴教育必先培养师资，改进教育亦必先改进师资显然是广大教育者们的共识。因此，师范教育无疑是余家菊关注的一个重点。

我国师范教育始于晚清。清季师范学校分两级，一为优级师范学堂，一为初级师范学堂。一般来说，优级师范学堂在省城设立，初级师范学堂在各州县设立，不过在一些省份以州县之力难以筹办初级师范学堂之时，省城也可设立初级师范，拟定初办时与省城之初级师范并置一处，等各州县设有初级师范学堂时，即将初级师范学堂增高其程度并入优级师范学堂。初级师范学堂主要是培养高等小学及初等小学教员，每一州县应设立一所。

民国建立后，教育部厘定学制，有见于师范为教育之本，必须先确立基础，而后全国教育始可以渐谋发展，于是在全国范围内划六区为高等师范学校，北京、南京、武昌、广东、成都、沈阳各区高等师范学校次第成立，这六区高等师范学校主要是训练师资的高等机关。民初，政府对师范教育非常重视。

不料到 1918 年，教育界中有人或为所在学校之方便，而主张打破师范制度；或拘个人于留学时代之断片见闻，而强行毁弃师范学校，有人主张各级师范学校应并入各中学或大学。随着南京高等师范学校

优级师范学堂是我国近代设置的专门培养师资的高等学校，“优级”即“高等”“高级”之意（与初级相对）。它是我国真正意义上的大学教育模式的开始，代表性的学校有京师优级师范学堂（京师大学堂优级师范科）、两江优级师范学堂和福建优级师范学堂等。图为福建优级师范学堂改办东南大学，高师制度开始动摇。甚至身为师范大学校长者，竟主张师范大学应取消教育系（石瑛），更有教育总长章士钊下令解散师大的现象。第七届全国教联会议决之学制系统草案内师范教育说明第五条规定：大学得设师范科，高等师范学校得仍独立。这显然以大学设师范科为正宗，高等师范尽管暂时没有取消，实际上已视其为赘疣。师范教育之生命，便大受打击。此后，各区高等师范纷纷改组为大学。

针对教育界贬抑师范教育诸现象，余家菊就相关问题进行回击，为师范教育正名。

（一）师范教育的存废与独立问题

余家菊认为，高师改为大学表面上似属进步，实际上于中国教育弊大于利。夺高师的经费办理大学，1912 年规定的全国六大学区，其应有之经费，反悉置而不问，大学之设备未敷，而师范之精神反因之丧失。事实上，浙江复归并师范学校于中学，结果年来实验失败，而又有恢复师范独立之议。但破坏之后，建设更难，何况当时教育家持归并之说者很多。

当时主张取消师范或反对师范教育独立的理由大致有八条：①师范学校程度太低，不足以适应高深学问研究的要求。②师范教育独立，经费上不经济。③师范学制抄自日本，不适合中国国情。④现今师资缺乏，应予中学大学以养成师范人才之权责。⑤师范学校目的过于专门，与普通文化知识不能接近。⑥师范毕业生之成绩，与普通学生并无差别，何必多此一机关？⑦独立的高等师范、初级师范，设备必不能完足，如归并之于大学中学，则其设备可期完善。⑧有志上进的青年，多不愿入师范，如改为普通性质，则可收人才于此途。

余家菊认为，上述说法中的第二、三条，显然毫无道理，因为一种制度，只能问其本身价值如何，不能问其来自何国，日本的制度未必全然恶劣，美国的制度亦未必全优。新学制大部分皆依据美国学制，关于师范学制的一部分，难保不受此等影响，而以为美国的师范科大多附属于书院、学院或大学，实际上，美国的独立师范学校或师范大学所在皆是。今单选其所设者而效法之，于其独立者，则置而不问，果何故？至于经费过多，亦不能为充分的理由。此种学校如无存在的必要，则虽毫发之微，亦不应耗，否则，无论费用多少，只需有效果，即不能谓为空耗。

对于第五条理由，他认为，现今的师范教育不仅不专门，实过于普通。他以为，国内一般师范教育的功课，除加入若干心理学、教育学、教授管理法之外，其他方面与中学几乎没有多大差别，甚至于高等师范学校的课程，亦是分科分系，除去几许教育学、教授法、心理学之外，仍然与大学分科差别不大。他指出，师范教育与普通教育的区别不应仅在教育学、教授法、心理学等几门功课，难怪有人主张只需于中学大学中添若干教育的功课便可以养成教育的人才！亦无怪乎师范学校造就的人才，实际从事教育时，亦与普通学校毕业生无甚特别不同之处。他认为，真正的师范教育，应极力表现其特别之处，即应将一切关于教育的学科，如教育心理学之类，极力提高而增多之，其他学科如各种科学之类，不妨视为次一等；特别在知识传授方面，师范生对于知识的态度与普通学生的态度，应当完全不同：普通学生学习知识是为自己受用，师范生学习知识是为了传授别人知识，而且现代中等教师的职责，不唯在传达知识，更须了解现代的文化，以指导而改进之；仅具有一定分量的专门知识，必不能尽其责，必须具有研究的精神；而所谓研究者，又非仅为科学的研究，并须从事于教育的研究，质言之，即立足于教育者之见地，以从事科学的研究。总的来说，师范教育与中学、大学普通教育的区别在于：第一，应养成师范生之教育的研究精神，并应通晓如何立于教育者的见地以实行研究之工具与方法。第二，教师的责任，不唯注重传达知识，且当了解现代的文化，而具备研究的精神；在师范学校数年内所得的知识，无论如何丰富完备皆不足用，因社会的需要时时变迁。故师范生学习知识，不应重在学习之分量，而应重在自己求知的方法。第三，师范生之所处理者与熏陶者为人，当了解现代文化，其教育以人本精神的陶冶为要。若师范生能重视此数者，则不但第五条所举之弊可免，而第六条理由亦因之而连带消灭；之所以师范毕业生与普通学生差别不大，主要由于现在的师范教育不重视前述三点。而补救之法，正当极力提倡此种师范教育，不能因噎废食而主张取消师范学校。

他认为，第四条只能作为普通学校可以兼办师范科的理由，不能作为取消师范教育的理由，此本一时救济的办法，并无完全的理由根据。第七条亦不足论，盖承认师范教育若有独立存在的必要，则用全力以完成其设备，亦非不可能；且师范教育与普通教育性质不同，绝不能利用普通学校的设备以为研究的工具。师范学校与普通学校合并后，一校之学生数势必增多，设备亦必须随而增加，实无经济之可言。

第八条为现代师范教育之最难问题，欲解除之，实与改为附属与普通学校与否完全无关，因教师的地位待遇若不改良，无论为独立设置或附设于普通学校之中，无人愿学师范；反之，若师范学校单独设立，反可以利用环境熏习的力量，增进若干教育的兴趣，减少若干改就他途的野心。他指出，在中国目前，此种问题还不甚急迫，盖因目前教育生活比一般职业界，仍比较高出一等。

余家菊认为，上述主张取消师范教育的理由中，第一理由即所谓师范学校不足应高深研究的需要，为以上各条理由中最重要的理由；师范教育是否有独立价值的问题，全看此条理由能否存在，若师范学校如其他一般学校，以授予多少知识，或训练若干技能为目的，则师范学校实无独立存在的价值，实不如并入大学专门或普通中学。他特别强调，问题是教育的宗旨不专在传授知识，还在发展完全的人格，使知识、感情、意志、行为各方皆得到完全的发展，教育职业非仅有满腹学问之人所能胜任。持第一种理由者，实则是完全不了解师范教育的本质，理想的师范生绝不能以有学问自足，还须具有传授知识的能力，而且知道如何培养被教者的人格。因此就师范学校的学术程度不高深一点主张不立师范，实为谬误。

从正面来说，余家菊认为，师范教育不仅有存在的必要，而且确有独立之必要。原因在于：第一，从师范教育的特质方面看：师范教育为一种职业教育，但师范职业与其他各种职业大有不同之点。普通职业之直接的影响，仅限于局部范围之内；教育事业之直接影响，则普及于全社会、全人生；普通职业的对象为物品，教育的对象则为活泼的人。因此，一般职业处理的物产或人事，其影响不过及于人生活动之局部，教育职业则以人为其中心，社会为圆周，使被教育者长养其智能，以控驭人事与物质，发展其个性以培养其美满的人格，此乃师范职业之要旨，而与他种职业教育根本上不同之点。在学科设置上，普通学科、师范学校与中学尽可相同，但其取材及教学重点并非一致，因其体同而用异。例如手工一科，在中学为普通陶冶，在师范则除此以外，兼须示以教小学生之方法，所学之对象与应用之法术，两者必求贯通，而后师范教学上之效率乃大。他认为，今日师范教学效率之所以低下，即坐此两端不能贯通之故，这在师范学校犹有贯通之望；至于中学，则其所谓师范科者，不过于普通学科外，添设修几种教育功课而已，本无所谓师范教育。

第二，从师范生的训练来看，理想的师范学校，其环境中必充满教育化的空气，使人一入其门，受其琢磨，经其陶铸，教育之信仰大固，见异思迁之念渐消，足以实现师范教育之目的。诋言师范教育者认为，教育不能禁人之不变其兴趣，则教育学术之无价值也可知。余家菊认为，学生兴趣之程度，必从平日积累而来；纯一之师范学校，可使学生专一其志，培养其兴趣，坚定其对于教育之信心，师范生必参与各学校之集会、竞技活动，且须常有参观旅行、社会调查等事，不但须参与各学校间之活动，且须身为各学校之领袖，加强社会交往。就理想来说，学校人数多则各分子间之接触广，科数多则学术之兴味方面亦广，然按诸事实，往往并非如此，学校愈大，分子愈形涣散，即如交际集会，人数过多，其交际每为形式的酬酢，而缺乏感情；合作必赖感情，若机械地合作，没有多大意义。师范之意义，既与普通教育或他种职业教育根本不同，其所求之人格，当有特异之训练，倘为经济计，合一炉而治之，则其所谓经济者，可以数计，其不经济者，乃不可以数计。因此，师范生宜有教育化之专门训练，欲实施专门训练，非有专设之师范机关不可。

第三，从教育政策方面来看，师范为再造民族之本，其训练与精神，必期全国一致。其他职业教育，不妨自由设施，而唯师范教育，须受国家干涉，且须国家予以经济补助。近代大教育家均以培养师资为国家之责任，非地方所能完全负担。他援引美国教育界的状况指出，欧战以来美国师资缺乏，为教育界大恐慌，于是国会通过国库补助师资训练案。美教育家巴格莱(Bagley)指出：师范教育行政宜以全国为单位，照目下美国情形，至少亦应以一省为单位，他反对市立中学兼设师范科。余家菊认为，美国教育向重地方自由，渐趋省权干涉，再进而诉诸联邦政府，且从师范教育下手，诚能得其本。他强调：一国教育，无论如何自由，而师范一项，不可无国家政策，此为与其他教育大异之点，不可由他校代办。

第四，从社会进化方面看，古代没有所谓的专门师范教育，凡能以其所学教人者皆可为教师。我国读书人家，取师必经明行修。西方贵族教育，亦必道高学博，初未尝有专门之训练。自16世纪宗教改革以来，教会以推广教育为扩张宗教势力之工具，而后师资训练渐觉需要。近世教育事业日益复杂，行政、课程、组织、教法等问题纷然并起，而其解决之法，又逐渐应用科学的客观方法，于是师范学校与他种学校，势必由合而分，以适应社会分工、进化自然之理。在余家菊看来，取消师范教育者，实不明乎社会进化之理，而必返复其原始状态，无异于开倒车；何况同一地域内，必须有互相对峙之学校，因比较而竞进；若学术思想由一校包罗，未有不昂然自大，而减其进步者；且高等学府，分途并立，则不同的主张与学派，可以各行其是，若必综合于一校，则党同伐异之事不能免，学术的活力与生机亦必滞塞。他主张：①专设之师范学校或师范大学为师资训练的正宗机关；②其他学校附设之师范科为补助的或暂时的代用机关。这是一种暂时的调剂之法。各种教师在理想上，原应期其经历完全的师范训练，但师资既形缺乏，而国民经济力又不能尽量为训练机关之设置(如师范大学之农业师范科)，故大学生、中学生乃至小学生之已毕业者或未毕业而投身教育者，比比皆是，尤其以乡村学校为多，此种现象实为各国之通象，原非中国所独有。事实上，既不能使此辈人绝迹于教育界，则由大学中学酌施以若干时间之教育的教导，虽不合于理想，毕竟聊胜于无。但中学与大学当局务须了解中学或大学之职责所在而努力奔赴之，勿因本校毕业生出路不广，便欲推倒师范学校，而发为师范学校把持教育之怪论。他认为，师范学校本为职业的学校，教育界之不能不受师范学校之影响，此本当然之事。反言之，中学毕业生可为普通文官、铁道员、邮务生等，大学毕业生可为高等文官、新闻记者、银行经理等。师范生却为强迫服务令所禁阻，虽欲就而不能者，师范学校又何尝因此而嫉视中学或大学？中国今日因政治纲纪的崩溃，与社会事业的萧条，大学中学毕业生无事可做，故众人欲以教育界为尾间，陷入此窘状者，尤以大学文理科学生为多，故文理科大学如北大者，其立意打破师范制度更切。他提醒时人，为学生谋出路，其动机原未可厚非，然不从国家教育之大处着想，但就一校之利害计，亦失教育家之精神。余家菊认为，文理科大学宜以养成学者为专责，其学生贵精不贵多，在无出路之中国今日，尤以少收为是，而师范以及农工医法各科，则可按其职业界需要之额数与品类而量力扩张之。

（二）高师之升格

余家菊认为，高等师范为全国师范学校中学校师资所从出，关系既大，程度当力求增高，故国内高师有升格为师范大学的必要。余家菊之所以提出高师升格问题，主要是从国内外高师的对比来看。从修业标准看，国内高师较之西方各国均形低下，故应将其提高为师范大学以符合中学师资养成的标准，以应实际需要。中国高师制度仿自日本，日本近来高师升格运动颇见激动，其升格案业经政府提交众议院议决，实现之期，当属不远，中国不应墨守旧制。

民初以来，教育界人士多赞成实施六三三制，高师毕业生较之高级中学毕业年限仅多三年。他认为，高师程度若不提高，则高师毕业生任中学教员时学力不逮。因此，他建议应将高等师范学堂提高程度，延长修业年限为六年，与其他六年之大学平等，改称为师范大学。针对有人提出，高师提高程度改为师范大学，固属重要，但所改之师范大学，系专办教育科，以备大学毕业生升入呢，还是在教育科外，兼设师范生毕业后应教授之学科，他认为，办理师范大学应如后议，即除设教育科外，宜兼设师范生毕业后应兼担任教授之各种学科。具体原因如下：

第一，就目的言，凡目的前后一贯者，则成功易而收效巨，否则反是。师范大学之目的，在按照中等教育上实际的要求，授予各科应用的学识养成教育的专门人才，与他科大学之目的不同。如以目的不同之他科大学生，毕业后再入师范大学，学习少许教育科目，虽不能说其无教育知识，但与其毕业前修学之目的既异，则其所得教育的效率，较之完全由师大毕业者，自形薄弱；反之，若以师大毕业者入他科大学同理。

第二，就教材言，学校因目的不同，而异其效率；学科因目的不同，而异其标准。师范大学，一面研究学科，一方须顾及此种材料对于中等学校学生有何等价值。在普通教育上，必要的程度如何？故其学科标准，较他科大学，专在该大学本身目的上着想者，其取材范围，自多差异。

第三，就教法言，师大与他科学生，既以性质不同，教学法亦不可同语。例如一些定律与公式，在他科大学或专以为深究之责，或借以为运用之便；若在师大则除以上作用外，兼须研究其教学方法，以为施教之地，且教授施教时，亦当注意本身之教法，以为师范生之楷模。

第四，就训练言，学校内教授与训练并重。训练之法，又以学校性质如何而异其方针。凡师资所从出的学校，须使全校有共同之精神，故欲达此训练之目的，非师大莫属。至于他科大学卒业者，虽亦可入师大研究科，学习若干教育科目，然较师大之六年卒业生，长久熏染于教育化之中者，相去甚远。

第五，就成例言，西方国家的教育研究机构除教育科外，兼备他科。

当时反对高师升格为师范大学者，认为大学为一切学术之总汇，若分为某科大学，则失大学之所以为大之本意。余家菊指出，此说实误于西文大学一字之为 University，University 因与 Universal 字近似，因后者有囊括之意，于是认定大学为包罗万象之学府，实则 University 意为团体，古时工商团体习用此名，嗣后习俗迁移乃专用为学人团体，初无丝毫广大之义。有之，则为各种年龄与学力之师生之群聚提携而已。(反对师范独立见常乃悳《师范教育之改造》，主张师范独立之必要见汪懋祖在中华教育改进社提请“恢复国立高师学区改作师范大学区案”，主张高师之升格参见李建勋在教育部学制会议提请改全国高等师范为师范大学案)

(三)师范生公费问题

民初的中国，政治腐败，经济萧条，教育经费严重短缺，故不少人主张应废除师范生公费制度，所持理由如下：第一，师范为众多职业之一，共和国家职业平等，师范生不应独享公费权利。第二，公费制度在施之者有慈善济贫之意，但对受之者则会养成依赖的心理。第三，当此教育经费竭蹶之秋，公费制度实足以阻碍学校事业之发展。第四，师范生在校既享受公费之权利，出校即有服务之义务，而今关于师范毕业生服务之规程，形同虚设，不如将公费及服务规程，一律取消。第五，师范生免除膳宿学费，经济不宽裕的家庭纵其子弟志不在师范，亦相率而趋之，亦有力非不足以他种学校，但欲节费而入师范者，师范生与非师范生之待遇，既不同若此，故其间之取舍，每不以志愿与能力为从违，其结果则学生个人或因此而汩没其长材，至少耗费一部时间于非其所好之学科，学校方面亦因此而不易达到其目的，这对于学生或学校都会造成资源浪费。

实际上，要提高师范教育的质量，不在消极地取消师范公费制，而是积极地在其他中等学校内设奖学金额或免费生额，以资补救而免偏倚。余家菊指出，前述理由中所谓言职业平等者，其言甚甘，但平等非同等，教师职业，既与他种职业截然不同，即应有其特别之待遇，以发育其乐业之精神。教师事业既少经济的活动，又无势位之可图。中国传统最重师道，即在三家之村，亦尊师以南面，往往乡人交讧，得师一言即可解决，而不必涉讼。古者君师并称，社会尊师而师亦自尊，物质的报酬虽薄，精神的安慰聊胜，师道尊而后精神事业价值明，而奔走权贵、崇拜商贾之风气可以稍杀，其对社会影响很大。他强调，欲师道之振，固在教师自尊其人格，而尤在社会有尊师之责，公费制度，即为表示尊师之一端，而尚不足以尽尊师之能事。

有人指出，中学内师范生与非师范生因待遇不同，可能会引起双方的隔阂。余家菊认为，此事虽可注意，但易解决。隔膜起于不了解，今要去其隔膜，但求其了解，且双方目的不同，待遇有别，自有其正当的理由，受之者亦得视为当然的权利；他人对之，只应尊重其权利，而无横加嫉视之口实；若有嫉视之事，负教育之责者正当启发而纠正，不能因无端的诟念而牺牲师范生应得的权利。他本不主张中学与师范合设，只不过为中学毕业生而欲充任教师者之方便计，中学可设立教育学等课程，以集合此项学生以训练；一般情况下中学内的师范生为数较少，以有限的师范生居于多数非师范生之林，不至于形成一强大阶级而招人反感。实际上，当时各校内各班级间之风潮，起于日常生活中地位之悬殊者有之，起于经济待遇不一者较少，青年人所痛恶者，在他人之自炫自大，其要求在自身自尊。师范生之公费待遇，因职业的分别而起，并非于青年自身直接有所优劣，不至于为引起嫉视之因。

他认为，师范公费为食志而非济贫，师范为自愿的，公费为食志。各国义务教育，有贫儿给膳，并给予家庭津贴，因是教育税不免加重，颇招人民反对，或有目之为慈善事业者。而有识者则以为此乃国家教育正当政策，贫民应享之正当权利，决不可以慈善事业目之。何况师范为教育之母，怎能吝惜公费，公费固非济贫，而贫者实因此而能受师范教育。

对于有人提出的经费竭蹶而师范公费有碍教育之发展说，余家菊以为要使经费不竭，当与军阀争、与资本家争、与贪官污吏争，不与他们争，而独与师范生争，显然无道理。

对于第四条理由即师范生既享受免费之权利，即有服务之义务。余家菊认为，服务年限既有规定，可使教师久于其任，专一其志，而教育成为专业。而且每年退职之数率与补充之数额，易以比例预测，师资分配易于调度。至于有人说的今日服务规程无法实行，他指出，此因政治不良导致教育行政发生故障，一旦政治清明，厉行国家政策服务规程，不难实行，不能因为一时变态而因噎废食。

（四）实行教师检定制度

振兴教育之要道在培养师资已成为教育界的共识，但20世纪20年代的教育界，教师质量不佳，人品太杂。师范毕业生可任教师，中学毕业生可任教师，有教员许可证者可任教师，无教师许可证者也可任教师。随着私立学校的兴起，时人每谓为教育发达之象。余家菊则不以为然，他的看法则相反，觉得私立学校之蜂起，与其说是教育发达之现象，毋宁是教育破产之结果，私立学校中虽然不无真心服务之士，但大多数则不免具有投机性质与营业目的，权以为混饭之所，其动机既不纯正，而其能力又无人监察，于是学生前途为其所误，教育信用为其所坏，其贻害于社会国家。为此，他主张必须厉行教师检定制度，凡欲从事教育者，无论其所办理者为公立学校抑或私立学校，皆得有教员许可证。

余家菊还注意到教员之间存在党同伐异的情况，故要厉行检定制度。教员之党同伐异实因其结党自固之心严重，其结党之因，有内在与外在两种：其在内者，为自身能力之不足，不得不厚结声援以互相保全，真有能力者皆能独来独往，而不愿为朋党所牵制。其次，国内各界人浮于事，而以教育界尤甚。由于经济萎靡，一般学生毕业即失业，一出校门，而又无事可做，即有投身教育之天赋权利。他注意到，国内外的毕业生年年增加，而教育的发展又一步不能前进，教育界中的位置不能尽各类学校的博士学士而完全容纳，此辈不得不出于争夺格斗之途，失志者相约努力推翻在职者，倒一校长而易以本系的人物，然后同谋者可取原有人员而代之；及原有人员发觉之后，又难免以夫子之道还诸夫子之身，往复循环，搞得学校乌烟瘴气。他指出，要挽此风，必厉行教师检定制。因教师检定制，一方面可以限制投身教育的人数，免得供过于求，而排挤倾轧之风生；一方面又可以甄别投考者能力之优劣而去取之，凡检定及格者即为国家视为有充任教师之能力，应于其地位予以保障，不得任人攘夺，庶几教师心安，而教育之进步可期。事实上，我国教育部章程中，原有检定章程，1920 年给予教员许可状规程第二条云：凡非依照本规程原有许可状者，除有特别规定者外，不得充当教员。可见原来政策，对于教员本采检定制。同规程第三条云：高等师范学校并其他为养成中等教员所设立之官立学校毕业生及中等教员检定合格者，其教员许可状由教育总长给予之。可见，对于中等教师，本有检定制的规定，只是执行不力，致成具文。实际情形则是各省对于小学教员之检定尚有实行，对于中等教师之检定则尚未前闻，这可能是中学教育较劣于小学教育之一个原因。

（五）师范教育的学制问题

关于通常六年师范学校的分期问题，时人意见不一。余家菊指出，应否分期，应考虑者，在分期有何作用，不分期有何问题。分期的用意无非有两种，一是各期教育重心不同，一为学生转徙之便利。有人主张前期应注重普通教育，甚或完全施以普通教育，即如省教育会联合会师范课程委员会所拟的六年师范课程，其前期课程的大部分与初中无异，所不同者只在第三年所授的教育科目及第一年继续小学算术而加以充分训练以为小学师资准备。所谓前期师范者可名为师范学校之附属初中部。论师范教育者每主张师范学校仅设后期三年或二年，而将前期的责付推诸初中。

他建议，师范学校各期教育的性质确有不同，但不必即以普通与专门为其分化线；师范生入学时年龄尚小(依新制仅12岁)，其个性尚未显著，颇难判断其是否适合担任教师；又因知识贫乏，对于教育职业的内容本不了解，年长后是否继续从事教育亦有疑问，若其个性不适于教育事业，又或其志趣有所转移，而不思用其所长，即勉强肄业师范学校，对于国家个人都有损失，故期段之分，可使不宜从事教育者于学业告一段落时转学他校；同时若有他校学生，在此年龄段中发生教育事业的兴趣，也可进师范学校加以深造。如此既汰去其不适宜者，又收容其可造者。有人提出六年师范贵在有一贯的教育计划，若忽于中间收纳新生，势必将破坏此一贯精神，有背设立六年师范之原旨。他认为，六年一贯原为上乘学生所设，对新招诸生亦无窒碍，这些学生一般来自同等学级之学校，其普通学科之能力与师范生原不相上下，其教育学科与教育精神可专门训练，一定时期内可补足。

师范学校分期究竟前后各三年或前二年后四年？时人大多数主张师范分期应实行前二后四制，前期为普通教育，后期为专门教育。倘六年间实施一贯的教育，自第一年起即侧重师范陶冶，则于青年择业不免有碍，因择业过早，于师范意义未能领悟，且六年师范训练又嫌太长。若仅以后三年进行师范训练，则三年间欲求教育精神之坚定及教育技能之纯熟又为期过促，故主张前二后四，前普通而后专门。

余家菊认为，师范学校分期无需就普通教育与专门教育做分歧点，亦不必于前后之间筑一森严壁垒，建议分为三期，每期各二年。

前二年一面进行普通教育，一面示以教育常识与教师常德，使其明了教育事业之内情，兼以决定自身之志趣，此期结束时，最少为 14 岁，个性当已即于鲜明而可加以辨识之境，其不适者可任其转学。第二期仍一面继续普通教育，一面即行师范教育之基本陶冶，而重视教育品格之养成与教育基本知识之启示。至第三期对普通学科采取一种选修制，使其毕业后有为科任教员之能力，于教育学科则重视实际技能之培养，而以实际教育法与实际练习为其要项。此三期者，第一期是诊察期，第二期是基本期，第三期是分化期，其间既有一贯的线索，又于普通与专门之间有较好的适应。

师范大学的学制，高师时代有预科、本科、研究科之分，只是对三者的目的未有鲜明的规定，而仅及各时期的学习科目。预科的科目为伦理学、国文、英语、数学、论理学、图画、乐歌、体操。本科除以伦理学、心理学、教育学、英语、体操为通习科外，另就学生分习之主课而分为国文或英语等。研究科则各选二三科目研究之。其本意是似乎学级愈高，则所习范围愈狭，而分工愈细。预科主要是奠定各部学科的始基，兼使诸生得有共同的修养，而免除将来共事的隔阂，实为基本教育时期。本科分部学习，以预备导学能力为职志，其学习科目之多少，以职业上的需要为转移，可名为职业教育时期。研究科于其专习科目中，择二三科目为专精的研究，志在学术的深造，可名为学术精进时期。他说："假使办理得法，未始不可以各尽其责，而使师范教育有相当的成功。然实际施行者，皆不知法律用意所在，徒为形式的奉行，而不能表现其精神，致令此项组织为人诟病。"可见，余家菊对高师时代的这种学制比较赞成。但 1922 年新学制取消了预科，研究科是否各校可设亦未明确规定。此外，增加了一地位不明之大学院。

1922年学制主张取消预科的主要理由是：预科功课中学阶段已习，重复学习，既空耗学生的时间，复障碍学力的深进。余家菊以为此论实未能中的。他举例说，同一国文，小学习之，中学、大学亦习之，科目虽同，内容有别，且其旨趣各不相侔，何嫌重复之病？况预科是目的，主要在使各项师范生受若干分量的共同训练，使其情意得以相通，相处无扞格之患，未必无相当功用。仅以功课重复一语而遽行推翻，实属不妥。他的看法是预科之名可以不存，但四年期仍应分作三个段落。前一年（第一段）以培植人本精神，陶冶教育兴趣为主，中间二年（第二段）以学习教育科学学识的准备为目的，后一年（第三段）以练习教育技能兼及学术精进为准绳。教育事业既为精神事业，其影响为人格的影响，宜重人格陶冶。教师待遇比较轻薄，而教育事业又极繁难。他认为，师范教育的成败，全视能否养成师范生的教育兴趣为关键，故第一段于此二者不得不特加注意。到教科学识的准备，则为任职后学校教科之担任，自不能不列为教育要项之一。但中间二年之所习，学科数不可过少，当斟酌中等学校的需要而定。后一年，再于已习的学科中选择一二科目自求深进，庶几学术成就可以登峰造极而得发现其活跃的源头，同时又可避免专门过狭致所学虽高而无处用之的弊端。

学级划分是就纵的组织言，若就横的组织言，则为学组划分。1922年学制说明中第十九条规定：师范学校后三年得酌行分组选修制。按照新学制要求，此后各地有的施行分组选科制，如文科组、理科组和艺术组。有的单行选科制。余家菊认为，分组有无必要，决定于师范生毕业后服务之必要。小学一般采取学级担任制。对于日后从事小学教学的师范生来说，知识不能太专门，应力求各方面常识的丰富，而且小学学术程度并不甚高，其所需要者主要在日常现象的说明，故无分组的必要。不过，他指出，分组虽无必要，确亦具有相当的价值。第一，分组后学生注意力集中于少数相关的学科，容易获得较为深邃的心得，且可授以研究的专门技术，进而进行独立的研究。能为独立的研究，然后所见不限于皮面而能知其源头，其精神上的愉快固不待言，其态度影响于学生者，亦具有极良的影响。第二，处在青年期的学生，情感之所钟每有所偏，若任学生随其自性发展，则其精神舒适。因此，依教育的价值论，以分组为宜；依职业的准备论，则以不分组为是。他认为，既要收发展个性与学术深造之益，又可以兼顾职业上的需要，只有行选科制而不分组。此外，在课程方面，宜分为甲乙丙丁等若干类，每类宜学习若干科目，每一科目至少须继续学习若干年，于此最低时限以上，则可各随其性之所近而加习之，又所习学科数亦随年级之增高而酌减，方不至生所习过广而所知过浅之弊，同时有学科类别，不得专习一类之学科以资限制，亦不致发生所学过专而胸襟过狭之虞，可以兼分组制之长而无分组制之短。

师范大学方面，旧制高等师范分为国文、英语、数理、博物等部，新制尚无法律的明文规定，事实上各校往往多改部为系，如所谓中国文学系、外国文学系、数学系，由部改系，为舍师范办法而从普通大学趋势之表现。余家菊认为，改部为系的利弊得失，将随改系后的办法为定，不能一概视为进化。过去的旧制分部，系根据学生将来担任学科目之方便而起，如数理部学生可以担任数学、物理、化学诸项功课，在小规模的中学可以担任，以为此项教师薪俸之供给而不难。分系后，学生所学益专，小规模的中学，若以三项科目共委托于一人，则其力不足以胜任；若分委于三人，则学校经济不支，是分系不若分部之为便。然而分部亦有其缺点，因其课程的组织较为机械。例如入数理部者，必须以数学、物理、化学为主课，入博物学部必须以动物、植物、矿物、生理卫生为主课，而于他种配置法，则一概无从容纳。假若有人欲兼习化学与动物、生理卫生，或兼习数学、物理与矿物，在学术上此数者既有必然的关系，在职业上准备的方面既不狭隘，亦无何项不便。因此，他指出，仅以学系为学校行政组织的一种单位，而于学生修习学科并不以学系内课程为唯一主课时，则学系制较优于分部制，唯其利弊，全系于功课之如何配置。

六、关注乡村教育

乡村教育一直是余家菊关注的教育问题之一。早在新文化运动期间，他曾结合武昌地区教育的实际情形指出乡村教育面临相当的危机。中国传统社会的重心在乡村，传统教育本质上是一种乡村教育。近代以来，随着工业化的发展和城乡差距的扩大，都市的教育突飞猛进，故在一定程度上可以说近代教育实质上是都市教育。近代中国步西方的后尘，都市教育的发展与乡村教育的落后形成鲜明对比。新文化运动期间，一些有识之士目睹乡村的落后，大声疾呼，力求乡村的改进，从而形成所谓的乡村运动，不时有“到乡村去”“到田间去”的呼声。时人对乡村的现状不容乐观，不少人意识到中国社会的危机就是乡村的危机。从教育上看，他们认为近代中国的乡村教育有落后、不经济（用费大而收效小）、都市化的问题。从社会层面看，昔日传统社会，乡间士人进则有事于庙堂，退则伏居山林，乡间颇不乏读书明理之士；然近代以来，乡人则群趋于都市，任公职者免官后寄居于城市，一般中学毕业生皆不愿回乡，乡村则失去领袖人物，存留于乡村者大多能力低劣，乡民失其矜式，公益失其提携，乡村不免濒临崩溃，乡村与都市已成两相对垒仇视之阶级，乡村的衰落足以动摇整个社会。经济上，农民生活困苦，多数堕入贫困线以下，卫生条件极差，生活单调枯涩。从政治上看，农民占人口中的绝大多数，要建立民治必须动员广大农民，但乡村政治为财阀豪强把持，农民不谙民主政治，对政治抱冷漠消极态度，虽受尽剥削摧残，而听天由命逆来顺受，要建立民治的真正基础，必须对农民进行政治启蒙。晚清中国开始学习西方创办新教育之际，各县已有农业小学堂的创立，然主要流于形式。新文化运动期间，随着西方新思想的进入和日本新村主义的传播，乡村运动成为时潮，周作人提倡新村主义，匡务逊创办立达学园，还有平民教育促进会致力于乡村运动，余家菊也是在此时关注乡村教育。上述人士不论立场怎样，但都较为重视乡村教育，说明时人普遍意识到，对农民的启蒙是乡村运动的根本立足点。

余家菊认为，产业革命以后，各国人口有集中都市的倾向，乡村人口日益减少，乡村日益衰落，民间风化亦随都市化的加剧而渐趋堕落，作奸犯科之事日益增多，人与人的情谊日益淡薄。中国要避免此现象，应一面改进乡村的物质生活与娱乐，一面宜养成人民乐居乡村的心理，以为乡村保留人口，进而使城市与乡村保持较为均衡的发展。勿使经济的基础、良风善俗的渊源破产。要制定有利于乡村人民的学制。他建议，第一，在阶段划分上，应设置便于乡村的学校：小学仍定位为六年，12 岁以下学生学习。中学定为四年，12 岁到 16 岁学生学习。大学定为三至六年，随其科别性质而伸缩。小学由各学区设立，中学一县最少设一所。大学一省须设立一所，而且应逐渐广设乡村分院。第二，应针对乡村实际，建立一套辅助学校系统，使乡民有机会继续享受教育的机会。辅助学校分为三级，一级学校由受完义务教育而未修完小学课程者学习；二级辅助学校与中学平行，由小学毕业而不能进入中学学习者入之，其程度与中学相等；三级辅助学校与大学平行，由修完中学课程而不能肄业大学者入学，其程度与大学相等。一级辅助学校附设于小学，二级辅助学校附设于中学及其他适当机关如图书馆、科学馆之内，三级辅助学校附设于省立大学乡村分院。第三，各级学校新生入学，应废除资格证书的限制，只需评估能力，而不问资格证书之有无。资格证书是贫民升学之最大障碍，故须废除，如此，教育可期平民化。第四，允许私家教授。凡具有教授大学课程能力且合于一定条件者，大学可承认其具有教授某种学科之资格。凡从其学习该科者，与在大学中学习该科者具有同一之效力，凡大学生修习该科所享受的权利，一概都得享受。按照他的设想，医院的医生、农场的技师、优秀的中学教师，都可兼任私家教授，人民随处可以学习高深学问，庶几讲学之风可以普及于乡村。

近代中国国穷民困，教育经费十分短缺，乡村教育更甚。乡村教育的经费来源一般有四项：一是固有的公共款产的移用，二是捐税，三是国家补助，四是学费。固有公共款产的移用，已成民初以来国内的通行政策。如各县原有的学田，事实上多已变为各县的教育基本产业。传统社会的学田，用意多在补助贫寒子弟，并非为维持学校的运转。余家菊指出，筹费于学田本为一种近视政策，以后应恢复其原来用意，仍将学田收入作为资助贫寒子弟的升学费用。对于有将族款自动提作教育经费的政府应予褒奖，但政府不能强迫提取族款。他建议，对寺庙收入应课以高额所得税，以补助于教育。地方上的公共山林水利所入，可视为地方营业所得税一种，应可划为地方教育经费。捐税的征收应当遵守一定的规则，其负担应以纳税者的能力为上下。学费方面，受初等教育，有利于公共利益者大有利于私人利益者较小，故小学应采取免费制。受高等教育者有利于私人利益者极大而有利于公共利益者小，对高等教育者应采取收费制。余家菊对五四以后国内大学生倡导的免费运动不以为然。他认为，免费属于享受一种权利，即由国家收入中提出一部分以付还给受免费者，同时更从人民负担中提出一部分以弥补由免费而生的亏空。如无力纳学费可动用公众款项，那么垂死于饥饿之下的难民更有优先动支公款以救济其生存。

他主张，乡村初等教育即小学教育阶段，应实施义务教育。义务教育为推行民治的必备条件，义务教育不能普及，不转为独裁专制，便酿成暴民乱政。中国失学儿童约占全部学龄儿童 90% 。初等教育应由法律规定为义务教育，人民有受教育的义务，政府有设教育的义务。既经规定为一种义务后，地方当局不能忽视，父母有送子弟按时入学的义务，否则法律予以惩戒。欧美国家义务教育的年限一般为 8—9 年，我国因财政困难可规定为 4 年。

余家菊指出，乡村学校在编制学级人数时不可太多，太多则教师的注意不周，一级 40 名最为合宜，最多 60 名；也不能太少，太少则学生品类单纯不能构成一真实的社会，相互之间的刺激简单不利于学生的身心圆满发展。乡村高级教育，即初等教育以上的一切教育，凡中学教育、大学教育都包含在内。当时学生一受高级教育（毕业于中学、大学），即希求厚禄高名，衣轻策肥，而不肯俯首下心从事工作，更遑论乎耕作，社会遂视高等教育为流氓制造所。他认为，乡村教育的目的是启发乡村人民，繁荣乡村经济，促进社会进步，巩固民治基础，仅靠初级教育很难实现。因小学之所教授，只是有关人生日常生活的低级工具与粗浅常识。初级教育的实施，正当年龄幼稚之时，心智尚未充分发育，对于社会生活中的理智成分很难有适当的了解和控制，初等教育只是一种基本教育。

余家菊认为，民治社会的建立和农业生产的发展均赖于乡村的高等教育。要发展乡村的高等教育，中学应改变省立政策为县立政策，已有的省立中学当求改良完备，作为中心学校，在过渡时期应用作乡村高等学术的广播所，往后不当新设省立中学，即以添设省立中学的经费作为补助各县教育经费之用，从而改变教育中心偏于都市的倾向。关于高等学校的设置，应将全省划作若干区，每区设立乡村学院一所，或省立大学乡村分院一所，由省政府主办；或将现存省立中学之不在大都会者改良整顿，使之变为乡村学院或省立大学分院。乡村学院作为启发和繁荣乡村的中心指导机关，具有农学院性质而又不同于农学院。农学院侧重农业的研究，乡村学院则于政治、经济、社会、文学莫不教授研究。乡村高级学校在课程设置上要注意适应乡村的需要：如在国语课上要充分注意内容的吸收，对于文法、修辞这些形式上不必讲求；此外，史地、政法、经济、数学、理化、生物、农业、体育、图画等诸科，要注重实用。外语在乡村中学教授一学年，使学生明了西方语言文字的大概，以开拓其心胸，从第二年起，当改为选修课，乡村学院中的外语也应为选修课。课程的编制，调和于实用主义与自由主义之间，于自然学科、人本学科、艺术学科各予以适当的地位，课程配置经济而又均衡。乡村学院的课程，将科目分为文史组、社会科学组、自然科学组、农学组、艺术组五组，农学组为基本必修科，第二、三组任选一组为辅助必修科，第一、五组为选修科。余家菊指出，乡村高级教育为培养乡村中坚分子之机关，乡村教育的目的能否实现视乡村高级教育之是否有效。他主张，要打破时人那些白领欲望、长衫思想，进而提倡培养一种“农夫的身手、科学的头脑、艺术的兴趣、改进社会的精神”的新式乡村教师，这种乡村教师要“拿起锄翻土，放下锄研究，扛起社会的担子，站在农人前面走”。

七、国家主义视野中的文化

余家菊成长于近代以来国粹主义与非国粹主义思潮论争的思想氛围之中，又受新文化运动期间世界主义、民族主义等思潮的熏染，加之留学期间进一步受德国国家主义学理的启发，进而提出了自己的国家主义思想。

近代以来，由于西方列强的一再入侵，中国人的民族主义意识日趋高涨。有趣的是，这种日益高涨的民族意识在文化教育上却表现为两种相反的倾向：一是非国粹主义，持此说者认为，只有对中国传统进行彻底的清理方可实现救亡图存；一是国粹主义，此说则认为传统与救国并不矛盾，且随着欧战的爆发，他们认为中国传统不仅可以救国甚至可以救世。余家菊对国粹主义和非国粹主义两者皆不满意，但实际上又和两者都有一定的渊源。因此，要考察他的国家主义思想产生的背景不得不回到近代以来的国粹主义与非国粹主义之争。

国粹主义始于晚清，“国粹”一词来自日本，其最早出现在中国，大致始于 20 世纪初。19 世纪中叶以来，随着西方的入侵，中国面临“三千年未有之大变局”。面对史无前例的变局，中国朝野上下在历次反抗西方的挫折中逐渐形成一种共识：要抵抗西方必须适应西化。从甲午中日战争到 20 世纪初，随着中国对西方了解的深入，中国思想界中一股欧化主义思潮由渐而巨、由潜而显。出于对欧化思潮的一种反动，20 世纪初，各种“国粹说”盛行一时。晚清的“国粹说”主要有两派：一派是以张之洞为首的清廷官吏为首，他们主张通过在各地兴办存古学堂以保存国粹，其实质是保存中国两千年来的封建纲常名教。另一派是以章太炎、刘师培、邓实为首的革命党人。1905 年年初，邓实、黄节等人在上海成立国学保存会，以“研究国学，保存国粹”为宗旨，不久，其机关刊物《国粹学报》正式发行，国粹派正式形成。该派借国粹宣扬排满革命，并以复兴中国固有文化为己任。辛亥革命之后，国粹主义思潮并未衰歇，反而经过改头换面再度畅行，且一直延续到新文化运动期间①。

辛亥革命之后，随着民初共和政治的确立，中国数千年传统的纲常名教面临强烈的冲击，于是国粹主义再起。民初国粹主义的提倡者主要是以康有为为代表的孔教派。1913 年 5 月，康有为在《覆教育部书》中指出：“夫欧美固自有其美者，形而下之物质，诚不可少也，采其长可也。中国亦有其粹者，形而上之德教，诚不可废也，补其短可也。”这基本上是张之洞中体西用说的翻版。是年 7 月，康氏又说：“凡为国者，必有以自立也，其自立之道，自其政治、教化、风俗，深入其人民之心，化成其神思，融洽其肌肤，铸治其群俗，久而固结，习而相忘，谓之国魂。国无大小久暂，苟舍此乎，国不能立，以弱以凶，

① 郑师渠在其《晚清国粹派文化思想研究》（北京师范大学出版社，2000 年版，第 288 页）中实际上指出：辛亥革命之后，随着《国粹学报》停刊和国学保存会的停止，国粹派和国粹思潮终结。罗志田亦在《国家与学术：清季民初关于“国学”的思想论争》（北京：三联书店，2003 年版，第 218 页）中认为：清季曾较激烈的国粹与欧化之争到了民初一度似有所减缓，后在新文化运动期间转入“整理国故”运动。笔者认为，辛亥革命之后，国粹派解散，但国粹说并未衰歇，国粹与欧化之争亦未减缓，反而更为激烈。

以夭以折。人失魂乎，非狂则死；国失魂乎，非狂则亡。此立国之公理，未有能外之者也。”[①]康氏所说的国魂与国粹不是近义词就是同义词，如果硬要区分，或可以说国粹是国魂的载体和表现，而国魂是国粹的内在本质，有时候国魂就是国粹，有时候国魂是国粹之一。[②]他叱责时人“骤睹欧、美学说之富且瓌琦也……举欧、美人之自由自治平等革命共和民主之说，日昌洋而光大之，展转贩售，弥漫全国，遂以有今日之大乱也，遂以全法欧、美而尽弃国粹也，遂致父子夫妇之不保也，遂致孔教之沦废也，遂致墨西哥之亡国魂而日寻干戈也”，而要力挽狂澜，则只有辩白得失，“以保国粹而保国土也”。康氏所保的国粹具体指中国固有的“教化文章衣服饮食”，而主要是指孔子之道。之后，孔教派明确提出国粹是一个国家的立国基础，“凡立国于大地，莫不有其独具之精神，所谓国粹是也”。[③]而中国的国粹无非是孔教，要保存国粹，必须将孔教定为国教。孔教派认识进而指出“一物有一物的物质，一国有一国的国粹，定孔教为国教，所以保存国粹”[④]。

孔教派的国粹主义也得到一些军阀的响应，倪嗣冲认为民初以来“国粹渐消，世乱靡已”[⑤]，“莘莘学子，几不知四书六经为何物，孔孟程朱为何人。教化凌夷，道德沦替，数千年相传之国粹，几皆扫地以尽。而邪说暴行，相继踵出，干名犯义之辈，及犯上作乱之徒，且昌言而无忌，人心日即于陷溺，国本且因而动摇。为今之计，急宜昌明

① 康有为：《中国颠危误在全法欧美而尽弃国粹说》，参见姜义华编校：《康有为全集》第10集，北京：中国人民大学出版社，2006年版，第129页。

② 大致清季民初时人对国魂、国性、国粹三个词语往往不加区分，交替使用，三者大多时候是同义词，至少是近义词。

③ 王敬芳：《请明定孔子之教为国教并准信教自由案》(1916年)，《孔教十年大事》第7卷，第12页。

④ 李鸿羲：《禁烟与孔教关系》(1913年)，《孔教十年大事》第5卷，第29页。

⑤ 倪嗣冲：《倪嗣冲致大总统呈》，《政府公报》，1914年5月26日。

孔教，尊重经学，以正人心，而固国本。”[①]以康氏为代表的孔教派在政治主张上虽与军阀有所不同，但均主张尊孔读经。随着民初共和政治的失败，康氏愈发感觉欲整饬风俗人心，非赖孔子之道不可，进而要求“以孔子为大教，编入宪法”[②]。此后，康氏多次申言其国粹主义论调，终其余生，一直未变。1916 年，康氏在《论效法欧美之道》一文中指出：“故夫今日，不全师欧美，而自保国粹乎，则为自立之五千年文明。中华人若全师欧美，而尽弃国粹，则为永奴不齿之尼固人。”[③]两年之后，康氏在江西九江游历时一再申言：“各国无论若何改革，国粹总须保存。”[④]1923 年 4 月在开封演讲：“今应采欧美之物质，讲求科学，以补吾国之短。若夫道德教化，乃吾所固有，宜立保之，万不可自弃之。愿诸君无惑于异说，毋入于歧途，外求欧美之科学，内保国粹之孔教，力行孔子之道，修身立志，以为天下国家之用。”[⑤]

民初的严复，与康有为在国粹观上基本上主张相同，只是严复使用的概念是国性。1913 年严复指出：“大凡一国存亡，必以其国性为之基，国性国各不同，而皆成于特别之教化，往往经数千年之渐摩浸渍，而后大著，但使国性长存，则虽被他种之制服，则其国其天下尚非真亡。”[⑥]

---

① 倪嗣冲：《倪嗣冲致蔡儒楷函》(1914 年 5 月)，中国第二历史档案馆编：《中华民国史档案资料汇编》第 3 辑，文化，南京：江苏古籍出版社，第 20 页。

② 康有为：《请尊孔教为国教致段祺瑞函》(1916 年 9 月 17 日)，中国第二历史档案馆编：《中华民国史档案资料汇编》第 3 辑，文化，南京：江苏古籍出版社，第 56 页。

③ 康有为：《论效法欧美之道》，姜义华编校：《康有为全集》第 10 集，北京：中国人民大学出版社，2006 年版，第 346 页。

④ 北京《晨钟报》，1918 年 9 月 10 日。

⑤ 康有为《开封演讲辞》，姜义华编校：《康有为全集》第 11 集，北京：中国人民大学出版社，2006 年版，第 239 页。

⑥ 王栻主编：《严复集》2 册，诗文(下)，北京：中华书局，1986 年版，第 330 页。

康氏国粹说实质上继承的是前清张之洞中体西用框架下的国粹主义论调，希望通过恢复中国传统的纲常名教来解决民初国体更改之后社会的失序，只不过张之洞并未像康氏那样将“国粹”上升到定为国教的地步，这主要是因为康氏所处时势下中国传统面临的危机比清季时更为严重。

1914 年欧战的爆发似乎进一步加强了国粹主义者的说服力。欧战爆发以后，西方文明“破产”的论调不绝如缕，一些西方人士亦开始将解决西方文明弊端的目光转向东方，这对中国的国粹主义者无疑是一个鼓舞。精通西学的辜鸿铭就认为，解决战后西方文明难题的钥匙可以在中国的良民宗教中找到，他认为中国文明的精神是心灵与理智的和谐发展，儒家倡导的“君子之道、人的名分意识或荣誉、廉耻感不仅是一个国家，而且是所有社会和文明唯一真正的、合理的、永久的绝对基础”①。

与辜鸿铭相比，康有为和严复的国粹观基本上是站在消极意义上的防守地位，但在辜鸿铭那里，国粹显然已由守转攻，也就是说中国的儒家思想不仅对中国是必需的，其对于西方文明乃至整个人类似乎都不可或缺。

不过，上述诸位主要是从政治动机倡言国粹。除过政治上的国粹主义之外，还有学术方面的国粹主义。1918 年，陈独秀把当时学术界中的国粹论者分为三派：“第一派以为欧洲夷学，不及中国圣人之道”；“第二派以为欧学诚美矣，吾中国固有之学术，首当尊习，不必

---

① 辜鸿铭：《中国人的精神》，洪治纲主编：《辜鸿铭经典文存》，上海：上海大学出版社，2008 年版，第 28 页。

舍己而从人也”；“第三派以为洲人之学，吾中国皆有之”。[1]然到民初时西学在中国已确立其霸权地位，故陈氏所说的第一派和第三派的国粹论者此时只是极个别人，绝大多数的国粹论者其实都属于第二派。陈氏此时虽将学术界中的国粹派界分为三，但从整体上看，欧战之前的学术方面的国粹派人数并不多，国粹主义思潮主要体现在政治方面。欧战之后，学术层面的国粹论逐渐在国粹主义思潮中占据主流。

康门弟子梁启超与其老师康有为在国粹主义上有同有异。早在1902年，梁启超在给黄遵宪的信中就提出“以保国粹为主义”[2]。梁氏保存国粹的依据与清季民初时人的国粹观并无多大区别。1912年，梁启超在《国性篇》中指出：“国与天地，必有与立。国之所以与立者何？吾无以名之，名之曰国性。国之有性，如人之有性然。人性不同，乃如其面，虽极相近而终不能以相易也。失其本性，斯失其所以为人矣。惟国亦然，缘性之殊，乃各自为国以立于大地。苟本无国性者，则自始不能以立国；国性未成熟具足，虽立焉而国不固；立国以后而国性流转丧失，则国亡矣。”梁所说的国性与清季以来思想界中的国魂、国粹等词语可以互换而用，不是近义词就是同义词。他把辛亥革命后时人对本国典章文物纲纪法度的厌弃看作国性衰落的表现，希望借保留国性来维系人心。他说：“当国性之衰落也，其国人对于本国之典章文物纪纲法度，乃至历史上传来之成绩，无一不怀疑，无一不轻侮，甚则无一不厌弃；始焉少数人耳，继则弥漫于国中，及其横流所及，欲求片词只义足以维系全国之人心者而渺不可得。公共信条失坠，个人对个人之行为，个人对社会之行为，一切无复标准，虽欲强立标准，

---

① 《随感录·学术与国粹》，《新青年》第4卷第4号，1918年4月15日。

② 丁文江、赵丰田：《梁启超年谱长编》，上海：上海人民出版社，1983年版，第292页。

而社会制裁力无所复施，驯至共同生活之基础，日薄弱以即于消灭。”[①]梁氏的国粹主义与时流的国粹观都集中在尊孔这一点上，不同的是梁氏尊孔但明确反对帝制。他将孔子之道分为三个方面：一为哲学方面即有关天人相与之际的言说；二为政治学、社会学方面即言治国平天下之大法；三为有关立身处世之道。他对前两者均持保留态度，其国粹观主要是指儒家的立身处世之教。他说："孔子教义第一作用，实在养成人格为其主要精神。”他认为时人国粹主义的特点是："最喜将孔子所谈之明理所述之政制，刺取其片词单语与今世之名理政制相类似者，而引申附会之，以诧于他国曰，是固吾孔子所已知已言也。”而这样做的流弊有二：一是“最易导国民以不正确的之观念，而缘郢书燕说以滋流弊”；二为增长国民“固见自满之习”，妨碍国民“服善择从之明”。他明确讲：“吾于保全国粹论，虽为平生所孜孜提倡，然吾之所谓国粹主义，与时流所谓国粹主义，其本质似有大别。吾雅不愿采撷隔墙桃李之繁葩，缀接于吾家杉松之老干，而沾沾自鸣得意。”而他的国粹主义不独有益于彼时的中国，且具有普世价值。他用非常肯定的口气说：“社会凡百事物，今大与古异，东亦与西异，独至人之生理与其心理，则常有其所同然者存。孔子察之最明，而所以道之者最深切。故其言也，措诸四海而皆准，俟诸百世而不惑。岂惟我国，推之天下可也；岂惟今日，永诸来劫可也。”[②]这与辜鸿铭的看法相类。翌年，梁启超在《国民浅训》中再次指斥时流的国粹主义是“一种不健全之爱国论，最足为国家进步之碍者”。需要指出的是，梁

① 梁启超：《国性篇》，参见王德峰编选：《国性与民德——梁启超文选》，上海：上海远东出版社，1995年版，第151—153页。

② 梁启超：《孔子教义实际裨益于今日国民者何在欲昌明之其道何由》，参见王德峰编选：《国性与民德——梁启超文选》，上海：上海远东出版社，1995年版，第170—172页。

启超在坚持此前自己的国粹观的基础上，他并未以国粹主义自限，指出即便在风俗道德上，他国道德“其可取为我师者抑何限”[①]。显然，梁启超的国粹主义比康有为及辜鸿铭等人的国粹观更为开放。一战结束后，梁启超来到欧洲，满目所及的是西方物质界的枯窘和精神界的混乱，时常听到的是西方文明破产的论调，这使他对中国文明的信心大增，他对中西文明的利弊从哲学高度进行总结。他指出：“从前西洋文明总不免将理想实际分为两撅，唯心唯物，各走极端。”而中国文明心物调和的长处则大有用场，他举例说：“孔老墨三位大圣，虽然学派各殊，‘求理想与实用一致’，却是他们共同的归着点。如孔子的‘尽性赞化’‘自强不息’，老子的‘各归其根’，墨子的‘上同于天’，都是看出有个‘大的自我’‘灵的自我’和这‘小的自我’‘肉的自我’同体，想要因小通大，推肉合灵。我们若是跟着三圣所走的路，求‘现代的理想与实用一致’，我想不知有多少境界可以辟得出来哩。”梁氏进而提出：“拿西洋的文明来扩充我的文明，又拿我的文明去补助西洋的文明，叫他化合起来成一种新文明。”他勉励中国青年：“第一步，要人人存一个尊重爱护本国文化的诚意。第二步，要用那西洋人研究学问的方法，去研究他，得他的真相。第三步，把自己的文化综合起来，还拿别人的补助他，叫他起一种化合作用，成了一个新文化系统。第四步，把这新系统往外扩充，叫人类全体都得着他好处。”[②]梁氏提倡的中西文明化合论实际上与辜鸿铭的看法相似，与清季国粹派的立场有异。国粹派提出的国粹无阻于欧化，更多是从消极意义上论证国粹

---

① 梁启超：《国民浅训》，参见王德峰编选：《国性与民德——梁启超文选》，上海：上海远东出版社，1995 年版，第 190—192 页。

② 梁启超：《欧游心影录》，吴松、王文光等点校，参见梁启超：《饮冰室文集点校》第 6 集，昆明：云南教育出版社，2001 年版，第 3496—3497 页。

的合理性，而梁启超则是从正面、从更为积极意义上为国粹正名。另外，与清季张之洞中体西用框架下的国粹观相比，梁氏倡导的“新文化系统”实际上已突破了张之洞体用观的窠臼。

除过康、梁、严、辜之外，新文化运动期间，一些学人出于对新文化运动中非国粹主义者的偏颇表示不满，因而著书立书，从学术层面倡导国粹。1919 年年初，刘师培、黄侃在北京大学创办《国故》月刊，主张“以昌明中国固有之学术为宗旨”，反对新文化运动。1921 年，梁漱溟的《东西文化及其哲学》问世，此书虽未只字言及国粹，但明确肯定孔子学说的价值。次年 1 月，《学衡》杂志创刊，明确宣布“昌明国粹、融化新知”，严厉批评胡适等新文化人士的非国粹主义倾向。

民初的非国粹主义起初主要体现在南京临时政府的实际政治、社会改革的体制运作层面之上，但在北京政府成立之后，国粹主义思潮与袁世凯复辟帝制的实际政治运作互相配合，一度声势浩大，成为思想舆论界的主流。

新文化运动兴起之初，正是国粹主义甚嚣尘上之际，在新文化人士看来，中国的时势是“以积重难返之势，处竞争剧烈之秋”，故陈独秀本着除旧布新的原则，警告中国青年，中国要图存于世界之中，必须引进西方文明，而东方文明不论是印度还是中国，“其质量举未能脱古代文明之窠臼，名为‘近世’，其实犹古之遗也”①。陈氏认为要引进西方文明必须摈弃与社会现实背道而驰的所谓“国粹”即儒家纲常名教。最初，陈独秀对当时的国粹主义采取守势，姑且承认儒家是国

① 陈独秀：《法兰西人与近代文明》，《青年杂志》第 1 卷第 1 号，1915 年 9 月 15 日。

粹，但也只是国粹之一。针对当时有人认为的“佛、耶二教，非吾人固有之精神，孔教乃中华之国粹”的说法，陈独秀辩白道：“然旧教九流，儒居其一耳。阴阳家明历象，法家非人治，名家辨名实，墨家有兼爱节葬非命诸说，制器敢战之风，农家之并耕食力：此皆国粹之优于儒家孔子者也。”①他起初并不反对儒家，只是反对以保存国粹为借口排拒西学，尤其反对其时北洋军阀利用国粹复辟帝制。陈在给毕云程的信中说：“国人进化之迟钝者，正以囿于现象之故。所谓国粹，所谓国情，所谓中西历史不同……是皆囿于现象者之心理也。一切野蛮风俗，皆为此等心理而淹留。一切文明制度，皆为此等心理所排弃。亡中国者，即此等心理之人耳。反不若仇视新法者，或有觉悟之日也。”②在同时发表的《袁世凯复活》一文中说：“不图袁世凯二世，又以国粹礼教之说，阻吾前进，且强曳之逆向后行。国人将何以处之？法律上之平等人权，伦理上之独立人格，学术上之破除迷信，思想自由：此三者为欧美文明进化之根本原因，而皆为尊重国粹国情之袁世凯一世二世所不许。”③

对于当时“国民毫无自觉自动之意识，政界有力者与在野之旧党相结合，方以尊孔教复帝制复八股为志，视欧洲文明及留学生如蛇蝎。于是风行草偃，即受教育之青年学生，亦多鄙薄欧化，以孔道国粹自矜，谓此足以善群治国”④的现象，陈独秀承认孔教的历史作用，但他认为孔子之道已不切合现实社会，因此即便为国粹，但只要与现实社会不合，故可抛弃。他说：“夫孔教之为国粹之一，而影响于数千

---

① 陈独秀：《宪法与孔教》，《新青年》第2卷第3号，1916年11月1日。
② 陈独秀：《答毕云程（社会问题）》，《新青年》第2卷第4号，1916年12月1日。
③《新青年》第2卷第4号，1916年12月1日。
④ 陈独秀：《答李协丞（园林）》，《新青年》第3卷第5号，1917年7月1日。

年来之社会心理及政治者最大，且为当时社会之名产，此均吾人所应绝对承认者。惟吾人今日之研究，乃孔教果能实行于今世而有益与否之问题。果能实行而有益于今之社会，则数千年之国粹，吾人亦何忍无故废弃之？果实行于今之社会，不徒无益而且有害，吾人当悍然废弃之，不当有所顾惜。”①

欧战结束之后，北京政府放假三天进行庆祝，举国一片乐观气象。但陈独秀从各地庆祝活动中看到的则是“扶乩的风气，遍于南北”“所有古代的名鬼，一齐出现”“长江一带三教合一的泰州教，京、津一带静坐授法的先天道，都在那里鬼鬼祟祟的活动”“济南镇守使马良所提倡的中华新武术，现在居然风行全国”等等这些“国粹的医、卜、星、相”，于是他的非国粹主义扩展至全部中国传统，主张“要拥护那德先生，便不得不反对孔教，礼法，贞节，旧伦理，旧政治；要拥护那赛先生，便不得不反对旧艺术，旧宗教；要拥护那德先生又要拥护赛先生，便不得不反对国粹和旧文学”。②

清季时曾为国粹派的钱玄同，此时对国粹主义则不遗余力地摧陷廓清，极尽攻击之能事。他列举了当时一些遗老遗少要保存的国粹：“垂辫、缠脚、吸鸦片烟、叉麻雀、打扑克、磕头、打拱、请安、‘夏历壬子年—戊午年’、‘上巳修禊’、迎神、赛会、研究灵学、研究丹田等等”，他认为这些都是与帝制有关的东西，“中华民国既然推翻了自五帝以迄满清四千年的帝制，便该把四千年的‘国粹’也同时推翻”。③钱氏在给姚寄人的信跋中说：“国粹中有‘生殖器崇拜’的道教，又有方相

① 陈独秀：《四答常乃惪(孔教与家庭)》，《新青年》第3卷第2号，1917年4月1日。
② 陈独秀：《〈新青年〉罪案之答辩书》，《新青年》第6卷第1号，1919年1月15日。
③《随感录》，《新青年》第5卷第3号，1918年9月15日。

氏苗裔的‘脸谱’戏，遂至一千九百年闹出拳匪的一种成绩品，国几不国。国粹中又有主张三纲五伦的孔教，所以依我看来，要想立国于二十世纪，还是少保存些国魂国粹的好！”①

陈独秀和钱玄同主要从政治方面非难国粹，他们看到的是国粹与帝制之间难以厘清的瓜葛，故要反对复辟不能不反对国粹。但中国自古以来政学一体的传统使得国粹的内涵相当复杂，其中不仅仅蕴含着政治，还有学术、社会等内涵。当时即有人试图厘清孔教与专制之间的关系，如顾实就认为三纲五常之说，出于纬书，乃宋儒提倡，而真孔教即原始孔教并非如此，常乃悳也持类似的看法。所以新文化人士还不得不面对学术领域中的国粹主义。

陈独秀在学术方面基本持与王国维相似的看法，主张“学术为吾人类公有之利器，无古今中外之别，此学术之要旨也”。对于学术，“只当论其是不是，不当论其古不古；只当论其粹不粹，不当论其国不国”，也就是说学术无国界，在学术上国与粹应该分开，这实际等于承认中学已远远不如西学。由于在整体上陈氏对中学已持否定态度，故对于任何形式的国粹论都很难接受。他认为国粹论者只是披沙得金，但沙中之金，量少而不易识别，不若直接师法西方，反而可能劳少而获多。此后，陈独秀干脆就主张：要实行西化，必须抛弃国粹。他说：“无论政治学术道德文章，西洋的法子和中国的法子，绝对是两样，断断不可调和牵就的。若是决计革新，一切都应该采用西洋的新法子，不必拿什么国粹，什么国情的鬼话来捣乱。因为新旧两种法子，好像水火冰炭，断然不能相容；要想两样并行，必至弄得非牛非马，一样

---

①《新青年》第5卷第5号，1918年11月15日。

不成。”①

鲁迅则引一位朋友的话指出：“要我们保存国粹，也必须国粹能保存我们。”②在竞争之世，生存是第一位的，而国粹有阻于欧化，这是新文化人士与清季章太炎国粹派“国粹不阻欧化”思路的根本区别。鲁迅说：“保存我们，的确是第一义。只要问他有无保存我们的力量，不管他是否国粹。”鲁迅看到，国粹派所怕的是“中国人”名目的存亡，但他认为“想在现今的世界上，协同生长，挣一地位，即须有相当的进步的智识，道德，品格，思想，才能够站得住脚：这事极须劳力费心。而‘国粹’多的国民，尤为劳力费心，因为他的‘粹’太多。粹太多，便太特别。太特别，便难与种种人协同生长，挣得地位”。如执着于保存国粹，则可能会导致“中国人要从‘世界人’中挤出”。③

彭啸殊对国粹的态度与鲁迅相仿，而言辞更激烈。他说：“近年排旧革新，全国风靡，乃有许多人提倡起国粹来了。说中国古学(其重要部分，即陈腐的文学与笼统的哲学，若说讲仁义道德，外国人委实讲得更清楚些)，虽是无用，然而是国粹，应当保存，于是古书畅销。五经、子史、古文、诗词、魏碑、昆腔等，又极一时之盛。既说他们无用，又说是国粹，要提倡他、保存他。请问把粪蓄在肚子里，如何吃得饭进去？又请问保存那些国粹，待作什么用？唐、宋、元、明、清历代保存了数千年，保得中国做个三等国，岌岌不保旦夕，还要说他是国粹。把他弃了，专学西洋之学，犹是赶不及，况乎又要分大半精神在这里？”④

---

① 陈独秀：《今日中国之政治问题》，《新青年》第5卷第1号，1918年7月15日。
② 《随感录》，《新青年》第5卷第5号，1918年11月15日。
③ 《随感录》，《新青年》第5卷第5号，1918年11月15日。
④ 彭啸殊：《古迷》，《新青年》第6卷第3号，1919年3月15日。

其实，新文化人士表面上鲜明、激烈的非国粹主义态度似乎更多是出于策略上的考虑。1919 年 1 月，陈独秀在给王禽雪的信中说："国果有粹，未始不可保存。乃国人于一切事物，无论好歹，凡是古代遗留者，均以'保存国粹'为前提，不许自由思想者加以非议，其弊将不可胜言。"[①]言外之意，不是不可以保存国粹，只是反对那种不分好坏，将中国传统完全等同于国粹的全盘国粹主义者。胡适对国粹的态度则较有建设性，指出要"保存国粹"得先搞清楚什么是"国粹"，他主张"先须要用评判的态度、科学的精神，去做一番整理国故的工夫"[②]。整理之后，方有资格谈国粹。胡适所说的"整理国故"虽其立意只是将中国传统送进博物院，但国故只要存在，或可能有变成国粹的可能。到 20 世纪 20 年代末，林语堂还针对"西洋文明是物质文明，中国文明是精神文明"的论调批评道："我们须明白，今日中国，必有物质文明，然后才能讲到精神文明，然后才有余闲及财力来保存国粹。"[③]林氏并未从正面否定国粹，只是认为保存国粹是需要一定的物质条件的。

从晚清到新文化运动期间国粹主义者和非国粹主义者的各自表述来看，每个国粹主义者尽管对国粹具体内涵的看法有或大或小的差别，但普遍认为中国传统中仍有些许思想资源对于国人有所助益，实不应全盘否定；而非国粹主义者本着"道与世更"与"取法乎上"的原则，出于救国的急迫心态，认为欧化才是中国应走的正途所在，复鉴于国粹有阻欧化的危险，故主张对于传统不应也不能非。实际上，双

---

① 《新青年》第 6 卷第 1 号，1919 年 1 月 15 日。

② 胡适：《新思潮的意义》，《新青年》第 7 卷第 1 号，1919 年 12 月 1 日。

③ 林语堂：《机器与精神》，参见胡明主编：胡适精品集《让大家来照照镜子》，北京：光明日报出版社，1998 年版，第 25 页。

方在大的关怀上皆为救国济世同一目的，但在具体路径上有所差别。双方表面上激烈的观念冲突与对立往往掩盖了其内心深处相通的一面。具体来看，除极个别人外，国粹主义者对西方文化整体上持较为开放的态度，这从民初时的康梁到学衡派诸位的言说不难证明，而上述陈独秀、林语堂这些非国粹主义者其实对中国传统部分上也有所认同。

余家菊在北京高师受学到赴英留学前，无论从人脉关系还是思想倾向上更多受新文化中非国粹主义思潮的影响，然自小以来的儒家教养已深入骨髓。在新文化运动期间承受西学之时，他虽受非国粹主义者的影响，但始终并未像非国粹主义者那样对儒家思想大张挞伐。留学期间，他则有意识地与非国粹主义者保持距离。受美国教育家孟禄的影响，他认为民族性可以通过文化教育来培养，那就是说如果在文化教育上加强民族性就可以造就中国人的民族主义意识，相反，那种以攻击中国传统为主旨的非国粹主义显然不利于民族主义意识的锻造。他当时主要关注的是教育，而不是文化，但教育与文化其实直接相连，这也决定了他以后的文化态度。他认为国内对于民族性的教育，其所以始终无人谈及，主要是因为思想界的痼弊。这种痼弊表现在一般思想界的有两个方面，其中之一便是非国粹主义。非国粹主义既然是民族主义的障碍，那么国粹主义呢？他同时又说："国粹主义者本想一律拥护，一律保存，致为进化前途之障碍，民族复生之难关。"①他似乎对国粹主义也有所不满，然实际上国粹主义者的思想对其倡导的民族性教育有一定的正面参考作用，这在他回国以后加盟醒

① 余家菊：《民族主义的教育》，参见余家菊：《余家菊（景陶）先生教育论文集》（上），台北：慧炬出版社，1997 年版，第 148 页。

狮派之后表现得愈益明显。此外，对民族性教育的阻碍除过非国粹主义以外，还有世界主义。

张灏先生认为：“五四思想的氛围是受到各方的气压的冲击。世界主义与民族主义，伴着理性主义与浪漫主义、怀疑精神与宗教精神、个人主义与群体意识，都在那里回旋激荡，造成当时五光十色、扑朔迷离的思想气氛。”①的确，五四思想的多面性，对余家菊的影响不仅仅限于前述国粹主义与非国粹主义，还有世界主义与民族主义思想对余家菊国家主义思想的形成起了一定的作用。

由于国家的长期积弱及其在世界中地位的边缘化，新文化运动时的中国知识精英无疑有着强烈的民族主义关怀。但另一方面，欧战后世界主义、和平主义思想同时又一直萦绕于五四知识精英的脑海，这在余家菊参加的少年中国学会当中尤为明显。少年中国学会的创始人王光祈在1919年说：“我是一位梦想大同世界的人，我将中国这个地方看作世界的一部分，要想造到世界大同的地位，非先把中国这个地方造成配得上为大同世界的一部分不可。我的脑筋里，没有国界的存在。我们为人类谋幸福的活动、原不必限于中国境内。”②而李大钊更从苏俄政府对华的友好声明中看到了世界主义可能实现的曙光，他说：“最近俄罗斯劳农政府声明把从前罗曼诺夫朝从中华掠夺去的权利一概退还，中华的青年，非常感谢他们这样伟大的精神，但我们决不是因为收回一点物质的权利才去感谢他们的，我们是因为他们能在这强权世界中，表显他们人道主义世界主义的真精神，才去钦服他们

① 张灏：《重访五四：论五四思想的两歧性》，参见张灏：《张灏自选集》，上海：上海教育出版社，2002年版，第276—277页。

② 王光祈：《少年中国之创造》，参见北京少年中国学会总会编：《少年中国》第1卷第2期，北京：人民出版社，1980年影印版。

的。世界都是光明啊！人类都是同胞啊！”[①]故他视处在个人与世界之间的家国、阶级、民族等为进化的障碍，主张应该逐渐废除。陈启天在那时也断言：“从事世界运动，已成人生的一种新倾向。”[②]陈独秀在1918年给钱玄同的一封信中也认为“今日国家、民族、家族、婚姻等观念，皆野蛮时代之偏见所遗留”[③]，一旦各国人民明白世界大同的道理之后，国家作为一种偶像自然毫无用处了。而革命党人廖仲恺在1920年元旦指出：“中国是有世界救主之资格，做世界大同之枢纽的。我们国家的建设成功不成功，虽然是我们一国家一民族内部的事，但是我们国家建设不成功，就可以累到全世界纷乱；我们建设能成功，就可以增加全人类的义务。……自然有做世界救主那一天，世界大同的趋势，也可以促进了。”[④]廖氏立意虽在中国自身，但其时时不忘世界大同，足见世界主义乃潮流所驱，不容忽视。

然而更多的人则是在民族主义与世界主义这两种思潮之间徘徊、挣扎，或可以说，世界主义属于理想、向往的一面，而民族主义则是当下不得不面对的现实。梁启超在一战后指出：“我们须知世界大同为期尚早。国家一时断不能消灭，而且各国战后所耗元气都要取偿于外。环顾宇内，就剩中国一块大肥肉，自然远客近邻，都在那里打我们的主意。若是自己站不起来，单想靠国际联盟当保镖，可是做梦哩。虽然如此，我们却不能将国际联盟这件事看得毫无价值，还要尽自己的力量促他的进步。这回国际联盟总算世界主义和国家主义调和

---

① 李大钊：《亚细亚青年的光明运动》，《少年中国》第2卷第2期。
② 陈启天：《什么是新文化的真精神》，《少年中国》第2卷第2期。
③ 陈独秀：《答钱玄同〈中国今后之文字〉》，《新青年》第4卷第4号。
④ 廖仲恺：《中国和世界》，参见广东省社科院历史研究室编：《廖仲恺集》增订本，北京：中华书局，1983年版，第86—88页。

的发轫，把国家相互的观念深入人心，直到国家意志并不是绝对无限，还须受外部多大节制。质而言之，国家与国家相互之间从此加一层密度了。”故他呼吁在世界主义与民族主义二者之间予以折中，进而主张建设一种“世界主义的国家”。他说：“国是要爱的，不能拿顽固褊狭的旧思想当是爱国，因为今世国家不是这样能够发达出来。我们的爱国，一面不能知有国家不知有个人，一面不能知有国家不知有世界。我们是要托庇在这国家底下，将国内各个人的天赋能力尽量发挥，向世界人类全体文明大大的有所贡献。将来各国的趋势都是如此。”①

中国人国家观念淡薄，大约是清季以来时人的共识，这对近代以来处在以民族国家为基本单位而竞争的世界体系中的中国极为不利。当清季梁启超将西方的民族国家观念引进中国后，一下子就被中国知识精英接受。然欧战以后，非战论、非国界论等世界主义思潮盛行中国。余家菊当时也受其影响。他注意到欧战结束之后：“国人方沈迷公理战胜之说，而醉心于世界和平。威尔逊十四条主张失败于凡尔赛，世人终觉其为偶尔小挫，难阻进化潮。”②1921 年次女出生，余家菊为其取名传弭，因欧战初息，人怀和平之想，故赐名以弭字，寓弭兵之意，并以首创红十字会的莱廷格尔为其乳名。

不过，海行赴英途中，余家菊的世界主义理想逐渐暗淡，而民族主义情绪渐彰。在船经香港时，看到英人对香港的治理成绩，他一方面感叹吾人在科学能力上的确不及西人，又因主权的沦丧不免兴起“旧河山，重收拾”的感想。经过安南时，看到安南人“悠悠终日”的

① 梁启超：《欧游心影录》，吴松、王文光等点校，参见梁启超：《饮冰室文集点校》第 6 集，昆明：云南教育出版社，2001 年版，第 3486 页。

② 余家菊：《疑是录》，参见余家菊：《余家菊景陶先生回忆录》，台北：慧炬出版社，1994 年版，第 220 页。

闲适意态，他叹及“亡国之民，本不知世上有所谓职责”[①]。在西贡港，目睹华人在西贡的经营，余家菊感觉“中国民族之膨胀力，乃是先天的，个人的，自动的，若使有一善良政府，或好团体以奖励之，督促之，诱掖之，在生存竞争上，西方民族恐未必能操必胜之权”。他认为只需假以时日，等国内的状况稍有起色，国人再把目光注射于外，西人虽眼明手快，然以华人之天赋，西人未必能置我于死地，故他告诫国人：“我们于中华民族之前途，实抱无限希望，只要国人将目光注射周到就有了！”[②]在经过法国马赛、里昂、巴黎和英国后，余家菊从英法两国国民性的对比中，民族独立思想终于明朗。晚年他回忆说：“我一出国门，就发现第三位先生，那就是赉先生，就是国家(Nation)。我到安南，有一位10岁左右的越南童子上船，他操法语蔑视中国人。中国是弱国，安南是亡国，亡国之民如何能看不起弱国的人！爱国心、忧国心油然而生。船抵马赛如法国境，见其城市街道优美可爱，到伦敦见其处处实际经济，与法国风味完全不同，从此知道各国都保持其国民特性。和英国人说法国语，他不答应，和法国人说英国语，他也不答应，各国人都有自尊心，不因为会说外国话而自高，由此种种，我的赉先生思想，渐次形成。”[③]

真正促使余家菊放弃世界主义的幻想，走上鼓吹国家主义道路的应该是当时欧洲整体上的政治形势。受第一次世界大战的影响，俄国、德国、匈牙利先后爆发社会主义革命，同时，随着奥匈帝国的瓦

① 余家菊：《海行日记》，参见余家菊：《余家菊(景陶)先生教育论文集》(下)，台北：慧炬出版社，1997年版，第621页。

② 余家菊：《海行日记》，参见余家菊：《余家菊(景陶)先生教育论文集》(下)，台北：慧炬出版社，1997年版，第629页。

③ 余家菊：《我的学习生活》，参见余家菊：《余家菊景陶先生论著第六辑》(一)，台北：慧炬出版社，2001年版，第61页。

解，原来处在其统治下的各民族先后建立各自的民族国家。以英、法为主的战胜国虽建立了维护自身利益的凡尔赛—华盛顿体系这一新的国际秩序，然其中矛盾重重，德国不甘心屈辱、苛刻的和约，伺机复仇，意大利、日本则因分赃不均，企图重新瓜分世界。整体上看，战后的欧洲是一个民族主义情绪高涨的定时炸弹，随时有爆炸的可能。

余家菊感同身受，他说："我到欧洲之后，和平的幻想，大同的迷梦，都粉碎了。我亲眼看见弱小民族的困苦，亲眼看见各国国民性的差异，亲眼看见各国国民意识之发扬，亲眼看见各国之剑拔弩张。例如中国人以说洋话为荣，在巴黎遇见的法国人，都抵死不肯和你说英国语；在伦敦，只有一次参观一个中学，逗引得一位法文女教师和我说了几句法文。他们的国民自尊心，绝没有颜氏家训上所说纷纷教子弟学胡语的那种卑鄙。我感觉中国国民必须树立自尊心，中国国家必须强盛才能自保，中国的党派斗争必须无损于国家。我心中的火燃烧起来了！我为我们的国家著急！我为来日的大难紧张。"①

国家主义，是英文 Nationalism 的意译，最初诞生于 18 世纪的西欧和北美，在 19 世纪至 20 世纪初先后传播到中欧、东南欧、东亚、非洲等地，它是一种强调个人对民族国家绝对忠诚的学说。1923 年出版的《新文化辞书》指出，国家主义是"主张以国家的统一和安宁为第一义，而以其民众为从位的学说"。从其本来的意义上说，它和个人主义是对立的，表现在政治上和教育上便是以国家为重，个人利益要服从国家利益。广义的社会主义即社会本位说，是以调和个人主义和国家主义为目的，与国家主义有相通的一面；然狭义的社会主义是和国家

① 余家菊：《五十回忆录》，参见余家菊：《余家菊景陶先生回忆录》，台北：慧炬出版社，1994 年版，第 136 页。

主义相对立的。国家主义思想成为一种潮流与拿破仑战争有很大的关系。18 世纪末，拿破仑在欧洲四处侵略扩张，企图建立统一世界的大帝国。欧洲各国受此惊遂国家意识苏醒，以德意志国民最为迫切。因此，学界一般认为国家主义思想来源于德国。

国家主义就其思想渊源来说，正如有论者指出的那样，它主要由两部分组成：一为康德、黑格尔等德国古典哲学，一为勒南、赖朋等法国实证科学，两派均强调国家的精神本质[①]。而余家菊的贡献，则是真正把国家主义的文化依据建立在西方实证科学的基础上。

余家菊是 1922 年 12 月去巴黎度假时，与当时在法国留学的曾琦、李璜等人在交往辩论中逐渐共同趋向国家主义。其实，费希特在拿破仑战争之前及后来都是一位典型的世界主义者，但这并不妨碍余家菊与他的同仁们从其思想中采撷若干思想资源，进而构建了国家主义派的理论基础——国家主义，并建立了与共产党、国民党鼎足而立的青年党。与同时期国民党的三民主义、中国共产党的马克思主义相比，国家主义在政治、经济及国内时局的看法上有着原则的差别，但其中一个最大的差别是在文化上，国家主义派成员普遍对中国传统文化持比较保守的态度（尽管各人对传统的理解却不同）。与曾琦、李璜等人不同的是，余家菊对国家主义思想的阐释更多是从文化教育上用力，而曾琦、李璜等人则比较注重国家主义思想在政治层面的价值与功能。

余家菊起初论证的是文化的民族性。国家主义派所倡导的国家主义在最初阶段被大家称为民族主义，其标志性著作即余家菊与李璜合著的《国家主义的教育》一书，他的代表作即名为《民族主义的教

① 敖光旭：《1920—1930 年代国家主义派之内在文化理路》，《近代史研究》，2006 年第 2 期。

育》。他在文中指出："考民族主义之勃兴，要算始于德国，凡是读过斐希底之传记的，当无不知斐氏在德国教育上遗留的民族主义印象是何等有力。"

文化的民族性问题最早是由清季国粹派提出来的，但国粹派有关文化民族性存在的依据主要是"地理环境决定论"。20 世纪初，西方"地理环境决定论"曾一度畅行中国，其经常被用来说明中国文化落后于西方。国粹派的邓实等人则依据该理论从而将中西文化因地理、人种的不同而看作两类不同的文化体系①。与后来马克思主义者将文化问题的诠释建立在经济因素上相类，他们皆重视文化产生的物质性依据。

余家菊的国家主义思想就其思想来源说，如前所述，显然撷取了 19 世纪初德意志费希特(Johann Cottliebe Fichte，1762—1814)等人的思想。费氏在耶拿战争后，先后在柏林发表了 14 次演讲(后演讲内容结集为《致德意志民族演讲录》出版)。在演讲中，他号召德意志人团结起来，以抵抗法国的侵略。为此，他倡导通过国家主义教育思想来造就德意志民族的国家意识。他认为当时德意志的民心，为卑劣的利己主义、个人主义所束缚，缺乏全体的团体行动，呈四分五裂之状，遂为拿破仑所支配。其国家主义教育思想的内容是：教育应根据道德的、国家的主旨以陶冶国民，发挥德意志民族固有的本质，并促使宇宙之道德秩序之进行，从而使战败的德意志复兴。费希特之后，法国社会学家、哲学家富耶(Alfred Fouillee，1838—1912)亦倡导国家主义教育。普法战争之后，富耶指出，法国战败的主要原因是教育的缺陷，

---

① 郑师渠：《晚清国粹派文化思想研究》，北京：北京师范大学出版社，1997 年版，第 137—138 页。

要挽回国势，非改良教育，因此大肆鼓吹国家主义的教育。他认为，人类社会中最确实的团体是国家，教育一面是为种类计，同时亦为国家之进步发达计；国家之进步发达，与生物界一样，具有自然淘汰的作用；无形上的竞争者，是指观念界、理想界的竞争而言，即理想高尚的国家比理想低下的国家，是为精神界的强者；教育须养成国民之高尚理想与坚固的志操，使国家适于生存，而图进步发达。富耶的思想对留法的李璜、曾琦等人产生了一定的影响。费希特、富耶等人对余家菊的国家主义思想主要是起了启发作用。不过，余家菊对费希特国家主义思想的吸收并非全盘承受，而是有选择地借鉴。这表现在，费希特在实现其国家主义理想的方式上，从未鄙视过强迫手段，反而将之视为达到其目的的一种方式。在其《对德意志民族的演讲》中，他便提出了暴力的民族教育；在1813年的政治著作中，费希特也曾呼唤过马基雅维利式的暴君。他在1804年出版的《现时代的根本特点》一书中，“不仅用因果关系去解释国家之间的相互角逐与斗争，还用下列名言在精神上肯定这种斗争：在这一时代，欧洲民族共和国中的最文明的国家也毫无例外地是最谋求(暴力)国家”①。这是以儒家为归宿的余家菊显然不能接受的。真正促使他坚信文化与民族或国家的紧密联系的则主要是近代英美等国生物学、心理学和教育学等科学知识的支持，尤其受麦独孤和他的老师——伦敦师范学院院长伦恩的影响。

英国心理学家麦独孤的名著《社会心理学》，余家菊在国内时早已读过，海行赴英的途中又温习一遍，对其印象颇深。到英国后，又取麦氏其他著作而尽读之，于是“恍然于国民性之厘然在目以及不可磨

① [德]弗里德里希·梅尼克著，孟钟捷译：《世界主义与民族国家》，上海：上海三联书店，2007年版，第75页。

灭，免使人类文化趋于单调之故。且各国皆有高度之国民性自觉，欲加消灭亦不可能”[①]。他接受了麦独孤对民族性的界定，即“民族性是一种集团心性(a collective mind)，是一民族中各个人间互相影响时所产生之通有的思想感情意志，大不同于孤立的个人之思想，亦不是孤立的许多个人之心的活动之总和。他是数千百年中之自然的活动和社会的活动所产生的，对于各个人具有压迫的和敦促的势力”。然后，在近代生物学、人类学和心理学研究成果的基础上，他进一步指出民族性存在的依据或条件有二：其一为物质方面的依据，即各民族以其人种、环境、制度与历史之不同，各有其精神上之特色。其二为心理依据，即有一公共的遗风流俗，一公共的过去之景仰，一公共的未来之希望。他认可法国哲学家惹南(Renan)的说法，“民族是一种精神的原理，由两件事构成：其一为具有一公共的丰富的历史，其又一为同生共荣的欲望，为愿意继续努力去尽心运用他们所承受的无形遗产”。又同意海尔巴特·史德莱(Sidney Herbert)对民族的界定，“民族是一种社会的群体，由一族类意识以结合之；此族类意识则起源于其群之历史所产生的遗风，且此意识是直接对于一定的故国而有的”。他认为民族与种族有别，一个民族常常由不同的种族组成，而种族的结合及社会淘汰二者，为民族性发生的原因，他以史丹梅子(Steinments)关于民族品性的观点为据：“如果我们承认遗传的种族性格与品质，我们就不得不说，随各种族间糅合方法之不同，其所产生而且将付之遗传的民族特性也就不同。而且进一步的重大变化，必且发生于该等民庶之中，因为历史的事实所灭绝的及其所发皇的特性，在各民族中，如果

---

① 余家菊：《疑是录》，参见余家菊：《余家菊景陶先生回忆录》，台北：慧炬出版社，1994年版，第222页。

说是一样的，那简直是不合理的话。在一个很短的期间内，一个民族，因为糅合不同的种族，就可以显出身心上都发生很大的变异。此等民族，无论其存在的时间很短，又无论其种族的素质大致相同，然而其所具有的由禀受得来的特性很不相同。此是因为社会的陶汰，于两个民族中，所选择的特性与天赋之种类大不一致之结果。不同的地域及不同的国际环境（不论种族），酿成一个不同的历史，而此不同的历史又产生不同的社会陶汰，因此就发出一不同的递遭，与不同的民族品性。”但以上的广征博引只是从消极方面说明了民族性的存在。

从积极方面看，余家菊认为民族性的存在对于人类社会的发展功莫大焉。其学理依据是个性的充分发展是社会进步的要素。他说：“社会全体本极复杂，社会的需要本是多方面的。一个人从一方面去发展，去供给社会的一种需要，大家合起来，社会的各种需要，就完全都满足了。这是个性发展对于社会的一种关系。社会的进步，是靠少数人能够比众人走得上前几步，众人有了他们在前面引导，于是也上前进走，于是社会就进步了。少数人之能够上前，又由于他们的本性得著了充分的发展。凡个性能自由发展的社会，其进步必定快而且是多方面的。”①不久，余家菊将个性与社会的关系扩展至民族个性与世界进步的关系。他说：“民族个性之保存与全世界之进步有密切的关系。世界进步的原因在异而不在同，在多方发展而不在专趋一途。尊重个性即是奖励变异，奖励变异即是提倡竞争与进步。”②因此，他强调，任何民族，都有自由发展其天才与个性的权利。余家菊的思路是

① 余家菊：《民族主义的教育》，参见余家菊：《余家菊（景陶）先生教育论文集》（上），台北：慧炬出版社，1997 年版，第 143—180 页。
② 余家菊：《国家主义概论》，北京：新国家杂志社，1927 年版，第 42 页。

各民族的禀赋，正如各个人一样，是各有所偏的，所以各民族的成就亦是各擅一方之长的，如果合起来，就可以产生更完美的世界文明，而分起来，则只能原地踏步，所以一个民族对于自身的使命，亦是一个民族对于全人类的责任。

余家菊为什么坚信个性对人类社会的至关重要性？这就需要从麦独孤和其老师伦恩的心理学和教育学理论说起。麦独孤指出：在人们的意识生活中，或者在他们身体的无意识活动中，甚至低等动物的无意识行为中，有一种驱力和冲动，或者向往某一目的的倾向。美国生物学家祈宁斯的研究也认为，即使最简单的动物生活方式，物理学和化学也不能解释。一切动物，从变形虫起，它们都是力量的中心，跟外界经常处于能动的关系之中，但是都是以一种特有的独立形态面对着世界。每一种动物以自己的方式，各按自己的本性和力量，走自己的道路，并且在它和外界交往的过程中发展一个简单的或复杂的个性。

余家菊在伦敦师范学院的老师伦恩结合麦独孤、祈宁斯等人的研究成果，他把麦独孤所说的人们行为中的驱力或冲动称为“策动”，“策动”是区分有生命的动物和无生命的物质的活动的本质。每一种动物，只要它活着，总对世界有它自己的主张或表现自己，从只有简单的无意识的“生活意志”的变形虫，到有意识地要求参与决定自己命运的人类。据此，伦恩提出其教育理论的中心思想：教育的目的主要是发展个性，个性才是生活的理想，个性是教育工作努力的目标，也是评价教育工作成效的标准。个性作为一个整体既是独立自主的，又是统一的。多样性中的统一性是一切有目的的行动的鲜明标志。余家菊曾坦承他在思想内容上受伦恩的影响最大，只不过他将伦恩所说的个性换成了民族性。

余家菊在留学期间指出："杰姆士说，没有一件做过的行为是烟消云散，不着痕迹的。伦恩说，成人的心不过是一个有生活的结构体之表面，此结构体之深处，乃是自从个人有生以来（甚至以前）所留下的种种生力的元质，此等元质于相当的情形下，仍可以脱离他所沉没于其中的系统而要求无羁绊的表现。他们所告诉我们的，都是以为过去并没有消灭，过去是仍旧拥有势力的，而且亦是有生活的。所谓"有生活的过去（The Living Past）乃是'新心理学'之特征，亦是生命派的哲学之脊髓，凡略知柏格森哲学之大义者，想无不知道。"①此外，近代西方心理学中的保守律也进一步坚定了余家菊对文化民族性存在的信心。他指出：心的历程，无论为意识的或是潜意识的，都遗留于一永久的痕迹于有机体之结构上，且其活动皆与有机体以多少改变。因此，有机体（个人及民族的）是有历史的，其生命之活动记载得确切而且详细，又不但仅仅只记载登录停藏而已，亦不但是可供运用之资料而已，乃是吾人的一种性格，它可以决定未来的历程的性质及其路径。

正是在近代生物学、心理学与教育学的基础上，余家菊对文化民族性的论证比清季国粹派所凭借的"地理环境决定论"更为科学和完整。

随着国家主义派成员对民族与国家两个概念认识的转变，原来民族主义视野中的民族性也随之转变为国魂、国性、国光或国民精神等概念。国家主义与民族主义两个概念，在英文中同为 Nationlism。晚清时，两种译法曾同时存在，大多数人译为民族主义，个别人曾用国家主义（如蔡锷），有人是两者皆用（如梁启超）。真正对这两个概念的内涵

① 余家菊：《人格之动力》，参见余家菊著，余子侠编著：《教育哲学论稿》，武汉：华中师范大学出版社，2008 年版，第 50—51 页。

与外延正式区分的是20世纪20年代的国家主义派。国家主义派认为，国家与民族的关系虽然非常密切，但有区别。陈启天指出："近代国际社会的最大单位是国家，而不是民族。按诸历史事实，有的一个民族一个国家，有的一个民族分属几个国家，有的一个国家包含几个民族，很难用民族的标准划分国家的界限。又从意义上去看，国家两字可以包含一切，连民族也可以包含在内；而民族两字则偏重在血统方面，难于包含一切。一个民族在未能独立组成国家以前，可以译为民族主义，但既经独立组成国家以后，则以译为国家主义为宜。"①余家菊在陈氏的基础上进一步补充："须知民族不过同血统言语文化之一群人民，此项人民仅为国家成立三要素之一。民族必加以政治的组织。而又具有独立行动之主权，方得谓国家。"②他认为国家的要素包括国民、领土、统治组织（主权）三个要素，民族主要是从文化与血统而言，而国家主要是从政治与主权而言。

从文化层面看，民族主义框架中的文化与国家主义视野中的文化既有继承的一面，也有所区别。在民族主义框架中，文化是实现民族主义的一种手段或途径，而国家主义视野中文化的地位更为突出，其本身就是国家主权的一部分，余家菊更是将文化看作国家主义最大的基础。

表现在国家主义派言说中的文化即为国魂、国光、国性等概念。"国魂""国性"等概念在晚清国粹派的言说中已经出现，可以说，国粹派对国家主义派成员的思想有一定的启发作用。余家菊指出："国魂者，一国国民之公共心灵也，亦即一国国民之特别精神也。其与各个

① 陈启天：《寄园回忆录》，台北："商务印书馆"，1965年版，第104—105页。
② 余家菊：《国家主义概论》，北京：新国家杂志社，1927年版，第7页。

国民也，有浸润之功，束缚之用，驰骤之力。可以使人眷恋故国，亦可以使人赴汤蹈火而不辞。故真能独立于大地之国家，必有其特立的文化。故国家主义之急务，在为国招魂。”①就其和李璜等人对国魂、国性诸概念的内涵及功能的诠释而言，他们同晚清国粹派并无实际的区别，基本上都把“国魂”看作一个民族或国家的一种特别精神，但国家主义派的思想资源比之国粹派更复杂、更丰富。

正如余家菊指出的，国家主义有心理的、伦理的、文化的、政治的基础，而“文化的基础，亦国家主义最大的基础，国家的健全与否，不在人种的统一，而在文化的统一。可见文化不消灭，虽暂时灭亡，终有恢复之一日，元清占有中原，不可谓不久，然而不能消灭伟大的文化，除非跪在西人面前，而愿精神沦亡，则伟大的文化不能消灭，国家不可除”②！

他在阐述国家主义的近期目的——外求独立和内求统一时，特意强调独立与统一不仅体现在国家主权上，更反映在国民精神的独立与统一。他说：“国民若无独立自尊之精神，时时以劣种自命，而事事视外族为天人，何敢拥护其国家之主权而要求为一独完国国民哉？吾国汉族从前之所以屡亡而屡兴者，皆由其自尊精神历久不磨，只能同化他人而不能为他人所同化也。”③独立与统一的国民精神可以维系国民的信仰，而国民的共信实为政治的基础所在，而国民信仰的确立则要靠文化来维持。他指出：“政治团体若与文化团体相一致，则其政治的团结必益为牢固，乃坚不可破。此近代各国之所以有建立‘文化国家’

---

① 余家菊：《国家主义教育学》，上海：中华书局，1925年版，第6页。
② 余家菊：《国家主义的基础》，《醒狮》第100号，1926年9月11日。
③ 余家菊：《国家主义概论》，北京：新国家杂志社，1927年版，第30—31页。

之企图，而努力于同化其境内不同之民族。”①也就是说文化可以整合国民精神，使“国家存立之强固基础，而牢不可破”②。他注意到：近代亡人国家者，非灭其文化不可，所以爱国者不但应保种保国，而且也应保护国家文化。他指出，我国最大之患，不在外部的武力、经济侵略，而是西方的文化侵略。那么，如何正确回应西方的文化侵略？

由于坚信民族性存在的必然性和合理性，余家菊主张对于外来文化应有选择性地吸收，吸收的原则是根据固有的民族性。他说：“所吸取的资料必定要和民族的本性相谐和，然后资料才是滋养品……要吸取一种文化，最要的问题不在该文化的好坏，而在该文化之是否适于我们。”③

自清季以来，许多中国士人认为西方文化与中国文化是根本性质不同的两种文化。新文化运动之初，陈独秀就指出：“欧洲输入之文化，与吾华固有之文化，其根本性质极端相反。数百年来，吾国扰攘不安之象，其由此两种文化相接触相冲突者，盖十居八九。”④余家菊对此无异议。但相同的前提得出的结论却相反。陈氏认为近代以来中西文化凡经一次冲突，国民即受一次觉悟。他与胡适等非国粹主义者鉴于中国传统文化惰性过强，进而主张全盘西化。余家菊则依据近代生物科学上“族系相去太远之种族不可结合”的原理，提出既然西方文化与中国固有的民族性相去太远，那么全盘西化既无必要亦无可能。他反对那种“无我的模仿，有害自己之生存和发展的模仿”，主张

① 余家菊：《国家主义概论》，北京：新国家杂志社，1927年版，第46页。
② 余家菊：《国家主义概论》，北京：新国家杂志社，1927年版，第59页。
③ 余家菊：《民族主义的教育》，参见余家菊：《余家菊（景陶）先生教育论文集》（上），台北：慧炬出版社，1997年版，第163页。
④ 陈独秀：《吾人最后之觉悟》，《青年杂志》第1卷第6号，1916年2月15日。

“自尊与模仿，本应该并行不悖”，今后首先应恢复自尊，“使国人最少也承认西方之民族及其文化不是全善的。有一部分不好，有一部分不必学，同时又知道本国民族与本国文化最少亦不是全恶的。有一部分还不错，有一部分最少也值得保存”。①

20 世纪 20 年代的中国流行一种“乐观的文明接触论”。所谓“乐观的文明接触论”指的是凡异性文明相接触，其结果必为高一层的进化。余家菊对此并不乐观，他认为两种文明接触的结果既有可能带来乐观的结局，但也可能产生悲剧，尤其对于性质歧异的中西文明。要使中西文明交流带来好的结果只能是“有选择的效法”和“有选择的守旧”②。此时，他的“效法”当然是“德先生”“赛先生”以及他在英国发现的“赉先生”（国家），但“守”什么“旧”呢？他说：“我们应当发扬我们的国光，把我们的精神——我们中国固有的文化发扬出去，发扬到全世界，使全世界都知道我们国民固有的精神，使全世界都重视我们的文化，拿这种文化来补充一切残缺不完的文化。”③然中国固有精神与文化的具体内容是什么，此时的他并无定见。

八、拒绝教会

新文化运动对余家菊的影响还表现在他对宗教的看法上。“宗教”一词在中国出现首先源自印度佛教。佛教以佛陀所说为教，以佛弟子所说为宗，宗为教的分派，两者合称宗教，意指佛教的教理。“宗教”

---

① 余家菊：《民族主义的教育》，参见余家菊：《余家菊（景陶）先生教育论文集》（上），台北：慧炬出版社，1997 年版，第 151—152 页。

② 余家菊：《辨乐观的文明接触论》，《醒狮》第 7 号，1924 年 11 月 22 日。

③ 余家菊：《国家主义释疑》，《醒狮》第 51 号，1925 年 9 月 26 日。

这个词的另一个来源则是拉丁文“religio”，它本来的意思有虔诚、对神的敬畏和景仰、敬神的礼仪、神圣性、圣物、圣地等。

宗教属于信仰，这是众所周知的观念。晚清时，王国维指出，对于宗教不可以从理智层面视其为迷信之说，因其超乎知识之外，宗教尤其对于缺乏教育的下层民众来说，具有“感情之效”，即“彼于是偿现世之失望以来世之希望，慰此岸之苦痛以彼岸之快乐”，故宗教之不可废除，因其“能造国民之希望与慰藉者”。[①]梁启超认为：“言穷理则宗教家不如哲学家，言治事则哲学家不如宗教家，此征诸历史而斑斑者也。历史上英雄豪杰能成大业轰轰一世者，殆有宗教思想之人多，而有哲学思想之人少。……哲学贵疑，宗教贵信。……苟既信矣，则必至诚，至诚则能任重，能致远，能感人，能动物”，“能为惊天动地之事业”。[②]王国维和梁启超都从正面肯定宗教的价值。

余家菊 15 岁左右时曾进入武昌的教会大学文华大学预科学习，对其印象不佳，一方面是课业原因，另一方面则是“校中有教堂，朝夕礼拜，与乡习鄙视洋教不相容”，而且“校中风气颇涉洋化”，与自己所受儒家教育相扞格，因而不久转入中华大学预科学习。这个时期，他常和青年会的干事柯乐和常做宗教的探讨，柯氏常希望他加入教会。他一面受传统风气的束缚，不愿“吃洋教”，同时又受阳明学说的支配，只信自心不信教主。他虽不信教，但并不妨碍他将基督教作为提高自己修养的途径或手段。约在 1918 年 4 月时，他曾与恽代英讨论修身问题，两人曾计划模仿美国富司迪的著作《完人之范》的形式，

① 王国维：《去毒篇》（鸦片烟之根本治疗法及将来教育上之注意），参见傅杰：《王国维论学集》，北京：中国社会科学出版社，1997 年版，第 308 页。

② 梁启超：《论宗教家与哲学家之长短得失》（1902 年），参见梁启超著，陈其泰等编：《梁启超论著选粹》，广州：广东人民出版社，1996 年版，第 639—643 页。

作“修身日览法”。《完人之范》共十章，分别为耶稣之乐、耶稣之宽大、耶稣之忠、耶稣之怒、耶稣之忍耐、耶稣之诚、耶稣之克己、耶稣之勇、耶稣之爱、耶稣之标准。此时的余家菊显然对西方基督教的态度应该是不喜欢但也不特别讨厌，不喜欢是受传统风气和阳明学说的影响，不特别反感是耶稣在他心目中是道德之完人。这为余家菊之后宗教态度的转变埋下了伏笔。

自进入北京高师之后到出国留学之前，由于受新文化运动的影响，他对宗教基本上持反对态度。在他翻译的德国生命哲学家倭铿的《人生之意义与价值》一书中开篇即对宗教予以否定。倭铿指出，在近代初年，由于人的觉醒，给宗教带来一定的疑问，宗教固然成就了许多事情，“对于现代的人，究竟是个疑问，不是一个解答。他自身的疑问太多，决不能为我们解释人生的意义，决不能使我们感悟人生值得生存”①。倭铿对宗教的态度应给他留下一定的印象。除此之外，少年中国学会对宗教的态度也对余家菊产生了一定的影响。

1920 年到 1921 年之交，少年中国学会在北京连续举行了三次有关宗教问题的讲演大会，邀请周作人、王星拱、梁漱溟、屠孝实、李石曾等学者讲演。其中，王星拱、李石曾对宗教持反对态度，而梁漱溟、屠孝实和周作人对宗教的价值持肯定态度。反对宗教者主要从科学的态度出发，如王星拱指出，科学的态度是“分析复分析，怀疑复怀疑”，而宗教的态度一是用“直觉”“研究一番，而莫知其所以然，然后信从一个不可知的前提，还有可以饶恕的理由，毫不研究”；二是“他以不知为知，而设一个界限于知与不知之间，而使我们永不能自不知而进

① [德]倭铿著，余家菊译：《人生之意义与价值》，参见余家菊：《余家菊景陶先生论著专辑》第二辑，人文，台北：慧炬出版社，1986 年版，第 170 页。

于知”；三是宗教有“唯心构造之危险”。屠孝实在肯定科学价值的同时指出，现代自然科学和历史学虽可以纠正许多宗教上的偏见，然还不足以致宗教于死命，宗教之成立有两个条件，一是“自然的束缚和求解脱的心”，二是“直接的宗教经验，可以说是宗教的最后根据”。屠氏说的第一点是指宗教的超越功能，第二点是指宗教在感情上的体验功能，他认为宗教“可以使人安乐，得着一种乐天知命的生趣，或是能使人解除尘障，脱尽俗缘”。①梁漱溟也说：“所谓宗教的，都是以超绝于知识的事物，谋情志方面之安慰勖勉的。”梁氏强调宗教的功能是给人们提供一个安心立命之处，他认为科学是知识，宗教是关乎人的行为，而人的行为更大程度上是出于情志，故宗教应有其存在的必要，且由于人类的生活永远处于无常的状况，故宗教应永远存在。他还以他一个朋友的儿子由宋学转变为基督徒为例来说明宗教的价值：“他不是自觉弱小，他是自觉罪恶，他不是怯惧，他是愧恨，他不求生存富贵，他求美善光明。但是一个人自己没有法子没有力量将做过的罪恶湔除，将愧恨之心放开，顿得光明别开一新生命，登一新途程，成一新人格——这如勇士不能自举其身的一样——只有哀呼上帝拔我，才能自拔。他说上帝就在这里，宗教的必要就在此等处。”②屠氏与梁氏实际上继承了晚清王国维的思路，认为科学是理智的，宗教是感情的，二者可并行而不相悖。此说认为人生不可单事理性生活，若过于理性生活，将入于枯燥烦闷之一途而莫能自拔，因此感情生活实有并重的必要。宗教既能满足吾人之感情生活，也就自有其存在的价值。

---

① 王星拱、屠孝实：《讲演》，《少年中国》第2卷第8期。

② 梁漱溟：《东西文化及其哲学》，上海：上海人民出版社，2006年版，第90—95页。

对新文化人士不满的学衡派代表吴宓等人，对于宗教的态度与屠孝实和梁漱溟相类似。吴宓认为，宗教实基于人之天性，其价值在扶善去恶、博施广济，使信者得以笃信天命，心境和乐，精神安宁。他不同意新文化人士拒斥宗教属于迷信的观点，认为宗教不仅不是迷信，反而有破除迷信的功能。他说："宗教与迷信，犹医药之于疾病，今人动斥宗教为迷信，遂欲举宗教而歼除之，呜呼，误矣。迷信属于仪式者，即不能革，而听其暂存，其为害于世者尚浅。今以不慊于仪式之故，而去宗教绝道德，岂特犯投鼠忌器之嫌，抑且真有率禽兽食人之事矣。"他把人的行为与心境分为三级：上者为天界，中者为人界，下者为物界。在他看来，宗教显然属于天界，出处于这一境界之人，笃信天命，逆来顺受，以上帝为其榜样，师法上帝，虽国破家亡在所不惜；中国传统的儒家思想属于人界即人本主义，以道德仁义为本，礼乐政刑为末；西方进化论、唯物主义及中国传统中的道家属于物界，即物本主义，以世界为物力或机械而已，无所谓仁义道德。吴氏认为宗教的价值是超脱物界与人界，追求天界或神界，在教人向上方面超过道德，故他反对新文化人士"若于宗教道德，悉加蔑弃排斥，惟假自然之说，以第三级为立足点，是引人堕落，而下伍禽兽草木"①。吴宓显然认为宗教有提高自身修养和满足感情的功用。

整体来看，新文化运动期间，认同宗教的人主要是基于宗教在增强人类道德、提升人的心境、满足人的感情等方面的价值。

当时少中学会会员从整体上看，大多数人对宗教持反对态度。1920 年 7 月，曾琦向评议部主任左舜生提出："凡不学无术，及有宗教

---

① 吴宓：《论新文化运动》，《学衡》第 4 期，1922 年 4 月。

上迷信之人，皆不得绍介入会。”[1]众人在讨论此提议时，余家菊表示赞成，并一致主张已加入本会而有宗教信仰者，自请出会。这显然是依据学会宗旨中“本科学的精神”的原则而做出的决策，但这一提议受到学会内部田汉等少数人的坚决反对。田汉本人并不信教，但他认为：“宗教信仰的生活亦与人的物质生活头脑生活鼎立而相辅助相调和。”[2]他强调的是宗教信仰的精神作用及其社会功能。

起初少中学会主要是从学理层面以科学为武器反对一切宗教，但随着基督教势力的壮大，少中学会反宗教的重心转向了基督教。1922年4月4日，世界基督教学生同盟会在北京清华学校开会，到会代表500余人，代表40余国的学生。北京大学一部分师生针锋相对，于4月9日召开非宗教同盟第一次大会，由此拉开了20年代的非基督教运动。北大教授李大钊认为，宗教妨碍社会进步。他说：“宗教是向人们宣传廉价的妥协性的东西，它妨碍彻底探求真理的精神，是人类进步的巨大的障碍，因而我们必须竭力加以反对。”[3]李大钊是从科学角度反对宗教。张闻天则从反对资本主义制度的角度反对基督教，他指出：“近来还有一派人说现在的教会只存一个躯壳，不值得反对。其实这种话也是不对的。因为在现在的教会里，原始基督教的精神虽已荡然无存，但在失却这原始基督教的精神的过程中，有一种新的势力渗透进去了。这新势力不但能想法支持教会，并且还利用教会来发展他自己(的力量)。这新势力和资本主义有密切的关系。彼的存在是和资本主义相始终的。……彼所鼓吹是金钱万能和伪道德。彼的目的，是

---

① 《曾琦致舜生》，参见《少年中国》第2卷第8期。
② 田汉：《少年中国与宗教问题》，参见《少年中国》第2卷第8期。
③ 李大钊：《李大钊全集》(四卷)，北京：人民出版社，2013年版，第69页。

在把中国人完全资本主义化；使得中国人做资本家的奴隶而同时心悦诚服。这种恶势力在社会上，我以为十分值得反对的。……所以反对宗教和反对资本主义常常有密切的关联。说反对宗教而说不应该反对资本主义的这种人是很少的，除非有其他作用在内。”①

陈独秀总结了当时新文化人士反对基督教的两大原因：“(一)是因为他的教义，完全和科学相反，所以要提倡科学，不得不反对基督教。(二)是因为他们的教会，资本主义色彩过于浓厚了。”陈氏就这两个问题问他的一位信仰基督的朋友，朋友对他说：你要相信上帝，不要把他研究，上帝是有力量的。他则说：“叫别人不要研究而信他，怎可使人心服呢?”对于基督教的资本主义化，陈氏承认这不能算基督教本身的罪恶，只是社会制度使然。不过，他明确指出：“现在既然反对资本主义，那在资本主义底下旋转的东西，当然一律要反对，基督教又怎能〔这〕个反对之律呢?”②陈氏对非基督教原因的总结实际上反映了当时的共产主义者对基督教的态度。

余家菊在留学之前对宗教的态度主要是基于新文化运动中“赛先生”观念而反对，留学之后，他在英国接受了较系统的西方实验科学的训练，这更加强了他对宗教非理性本质的看法，这与李大钊、恽代英等共产主义者对宗教的态度相似。

余家菊认为，人的信仰分神道和人道两种，宗教属于神道的信仰。中国传统中的儒家有宗教感情但不是宗教。他指出，《论语》中孔子确有呼天之事，但孔子所说的天乃宗教感情之发泄，不得据此就指为宗教。他说：“人当备受压迫，中心苦恼而又计无所出，于是感觉自

① 张闻天：《非宗教运动杂谈》，《民国日报》副刊《觉悟》，1922 年 4 月 6 日、16 日。
② 陈独秀：《宗教问题——在交大的演讲》，《民国日报》副刊《觉悟》，1922 年 4 月 25 日。

身之无能，而幻想著冥冥中有一强有力者，于是急不暇择，也不问此强有力者之为何种性质，他于自身有何种关系，而努力呼之，他呼之之时，也不必以为果然可以上格天帝，可以求得天帝来救我、来监临我、来证实我。只是满腔的郁抑之情或者失望之情，聊藉此一呼以发泄之罢了！所以此种行为，全出于感情之冲动。”①而且，孔子明确说“敬鬼神而远之”，“未能事人，焉能事鬼”。显然，孔子的教义乃纯然著于人事，万无拿神道来教化人的意思，其偶尔言及鬼神者，大概是因为当时社会仍未脱祀神之风。宗教家又必讲天堂地狱，讲永生，孔子则说“未知生，焉知死”；宗教家又必讲上帝创世，孔子说“天何言哉，四时行焉，百物生焉，天何言哉”？宗教家对神的信仰，孔子一样没有。其有偶尔言天言鬼神之事，则由于感情之发泄，与社会风习之反映，不得据此就断定他是宗教家。此时，余家菊认为宗教的核心要素是神道设教，仅具有宗教感情不能就认为是宗教。

按照同样的道理，他认为佛教亦非宗教。因宗教家对于神，都视为最高无上，不可侵犯，所谓崇拜、祈祷，都是起于此义，而佛家之所谓佛，初无此等威权，如“佛在哪里?”。以他来看，佛教中的佛，并无一点神圣意味，乃是表示一种修养的极地，如“众生皆有佛性”“众人皆可成佛”“放下屠刀，立地成佛”，佛好像中国所谓的圣人，因此佛教也不是宗教。

他认为，基督教与佛教和中国的儒教不同，基督教从思想内容上看，属于神道设教，是反理性、反科学的，因神不过是人心的产物，其实并不存在，不能用之指导人生；提倡感情生活与砥砺德行，实不必

① 余家菊：《基督教与感情生活》，参见余家菊：《余家菊(景陶)先生教育论文集》(上)，台北：慧炬出版社，1997年版，第210页。

而且不可利用神道宗教。他指出，用宗教以自修，“是为明知其无，而偏执为有，自欺之甚，无过于此”。对于当时宗教可满足人类感情之说，他不以为然，因他认为理智与感情的关系只能是用理智统驭感情。他依据心理学知识指出，宗教情乃非一单纯的感情，实为数种感情的活动结果，包括崇拜、寅畏、虔敬三者，崇拜之元素为惊异与自卑；寅畏之元素为崇拜与畏惧；虔敬之元素为寅畏与温情，这些都与理智相悖。他从哲学上考察，指出宗教的生死关头为“最后因”（Final Cause）即创造上帝者为谁这一问题难以解决。他本着科学的观念，认为“神不过是人心观念之客观化”或“人心观念之投影”，主张当从科学上去建立人道的满足感情法，如西方新心理学上的激动感情法或中国儒家传统中的“存养”“省察”等法，以宗教来安慰人，只能是暂时的安慰，最终还会导致精神的崩溃。当然，对于宗教感情之偶尔发泄姑且一笑置之，他尤其反对的是宗教思想，因其为有意的、凝定的，故不可放过。余家菊对宗教的批评主要是从科学立场出发，其学理依据为西方心理学。

余家菊自服膺了国家主义之后，他对基督教的态度显然是出于国家主义。在他看来，基督教的牧师们是列强武力侵略中国的前驱，他说：“惟是吾不甘自居于亡国奴地位之同胞，万不可忘却武力侵略之前驱就是传教的牧师们。试将近五十年来之外交史翻开一看，哪一件痛心事不是与传教有关？……是故中华民族之一部国耻史之主要资料，无非就是宗教问题。”这还只是历史的教训。更让他担心的是教会教育的现实图谋是要将中国基督教化，他认为基督教根本不配使中国归化，原因是：①基督教从性质上看是侵略的宗教，只知有己，不知有人，其排他性比之回教还强，正所谓“一手持经典，一手持宝剑”[①]。②基督教制造宗教阶级，破坏中国国民意识。③妨碍中国教育之统一。据李璜回忆，他在巴黎时，余家菊自英到巴黎度暑假，两人谈及国内教会教育甚为发达的情形，有感道：“这类外国宗教家来办教育，其目的都不免有一部分是为的传教，而宗教信仰自由观点上多少是各有其成见，这已与我们学会(指少年中国学会)一向所主张的自由思想的教育有点宗旨不符。何况宗教信仰未有不排它的，如此一国之内的教育见解便要分歧发展下去，则将来所教出的学生，就不说一定有教义宗派之分，而也难免忽略了中国文化与科学思想。”[②]于是，两人各写了几篇文章，合著命名为《国家主义的教育》。可见，余家菊与李璜是站在教育主权的国家主义立场上反对教会教育的。后来，他在回忆录中说：“中国的传统道理是只尽人事，不管天道，当兴学校提倡科学之初，一般的科学都是浅薄的，反宗教的，外国人在内地传教，往往被害，野心家便利用教案以侵略中国，更加以贫苦人民往往藉着教会的力量以谋食，社会上有‘吃教’之说，所以大家对教会的感情不好。我之所以反对教会也是一种时代意识的反映。”[③]国家主义比之民族主义更强调国家主权，但两者实际上区别不是很大，只是后来共产主义者对基督教的态度更趋激烈，这点则是余家菊这些国家主义者所反对的。总的来看，余家菊对宗教和基督教的态度与共产主义者的态度相同的地方多，相异的地方少。

1920 年代，余家菊对宗教尤其是基督教的立场是鲜明的拒斥态

① 余家菊：《教会教育问题》，参见 1923 年 9 月《少年中国学会月刊》第 4 卷第 7 期。
② 李璜：《学钝室回忆录》，台北：传记文学出版社，1973 年版，第 11 页。
③ 余家菊：《六三回忆录》，参见余家菊：《余家菊景陶先生回忆录》，台北：慧炬出版社，1994 年版，第 60 页。

度，正如他自己的表白：“传教愈烈，世界受祸亦愈烈。传教的人愈多，入迷的人亦愈多。是故反对宗教，当反对传教。欲反对传教当提倡：宗教业之废除，对于一切的牧师们，都持著‘僧道无缘’的态度。”①

① 余家菊：《基督教与感情生活》，参见余家菊：《余家菊（景陶）先生教育论文集》（上），台北：慧炬出版社，1997 年版，第 239 页。

第三章　北伐前后的政论

余家菊是爱好学问之人，自信亦有事业家的必备能力，故其最初理想是预备做一名校长，以调和自己在学问家与事业家之间理想上的矛盾。他从内心深处对政治不感兴趣，实不愿卷入党争之中。但留学期间，置身于民族主义情绪高涨的欧洲，他的爱国热情终于被点燃，复与其时在法国的李璜、曾琦过从甚密，终于在政治上服膺了国家主义的信仰，不过对实际政治却持保留态度。1923 年 4 月间，他在巴黎遇到曾琦、李璜，曾琦建议组党，余家菊便以“我愿意为国家服务，不愿意卷入党争的漩涡中”①而婉拒。然而，随着中国民族危机的加深和儒家“不仕无义”的传统使任何读书人都很难置身于政治之外。余家菊回国之后，正值南方国民革命军北伐前后，随着国内政治斗争的激烈化，他终被卷入近代中国政治漩涡之中。

---

① 余家菊：《六三回忆录》，参见余家菊：《余家菊景陶先生回忆录》，台北：慧炬出版社，1994 年版，第 17 页。

一、政论基础

北伐前后余家菊论政的思想基础或来源主要有三种：一是自童蒙时代的儒家的熏染，使其服膺儒家仁政思想，反对用激烈的手段来改变社会现状。此后，留学期间所接触到的英国保守主义政治传统加强了他对中国传统儒家政治文化的认同。二是留学期间接受的德国费希特的国家主义思想。三是英美近代自由主义政治观念。以上三种思想资源随余家菊此后所处的形势以及面对的对象不同，而其表现形式有时不同。具体到余家菊留学回国至抗战爆发这一时段，国家主义思想和自由主义是其与论敌交锋时的主要思想依据，而自由主义与儒家传统一般是其与国家主义同志之间的主要区别。

（一）不轻言革命

儒家一般反对用激烈的手段来改变社会现状。革命之事，孔子罕言，但在君失其道，革命又无可非。不过，孔子虽不否认革命，而于革命终觉非最佳手段。后儒言：必上有桀纣之暴，下有汤武之仁，始可言革命。言外之意，盖暴不如桀纣，犹有改善可能，则不必革命；仁不如汤武，则牺牲大而所得小，又不可革命。孟子有“闻诛一夫纣矣，未闻弑君也”（《孟子·梁惠王章句下》）之说，似乎认可革命的正当性，但其王道、仁政思想使其又特别注重手段的正当性，如他常说，只有“不嗜杀人者能”（《孟子·梁惠王章句上》）一统天下。总的来看，对于持民本说的儒家一般不轻言革命，因暴力革命带来的往往是社会秩序的破坏及对民生的摧残。

戊戌变法失败之后，康有为、梁启超在欧美游历期间由于对欧美政情民俗有直接的观察和了解，同时出于同革命党论战的需要，开始对革命进行反思，反复宣传革命的危害性。辛亥革命之后，梁启超就指出："革命只能产出革命，决不能产出改良政治。改良政治自有其途辙，据国家正当之机关，以时消息其权限，使自专者无所得逞。舍此以外，皆断潢绝港，行之未有能至者也。"[①]孙中山逝世的次日，梁启超对《晨报》记者谈及他对孙中山的看法时说："我对于孙君(孙中山)所最不满的一件事，是'为目的而不择手段'。孟子说：'行一不义，杀一不辜，而得天下，不为也。'这句话也许有人觉得迂阔不切事情，但我始终认为政治家道德所必要的，因为不择手段的理论一倡，人人都藉口于'一切过渡的手段'，结果可以把目的扔向一边，所谓'本来目的'倒反便成装饰品了。"[②]梁启超对革命的抵触更多是从人心世风层面来考虑，一旦革命的洪流冲破理性的堤坝，其冲击的不仅是有形的物质世界，无形的精神世界也会受其冲击。余家菊对革命的看法未必直接受梁氏的影响，准确地说两人都受儒家传统的影响。

童蒙时代余家菊的家庭氛围和教育均偏于严谨整齐，他一直是一个循规蹈矩的儿童。他对怪力乱神之事从来不大轻闻，像《三国演义》《红楼梦》之类的小说他是在20岁以后才看到。

余家菊加入的少年中国学会主要是一个学术性社团，起初并不要求会员在政治上保持一致。然而随着西方各种思想的传播以及国内政局的变化，一部分会员在政治方面提出确立共同主义的问题。1921年7

---

① 梁启超：《革命相续之原理及其恶果》，《庸言》第1卷第18号，1913年8月16日。

② 梁启超：《孙文之价值》，原载《晨报》(1925年3月13日)，参见梁启超著，夏晓虹辑：《饮冰室合集》集外文中册，北京：北京大学出版社，2005年版，第957页。

月 1 日到 4 日，少中学会在南京举行年会。在这次会议上，邓中夏、黄日葵、刘仁静等人提出学会应确立一个共同主义，他们显然倾向共产主义。余家菊本着儒家君子和而不同的原则，指出："吾们即尽可不必以自己之所独信而强变为学会之所共信，吾们亦尽可不必定欲人人于学会主义之外别无活动。吾人尽可各以其所信，再与会内乃至会外之具有同一的信念者结为其他之团体。吾人尽可于学会同人之所共信外，再与别人另造其他之共信。大可不必以为只有吾会是纯洁团体，是必要团体。此种以吾会为唯一砥柱的观念，是我视为第一要改变的。"他以为，对于朋友不能希望太奢，因人之不同，各如其面，知识愈高，个性就愈发达，个性愈发达，则彼此强同的可能性就愈小。在他看来，想把少中八十个会员都变成一个"死党"是"愚妄"。他主张："于学会内外，各以各之所信去组织各的会社，而大行'兼差'主义。于会员之外，各以各之所喜去结合自己心目中的至人，而大行'多爱'主义。至若吾会呢，只是一个有限公司！"[①]这个时候，他在政治方面基本上是一个受儒家思想影响的初步的自由主义者。

留学期间，余家菊显然受到英国保守主义政治传统的影响，这更坚定了他对儒家不轻言革命传统的信念，开始对近代以来中国的革命进行反思。他指出：从甲午战争之后到五四时期，中国之所以扰攘多事，追溯根源，是与康梁变法、辛亥之役及五四运动有很大的关系。自康梁变法之后，中国就进入革命时代，他承认革命确有一定的必然性与合理性，但由于革命党只是破坏的批评，并无建设的方案，致使中国社会陷于混淆漂浮的乱世；加之，革命时代，人类的兽性伸张，

①《少年中国》第 3 卷第 2 期。

社会秩序动摇颠倒，结果不为外力征服，就有强有力者出来恢复秩序，而强有力者亦不能有所建设，故唯一的路径是只有恢复到革命以前的状态。他认为，英国革命之所以较法国革命成功，是成功于用和平的方法，使民众对革命的意义完全了解，因此，革命不是改革的必要方法。他指出，革命中武力的使用，应有一定的限度，超过限度，就会引发战争，而战争不但不能实现革命的目标，而且最易使人野蛮化，最易毁坏人类一切文明。他建议，就人类现有知识之所及，通过人们之间的自由交流、自由评论、自由讨论以制造社会意识是革命的最好方法，而这显然只有通过教育和文化才能实现。①余家菊对近代中国革命的看法显然是服膺了近代以来英国保守主义的政治传统，也与他长期以来的儒家传统教育相一致，确切地说，是英国的保守主义政治传统加强了他对儒家不轻言革命传统的信心，故其在社会发展的路径选择方面，他既反对生物界的突变论，也反对马克思主义的“依革命求进化”的方法。

（二）国家主义的政治意蕴

余家菊在英国留学期间，由于与曾琦、李璜等人的接触，逐渐接受了来自德国的国家主义思想。因他一直抱持教育救国的理想，故其最初对国家主义的阐发主要偏重于教育文化层面，希望通过国家主义的教育，使国人树立牢固的国家观念，从而激发国人的爱国激情。不过，在阐发国家主义教育思想之外，余家菊对国家主义的政治内涵也进行了一定的发掘，故而国家主义也成为其政治思想中一个重要的基

① 余家菊：《什么是革命的最好方法》，参见《少年中国》第2卷第1期。

1925年余家菊在英国爱丁堡

础和来源之一。

要了解余家菊关于国家主义的政治内涵，当先了解其国家观。什么是国家？他认为，国家是居住于一定土地上拥有自主权之人民团体，由国民、领土和统治组织（或政府）三要素组成。他尤其强调主权和团体对国家的重要性。他说："若无团体，则是涣散之个人，而无同存共荣之民众。若无主权，则事但有受人驱使之奴隶，而无独立自主之国民。""团体"显然是对内而言，即内部要统一；"主权"显然是就对外而言，即对外要独立。据此，他指出，国家主义的主旨是对内力求统一，对外力求独立。既要统一，则"凡持分裂割让之论，专图一己或一派或一阶级之私利而不愿顾及国家者"，国家主义必反对之；又要独立，"凡持依赖他国或国际行动而不愿自强者"，[①]国家主义必反对之。这显然是就近代以来中国内不统一，外不独立的现状而论。

就国家的产生而言，他认为国家起源于人心之自然作用，一国之人由于长期共处，逐渐产生共同的意识、感情，即同类观念，对于外国人则有一种异类观念与感情，内外之间，国家便产生，而且只要有异类观念在，就有国家的界限，故打破国界，实为不可能。实际上，晚清时梁启超曾宣传过这种国家说。此说完全是从心理方面探究国家产生之因，显然不严密，它不能将国家和其他的人类共同体区别开来，我们完全可以说民族乃至其他的人类共同体也是来自人心的自然作用。此说在理论上渊源于西方的国家社会共同体说，该说最早可以追溯到古希腊的亚里士多德。亚里士多德认为，国家是一种自然产生的、不可避免的及有益的团体。每一个国家都是一种团体，每一个团

① 余家菊：《国家主义概论》，北京：新国家杂志社，1927年版，第2—4页。

体都是为了某种善而建立。[1]因此，心理因素只是国家产生的一个因素。余家菊是想强调国家产生的必然性和正义性，故主张此说。共产主义者视国家为资本家压榨贫民之工具，其思想来源于恩格斯的论述。恩格斯在《家庭、私有制和国家起源》中指出："国家是社会在一定发展阶段上的产物；国家是承认：这个社会陷入了不可解决的自我矛盾，分裂为不可调和的对立面而又无力摆脱这些对立面。而为了使这些对立面，这些经济利益互相冲突的阶级，不致在无谓的斗争中把自己和社会消灭，就需要有一种表面上凌驾于社会之上的力量，这种力量应当缓和冲突，把冲突保持在'秩序'的范围以内；这种从社会中产生但又自居于社会之上并且日益同社会相异化的力量，就是国家。"[2]按恩格斯之意，国家无非是一个阶级统治另一个阶级的机器。余家菊明确反对此说，因其重在阐明国家产生的合理性和必然性，以共产主义者的见解推演下去，国家实为罪恶之源，有毁弃之必要。此外，他也不同意自由主义者的国家不必有之说。他认可当时流行于西方的国家工具说，即国家存在的理由和目的在于其为人类实现其目的之工具，同时又在一定程度上赞成国家目的说，该说认为个人为国家而生存，国家非为个人而设，个人离弃国家，则无目的可言。余家菊以国家工具说试图与帝国主义划清界限，又以国家目的说与共产主义者和自由主义者分别立场。他说，国家目的说和国家工具说"绝端冲突，而各有所当"[3]，既绝对冲突怎么可能各有所当，这在逻辑上存在矛盾。余家菊则认为，两说对"个人"内涵的理解不同，国家工具说中

① 亚里士多德：《政治学》，北京：商务印书馆，1986 年版。
② 《马克思恩格斯选集》第 4 卷，北京：人民出版社，1995 年版，第 170 页。
③ 余家菊：《国家的职务》，《醒狮》第 79 号，1926 年 4 月 17 日。

的“个人”指全体的人类，国家目的说中的“个人”是指现实中具体的各个人而言。其实，他的意思是说，就人类发展的长程来看，国家是人类的工具，然就一定阶段来看，国家是个人的目的。

他指出，国家的性质是既有实力性也有道德性，无实力则主权不能维护，无道德则其行为不能服人，故宜用实力以拥护道德，用道德以指导实力。他说：“公理与强权相结合以战胜暴力。吾人而欲拥护公理，则当准备实力。吾人而已有实力，则当拥护公理。二者不可须臾离也。”他通过国家的道德性将国家主义与帝国主义厘清，而国家的实力性则是就中国近代以来孱弱的国力而言。

内求独立，外求统一只是国家主义的切近目的，全民政治与全民福利，为国家主义之终极目的，这是国家主义派成员共同认可的目标。但在如何实现这一目标上，余家菊与曾琦等国家主义派同志则有分别。曾琦为青年党拟定的宗旨是：“本国家主义的精神，采全民革命之手段，以外抗强权，力争中华民族之独立与自由，内除国贼，建设全民福利的国家”，“对内为民主革命，对外为民族革命”，“联合农工商学各界，先求‘全民武装’，进而实行‘全民革命’，以造成‘全民福利’之国家，而不偏于任何阶级”。①余家菊不轻言革命，既反对共产党人的阶级革命，也反对曾琦的全民革命。他认为，实现国家独立与统一的手段为“拥护国权、奠定国基、发扬国光、燮和国民”，在实现切近目的过程中，吾人所持之态度为“忠恕”，即“忠以持己，致尽其力，是为自由；恕以及物，人己同权，是为平等”。②他说吾人所持的国家主义，为善意的国家主义。他摒弃了曾琦、李璜等人提出的全

① 《通信(曾琦致郑伯奇)》，《醒狮》第7号，1924年11月22日。
② 余家菊：《国家主义概论》，北京：新国家杂志社，1927年版，第29页。

民革命，只认可全民政治，所谓全民政治即政治当由全民主持。如何实现全民政治，他并无具体的建议。他在留学前，曾受教于杜威，且考察“德先生”亦是其留学的直接目的之一。到英国后，又受教于霍布豪斯，也曾亲身观摩过英国的国会选举和地方选举。杜威和霍氏是现代英美自由主义政治理论家，尤其是霍布豪斯，他是 20 世纪前半期英国现代自由主义的集大成者，他反对 17 世纪以来那种极端强调个人的传统自由主义，强调在保持个人自由的同时，必须兼顾社会、国家等集体的利益。霍氏的政治思想与余家菊接受的国家主义在维持集体、国家利益这一点上是相通的，这对余家菊的政治思想产生了一定的影响。

一般认为，国家主义与现代自由主义有抵牾之处，国家主义强调国家至上，个人要无条件地服从国家，这与自由主义显然有矛盾。现代自由主义主张在保全个人自由的同时要兼顾社会的整体利益，这使两者在顾及社会总体利益这一点上有一致之处。国家主义与现代自由主义的冲突在余家菊这里却不成问题。他认为国家主义与个人、个性的发展没有冲突。在他看来，国家是个人发展的必要途径，健全的个人主义实寓于国家主义之中。他说：“盖个人之完成，非可孤立的求之。必须从事社会的生活使其生活丰富而多方面，然后其发展始得为丰富而多方面的。国家者，含有许多小社会之一大社会也，故于国家服务中以求自我实现。”针对国家常常需要个人牺牲的现象，他认为“然此牺牲即所以使自我得以有所造就于社会者，换言之，亦即所以使自我得以有所完成者也”。他在 1925 年 8 月 28 日北京法大演讲时说：“其实国家主义不但与个人的伸张以及个性的发展没有丝毫的冲突，而且个人主义实在是包含在国家主义之中，国家主义虽然主张一国须有共同的文化，但决不束缚个人的自由，国家主义者并不主张四万万人无论什么事，无论在什么地方都要一致，不过只要在某一种情形之下，某一种范围以内，或者对于某一件事必须完全相同，除此以外，个人有个人的自由，个人爱怎么伸张便怎么伸张，个人能怎么发展便怎么发展，国家主义何尝忽略个人呢？国家主义何尝不是注重个人呢?”①这在理论上似乎成立，但他忽略了现实生活中国家权力对个人自由的侵害和蚕食。由于对自由主义政治理念的坚信，余家菊认为国家主义与现代自由主义并不矛盾，两者似相反而实相成。尽管他从未以自由主义者自居，并时时与自由主义者划清界限。

余家菊的政治思想可以分为现实和理想两个层面：在现实上，他是一个国家主义者，这与近代中国在世界上的现状有关；在理想上，他是一个儒家和现代自由主义者，但其政治思想最大的问题是过于理想化，在一个政治失序的国家，其政治理想根本难以实现。他反对暴力革命，试问在不掌握政权的前提下其政治理想如何实现？余家菊的政治思想或理想与近代中国的所有自由主义者一样，其价值或意义只能在国家政治上了轨道之后才有实现的可能。

二、主义之争

北伐战争前后，余家菊以儒家本有的德化主义和西方的国家主义与自由主义为理据，与共产主义思想辩论，批判国民党的三民主义。同时，他与同样服膺国家主义的青年党友曾琦等人在思想方面也有一定的歧异，这显然归因于其儒家本色和在英国接受的现代自由主义。

---

① 余家菊：《国家主义释疑》，《醒狮》第51期，1925年9月26日。

（一）少年中国学会内的主义之争

少中学会成立时是一个新兴的学术团体，并以社会运动为目的，原则上反对会员从事实际政治，这从最初酝酿成立时的宗旨——“振作少年精神，研究真实学术，发展社会事业，转移末世风气”可以看出。在1919年7月1日正式成立时宗旨又改为“本科学的精神，为社会的活动，以创造‘少年中国’”，宗旨中的“社会事业”或“社会活动”最初主要是指教育或实业，不包括政治活动，其原因是发起人有感于“国中一切党系皆不足有为，过去人物又使人绝望”，加之现实政治的龌龊与肮脏，故希望会员在学术上、事业上用功。当时不少人出于对现实政治的厌恶存在一种去政治化的思想倾向。

自晚清到新文化运动，中国人在探索救国道路历程中大致经历了梁启超所说的从器物到制度再到思想、学术三个阶段。辛亥革命失败之后，一部分读书人逐渐觉悟到，中国落后的根本原因是学术落后，他们进而希望通过思想、学术、文化上的努力为中国富强奠定一个非政治的基础。少中学会内部相当一部分会员就持这种看法。如曾琦就指出：“本会为纯粹的学术团体，只许个人本其所学专长，为社会的活动，不许个人为政治活动。若怀抱政治野心者，应请其尊重团体宗旨和他人人格，早自出会。”①不过，去政治化倾向只是学会中少数人的一种愿望而已，既然社会改造是大家的最终目的，对于受过传统儒家教育的那一代读书人来说，参与实际政治显然是改造社会最直接最有力的途径。少中学会中大部分会员自始即对主义抱有浓厚的兴趣，像

---

①《少年中国》第2卷第3期“会员通讯”，1920年9月15日。

少年中国学会是五四时期存在时间最久、会员数量最多、会员分布最广的社团，于1919年正式成立。李大钊被邀请参与活动并列为发起人之一。图上右三为李大钊王光祈、李璜尽管一再声称“所谓某某主义者，不过达吾人共同目的之一手段而已”，但他们均承认主义有决定之必要，只是今日尚非其时，待认真研究之后再做决定。实际上，在五四运动之前，少中内部除过像李大钊等少数人开始信奉马克思主义之外，大部分会员并未确定具体的主义。不过，五四之后，随着少中一部分会员开始信仰马克思主义，会内的主义之争逐渐明朗化。少中学会的主义之争大体上表现为两个阶段，起初是关于社会活动与政治活动之争，最后则逐渐发展为共产主义与国家主义之争。

少年中国学会成立时既名为学会，自然重一“学”字。从其成立时公布的宗旨、规约以及征收会员的标准来看，学会一方面要研究学术，一方面致力于发展社会事业，其所提出的社会事业主要偏重于教育和事业两个方面，对于实际政治采取鄙视态度。1919 年 1 月 23 日，王光祈在上海吴淞召开的一次少中会员会议上指出，中国社会的腐败需要进行改革，之所以对社会改革特别重视，关键在于社会不良，因社会不良故要从社会方面进行改革，社会改革主要是教育与实业两个方面“教育者所以革新一般思想，灌输各种智识；实业者所以改良吾人生活，增进物质上的幸福”。李璜对王光祈的提议予以支持，也说：“从前的改革家皆从高上做起，吾辈今日则从底下做起。换言之，从前所谓改革家无非轰轰烈烈做几桩事情，而所谓大多数人之幸福，则在所不问。吾辈今日则从底下做起，以求大多数人之幸福。”李璜所谓的“从底下做起”其实就是王光祈所说的社会活动。实际上他们两位都知道，少中学会内部主义分歧，为团结起见，只有暂时淡化主义，突出社会活动。他们认为，主义不过是“达吾人共同目的之一种手段而已”①，将来采取何种手段应加实研究，对于主义有决定的必要，但当前还不到时候。王光祈承认当下国人的思想行为，无论在什么主义之下都很难成功，因中国人目前缺乏应用主义的能力，但他又承认中国人将来必有应用各种主义的能力，而要具备这种能力，现在必先使中国人的思想习惯“非彻底的改革一番不可”“非经过一番预备工夫不可”，而少年中国学会的目的就是努力从事这种预备工夫。所谓预备工夫是指实现各种主义必要的训练，如团体生活、劳动习惯等。现在专提倡一种主义而不先行设法训练，使一般人养成习惯，自己感觉生活上有要求某种主义的必要，然后自动的起来要求，则主义是不能实现的。李璜与王光祈的见解相同，“因为平民的智识未足，一旦骤然给他许多主义，他不能充分了解，反转闹出岔子来了”②。因此，要从根本上着手，非增进平民的智识不可。

上海会员的看法与王光祈、李璜相似，他们认为学会对于政治及社会问题，纯取学术研究，尚未有主张，他们担心因主张主义而遭政府摧残势必危及学会存亡，不如暂时忍耐，“专从事于科学、哲学、人生观、群学等以发阐之，则政治社会诸问题不解自解，且较有根据矣”。上海会员的意思是主义以学术为根据，有正确之学术才会有正确之主义，当下应专从事于健全无妄之学术，求得真理，将来确定一种健全无妄之主义，发扬蹈厉，死以继之。故学会应多研究学理，少谈论主义。

但远在海外的巴黎会员看法则不同，他们在会员通讯中指出，学

---

①《少年中国学会会务报告》第一期“会务纪闻”，1919 年 3 月 1 日。

②《少年中国学会会务报告》第一期，1919 年 3 月 1 日。

理与主义并非截然两事，所谓主义实即学理之结论，学理即主义之原则，若主义而无学理的根据，不但宜少说，并宜摈除，若主义根据学理，则决不可因恐人误会及社会黑暗遂隐忍不言，且据理最精、造福最大之主义，每每因一般人之难于了解，不遑深求，反多惊世骇俗或且蒙暴戾之反响，若因恐惊世骇俗或蒙反响之故，遂将主义不谈，则绝非研究学理之初意，亦非自觉觉人之本心，故主义但当问其是不是，不当限制其多少。对于上海会员提出的“专从事于健全无妄之学术”，巴黎会员认为，所谓健全无妄之学术，在求得真理之前，本自难言，只有以是否有利于人生实际有关为断；至于健全无妄与否，标准难定，将来究在何时，时间又难知，终将徘徊于不能定一主义之中，而无一定目标方向。巴黎会员的结论是，学术只有在主义的指导下方才能切实的研究，方有主义正确明白一日，然后人生方有光明之进步，中国此时处处皆是问题，方方面面皆宜着手，若从事于其间者，无一定之宗旨，自难收联贯主从之功，而有东扶西倒之病，故严格论之，即无主义不能做事。不过，巴黎会员所谓的主义主要偏重社会活动。

随着国内一部分知识青年逐渐信仰共产主义思想，北京一部分会员开始提出标明主义的必要。1920 年 8 月 19 日，在北京今雨轩召开的少中北京分会的茶话会上，李大钊提出，本会创立时，虽系研究学问的团体，会员思想自由，然主义并不一致，只是两年以来，世界思潮有力冲击，国内应时产生的无数小团体，莫不具有鲜明之旗帜，本会同人已经两载之切实研究，对内对外似应有标明本会主义之必要，因“主义不明，对内既不足以齐一全体之心志，对外尤不足与人为联合之行动也”[①]。次年2月，北京会员在北京大学图书馆主任室开会，一部分会员再次提出有讨论学会主义的必要，理由是少中学会的宗旨太空泛，应“拟选择一种主义以充实，庶乃精神贯注，成效可期”[②]。大致到1921年7月南京会议前夕，少中学会内部的主义问题开始成为焦点问题。

1921年7月1日，少年中国学会在南京召开大会。此时，中共即将成立，学会内部共产主义者的立场已明，思想分化日趋明显。南京会议的中心议题是主义和政治活动。以邓中夏、高君宇、黄日葵为代表的北京会员认为学会有规定主义的必要，会员应参加政治活动。邓中夏指出，学会一直对社会未产生实际影响，盖因无共同主义之故，因此，必须规定主义，大家求学、做事才不误入歧途，才便于分工互助，向外活动才能旗帜鲜明，便于团结同志团体，所谓失节堕落，也才有个标准，于人格的保险也能真有效力。他还进一步申论，只有决定一种主义，那便系为第三阶级或第四阶级主张私产或共产，态度具体明了，然后多方面的活动，可以趋向一致，教育不致为预备非人的场所，文字不致徒供富贵人的玩赏，实业不致徒养成一般后起的资本家。黄日葵也指出，主义是时代的产物，今日要改革，必须有一种主义。高君宇说，人不可无一种主义，主义不是宗教而是一种方法，是用它向各方面改造的方法，不限于政治经济方面。他强调他反对先做各种事业，然后产生共同主义，因无共同主义，在先所做的事，尽有背道而驰的，无可以产生共同主义之理。学会之所以发生规定一种主义的问题，一是由于受时代潮流的影响，会员发生各种行为，以不明

① 《少年中国》第2卷第3期“少年中国学会消息”，1920年9月15日。
② 《少年中国》第2卷第9期“少年中国学会消息”，1921年3月15日。

学会属何主义，故每向学会以外活动，大家不满意于这种现状；二是因为时局使得会员事实上已无法避免政治活动，不能无一定主义以为活动的标准；三是会员在社会上的各种活动，因所持主义各异，是非善恶各执一说，每每引起外界的误会。共产主义者提出主义问题可以说适应了当时中国社会发展的需要。

但南京会员对北京会员的看法不以为然。邰爽秋指出，学会既以学为名，则与只以“少年中国会”为名的政治团体有别，本无规定一种共同主义的必要，而且一人所信的主义，是否他人或全体所能了解同意？如强定一种共同主义，必致因大家意见不同引起分裂；且一种主义总有缺点，他以为但能采取各主义之长，以定为学会共同事业亦便够了。方东美也说，北京会员多半因受恶刺激太深，为保持人格故，力争要规定共同主义，但规定共同主义，将采用外来一种主义么？将自创一种主义吗？若就各个人的主张以求同舍异，所求的同，又不见系各个人所自认为重要的地方，这样以求共同的主义为不可能。他的意思是只赞成能有一个明确的宗旨便好了。左舜生认为，诠释学会宗旨，最需注意社会活动四字，大家只要努力向社会做各种事业，自然会产生共同主义来。此时的恽代英力求在北京会员和南京会员之间平衡，他认为，不能盼望大家有一致的主义，只可在大家中求个最小限度的一致，以求可能的最多互助；少年中国的创造既是多方面的，本可容大家向多方面活动，既不能望大家在一方面一致，亦无取勉强束缚于一方面。陈启天与恽代英的态度相似，他指出，要先解释学会的性质，然后能求最小限度的一致，他以为学会性质，包括学术、事业、修养三者，能贯彻三者以求最低的一致，即是所谓主义。这次会议关于主义问题表决时，主张要主义占大多数。

关于会员是否可以从事政治活动的问题非常复杂。邓中夏认为，学员可以在学会干部的指挥下从事政治活动，但对于加入旧政界仍有限制的必要。恽代英指出，政治活动或革命的政治活动都应受容许，不过这种活动不能牵涉学会的整体事业。黄日葵同意加入旧政界，陈启天则坚决反对加入旧政界。最后会议讨论结果为：直接加入现在政界者为狭义的政治活动；不仅加入现政界，凡打破现在政治组织从事革命者为广义的政治活动；大多数人赞成社会活动应包括广义的政治活动。会中辩论异常激烈，有个别人“几至以去就争”。

由于主义问题并未解决，南京会议之后，会员们关于主义和政治活动问题继续讨论。刘衡如发文指出，少年中国学会是学术团体，目的是创造少年中国内的思想，现在还是在研究的时代，而不是以全力实行的时代。切实的办法是在学术研究上尽力，虽不能见一个少年中国完全实现，却总见了一分。邰爽秋与刘衡如的意见相通，提出不以主义为结合的要素，而以学为结合的要素，即以学为共同的主义。

郑伯奇认为，要讲主义应从社会主义讲起，但社会主义有安那其派、工团主义、基尔特社会主义等各派，因此当下应要研究主义，并以研究所得进行一定的实验。他以为南京会议之争不在主义，而在实现主义的手段。他观察到，少中学会大约有两种趋向：一种是直接从事社会改造事业，想急进或缓进用革命来创造少年中国；一种是用间接手段，想由教育学术方面探索创造少年中国的路径。或可以说，一种人想先造少年中国的组织和国家，一种人想先造少年中国的人民和社会。前者一般赞成进行政治活动或革命活动，后者主张从事教育、学术或其他社会事业。

在德国的王光祈总结了近代以来中国的救国道路。他认为，近代以来中国改革事业之所以成效甚微主要是迷信政治改革，凡相信政治改革者，有两种根本观念：一是要改革社会非取途于政治不可；二是官僚万能。由前者之观念所演出者为政治运动，如戊戌变法和辛亥革命，由后者之观念所演出者为贤人政治，如时下的“好人政府”。他对于政治改革持有五大疑问：一是以何方法得此政权？二是用何势力拥护此政权？三是中国的幅员与民俗是否适合政治改革？四是由上而下之改革即政治改革是否适于时代精神？五是列强对中国政治改革的眈眈虎视。故他寄望于社会改革，即以毕生精力投之于社会事业。他与李璜一样，继续新文化运动的思路，强调若思想不革新，物质不发达，社会不改造，平民不觉醒，所有一切其他政治改革皆是幻想。他呼吁大家，与其做教育总长，不如做小学教师；与其做农商总长，不如做种树园丁。对于学会存在的主义问题，他认为，现在世界潮流顷刻万变，而国民根性又素未深究，他不主张轻易决定一种主义，眼下应从事“预备功夫”，所谓“预备功夫”者，对于主义从事深思苦索之研究以及踏实从事为将来一切理想组织的各种社会活动。

在法国的曾琦态度比较复杂，起初他与王光祈一样，主张学会既以社会改造为宗旨，会员当以社会活动为目的，为维持学会的团结不必涉及主义问题，但形势的发展使其意识到主义与政治不可避免，因他本人此时并未有明确的主义，只是对学会内部的社会主义倾向不满。他写信指出，本会不规定“社会主义”，主要原因是社会主义派别甚多，非加精密之研究不能决定应取何种，且主义有无照抄之必要，尚为一大问题；现代政党本为代议政治之产物，今代议政治之在欧美，世人已起怀疑，而有趋向人民直接参政之势；中国现有政党未能尽政党之本分，为朋比为奸之私党。他不主张参与政治活动。曾琦从根本上不反对从政，认为欲入政界，必立事功；欲立事功，必须有社会基础与舆论之后援。若欲突起从政，唯有诉诸革命。凡欲利用旧势力以求有成者，结果终不免为人所利用。故他主张以“社会力”促进政治，所谓社会力者，包括教育实业舆论各方面有形无形之力。

同在法国的李璜则延续了新文化运动初期胡适等人的思路，在给左舜生的信中建议大家应当注意思想革命。他虽承认目前中国的现状除革命之外别无他法，但他坚信社会改造不能躐等，任何外来的主义必须要与中国的时空结合起来。他指出，从空间即中国的社会来看，“一百人中间有几个认得字？一千人中间有几个具有浅近知识？一万人中间有几个知道他们的权利和义务？十万人中间有几个知道今世何世？”在这样的社会里，去实行理想中的主义，要大家了解和信从，“恐怕很是淘气，或者竟至是不可能的事”。他以苏俄为例说：“列宁何尝不是事事替农民着想，为工人设法，哪知多数工人一点也不能忍耐，随时罢工闹乱子，大伤自己的元气，到现在，天天退还产业，共产的数目只剩百分之二又七十五了。共产的事实算是完全没有行到。这并不是马克思的说法没有价值，也不是列宁做得不好。一句话说完就是俄国的程度还不够。”时间方面，国内旧势力的阻挠和外国列强的干涉也是李璜顾忌的一个原因。他主张，“在鼓吹主义实行主义以前，我们应该有许多‘预备的功夫’。我们这一辈人负的预备的责任比鼓吹的责任还更重要”。而所谓“预备的功夫”是指“使中国的多数人民能有适合改革的能力——了解和协作的能力”和“使中国的改革与世界的改革能为一致的进行”。①在给杨效春和左舜生的信中，李璜进一步说，

① 李璜：《破坏与建设及其预备工夫》，《少年中国》第3卷第8期，1921年10月30日。

中国要彻底地改革，非从中小学教育下手不可，他以后的选择只有两件事情干：不当中小学教师便去革命，当中小学教师还是为实现真正的、彻底的革命起见。

张梦九认为，国内少数有主义的人，只不过是出于一种好奇心的冲动，并无特别深厚的研究与坚定的信仰，他批评北京会员说，当一民族生死存亡的时候，一事未做，徒因各唱高调，激为意气之争，以致团体破裂，反对学会规定主义。

主张科学救国的魏时珍则明确反对参与政治，他表示自己拒绝一切政治活动，凡同志有做政治活动者，不唯不原谅，且深恶痛绝。宗白华在致王光祈的信中也表示，自己永远不加入政治活动，也不希望同志们加入，在他看来，社会事业、教育事业上尽多无穷活动之地，何必加入这种轻易丧堕人格的政治活动。

余家菊此时正在开封一师任教，他本着儒家一贯的君子和而不同的原则，认为于学会之外，各以各之所信去组织各的会社，而大行"兼差"主义。于会员之外，各以各之所喜去结合自己心目中的至人，而大行多爱主义。至若吾会呢，只是一个有限公司！

1922 年 7 月，少中学会部分会员在杭州举行大会。此时，中共二大已制定了反帝反封建的民主主义革命纲领。一部分未出席大会的北京会员李大钊、邓中夏、黄日葵等人提出了《为革命的德莫克拉西(民主主义)》提案。提案指出，中国内受军阀滋扰，外遭国际帝国主义的胁迫，经济枯竭，社会麻木，这种社会不是以空泛的道德目标和不实用的科学知识所能征服的。除非物质生活的改善，而改良物质生活的唯一方法，只有铲除国内的督军制和国外资本主义这二重障碍，由中国人开发本国的实业。而政治斗争是改造社会、挽救颓风的最好工具。人民为最切近的利益奋斗，在实际斗争中训练团结自己，吸收富于活气的实际知识，养成同仇敌忾的精神，锻炼互助能力，这样有价值的经验的获得，将远胜于读书万卷和教育十年了。思想已转变的恽代英指出，在现在资本主义的政治和经济的势力以十倍、百倍、千倍、万倍的加速度破坏人类生活，我们要学托尔斯泰慢腾腾的以十分之一、百分之一、千分之一、万分之一的减速度做不干涉政治的“小学教师”式、“园丁”式的社会运动，还侈言创造少年中国，这真是甚于希望以若干人的唾沫便可扑灭燎原之火了。希望以社会运动教育全体人民，待全体人民觉悟后再谋政治运动，推翻恶政府，这永远是一不可能的幻想。[①]学会中中共党人的这一提案实际上是对少中内部一部分持社会改造当从社会事业入手者的一种批评。会议经过激烈争论，通过了对时局的主张：对外反对帝国主义的侵略，对内谋军阀势力的推翻。杭州会议的提案及关于对时局的主张与1922年二大中共制定的民主革命纲领基本上一致。王光祈认为政治运动是一种“跳”的运动，这种运动只是把国民引起暴跳一阵，但是一步也未能前进。他提倡“走”的运动，表面上慢，但只要持之以恒，时常都在前进中，终会到达理想之一日。他所谓“走”的运动就是努力促进各种社会事业，使国民精神上、物质上都得到安慰和满足。他特意指出他所主张的社会活动与社会主义者的不同：他们的手段，第一步在引起民众的不安；第二步激起民众的反抗；第三步反抗若能胜利，然后实现他们理想的经济组织。问题是“以中国那种缺乏知识、毫无组织的民众，与强有力者相抗，好像驱逐一班小孩子向河里跑，自然只是一种牺牲”[②]。

---

① 《少年中国》第3卷第11期，1922年6月1日。
② 《少年中国》第4卷第10期，1924年2月。

正如戊戌维新、辛亥革命以来的一班老辈专在引起民众不安方面做功夫，而不老老实实办几桩有益民众的事业，好像在一群饥火中烧的人们中间，大讲演其饥饿痛苦的论文，同时却不给人一碗干饭，以致强者铤而走险，弱者转乎沟壑。他呼吁现在万不可再蹈覆辙。但共产党人恽代英对此不以为然，他指出，王光祈的所谓社会活动，不过是从事教育与实业而已，但这在外敌入侵和军阀横行的近代中国根本不可能实现，必须先有了好政治，再改变经济制度后才能谈到发展教育与实业。这也预示着少中内部的思想分野越来越明朗化。

1923 年 10 月 14 日，少中学会在苏州举行大会。这次会议召开的背景是曹锟贿选总统、临城案件、川湘战争以及中共倡导发动的罢工运动惨遭军阀的血腥镇压。学会通过的方针为“求中华民族独立，到青年中间去”。会议制定了纲领九条，肯定了反帝反军阀的必要性，在救国道路上也包容了政治救国和教育救国的多种可能性。如纲领的第三、六、九条：提倡民族性的教育、提倡各种切实有效的社会服务、提倡华侨教育和边疆教育这几条明显是正在形成中的国家主义派的观点。纲领第五条提出的经济压迫为国民道德堕落的主要原因，经济改造为国民道德改造的重要途径基本上反映了中共的观点。可以说，1923 年少中学会苏州会议实际上调和了学会内部共产主义者和正在形成中的国家主义派之间的主义分歧。

此时，在英国留学的余家菊已初步接受西方的民族主义学理，在对中国社会改造的问题上与王光祈、李璜的看法在思路上相通，主张从文化教育方面入手，通过民族主义或国家主义教育来增强培养中国人的国家观念，其初步看法反映在他与李璜合著的《国家主义的教育》一书中。该书出版以后，立即遭到了中共党人的批判。恽代英指出，余家菊等人所倡导的民族性或国家主义教育缺乏实质、具体的内容，其所称道的儒家一些观念只是少数贤哲的做人准则，与中国人的民族性不一定有关。恽代英从唯物史观的基本原理出发，指出民族性实际上是各民族经济状况所反射而形成的，其中生产方法影响最大，所谓中国文化只是几千年来中国小农业、小工业的产物，西方文化是指他们那种机器生产、大量生产下的心理生活，中国今日必须由小生产发展为大生产，由手工生产发展为机器生产，方可免于外国的经济侵略。他以为从民族性或东方文化立说以明国家主义的教育实为不妥。他指出，中国文化与欧美比，不是程度上有高低，是性质上完全不同种类。因为是不同的生产方法所形成的，中国要与欧美争存，不能不采用欧美的生产方法，用社会主义从事生产。教育当造就能肃清内政、力争外交的人才，中国今日的教育，应单纯注意救国的需要，才能举救国的实效。他说：中国目前最需要的，是如何运用国家的政治经济知识，或者是最能鼓舞国民的历史文学教育，我们不可以职业化机械化的教育为满足。中国必须在经济上得着独立，中华民族乃能独立中华民族的精神。他指责余李两位不注意中国人所受的经济压迫，而中国人以后应在经济上求得脱离外人的束缚。他说："我亦不信人类的行为一切都受经济的支配，但经济问题——生活问题——影响于人的生活与心理，实在是非常重大。中国今日精神的堕落，许多地方都是出于物质的贫乏。不从物质上救济中国，恐怕终如前几年前几十年所空唱的救国自强，结果终只是空唱而已。"他提醒到，"国内基督教的势力，完全建筑在经济上面。不是基督教能使中国人心理上奴服于外人，是外人以经济上的利益诱饵我、以经济上的贫乏压迫我，遂使国人发生托庇于教会的心理。因此，攻击基督教非经济上争得独立不可”[①]。

张闻天也指出，在中国目前纷乱的状况之下，如何去施行这种广大不可捉摸的国家主义教育？所谓国家的服务究竟是什么？他认为这在政治良好的社会中，余、李的办法可以有相当成效的；但以中国目前的状况，不但余家菊倡导的以发挥固有民族性的教育为国家主义的教育不大对，就是李璜主张的提高国民道德的主张也实在没有实现的可能。他强调，不论主张国家主义也好，主张国家主义的教育也好，如其不以打破现状为前提，这种提倡只是徒然。他主张：须用社会的政治活动，把一般的平民团结起来，推倒现政府，获得政权，然后用开明专制的办法，实行国家社会主义。他认为，在未来，国家主义比现在恐怕还要发达，因为那时天下太平，人民无事，大家所能效力的，就是把本国的文化竭力发扬出来。至于现在，“我们需要一个强有力的国家，更其不用说了，问题是单用‘爱国呀，同胞们！’那种论调是不成功的。因为我们自己吃饱了饭说几句爱国话，当然不成问题，但是要以之去责备没有吃饱饭的人说他们为什么只想吃饭不想爱国那是不可能的”[②]。

萧楚女的态度更为激进，他指出，在现在的中国以国家主义的教育去做爱国运动只能是无效，因为“你要爱国，须得先有一个被你所爱之国存在；你所爱的国，须是一个你自己的真的国；倘若你误爱了你的仇敌，你便会比你在不爱国时，更受虐待”。在他眼里，中国实质上已亡，现在的民国只是列强雇员们所组织的吃饭机关，如爱之无异于授人一刃。他与张闻天一样，主张先把政权夺过来，然后再主张爱

---

① 曾琦：《悼陈愚生君并勖少年中国学会同志》，《少年中国》第 4 卷第 10 期。
② 张闻天：《从梅雨时期到暴风雨时期》，《少年中国》第 4 卷第 12 期。

国教育，先把现在并不存在的中国恢复到中国人自己手中，然后再叫中国人去爱它。在今日中国这种环境内，切不可指望教育为一种救国方法，教育至多只可当是一个辅助的手段，其实教育对于救国的最大限度是造出少数改造的首领者、指导者而已！救国的根本途径，还是在社会的(世界的)经济之改造，与其寄望于教育，倒不如从实际的社会服务中去训练更靠得住。他认为，余、李所说的国家主义的教育实是空洞而无边际的话，现在是白刃当前猛虎在后，全民族或全阶级在生活战线生死决战的时候，只有冲锋和战斗，不必讲演那形而上学的伦理。①

这个阶段，少中内部的主义之争主要集中在救国方法的不同选择，主要存在两种救国方法，以巴黎会员为代表主张先从事社会运动，等到民众多数觉醒，然后再策动政治革命，他们认为这种由下而上的革命运动，其收获才是最稳固最坚定的。而北京会员即中共党人的主张是，先从事政治运动，树立一种新的力量，然后再谋社会改造。恽代英、张闻天等中共党人对余家菊、李璜所著《国家主义的教育》一书的批评实际上反映了少中学会内部两种救国方法或路径的差别，但这只是拉开了双方思想论争的序幕。

1923 年，时在欧洲的余家菊、李璜、曾琦等人先后服膺了国家主义，国家主义派正式形成，少中学会内部的主义之争因而更为激烈。是年 12 月 2 日，中国青年党在巴黎玫瑰村成立。曾琦在《中国青年党建党宣言》中对中共的救国主张不以为然，他说："又有主张一阶级专政，而忽视其他各界者，殊不知吾人欲行革命，不可不察本国之情

① 萧楚女：《讨论国家主义的教育的一封信》，《少年中国》第 4 卷第 12 期，1924 年 5 月。

势，就国内人口计之，则全国国民，农居八九，商界次之，学界次之，据最近全国职业之调查表，工人仅占全国人口比例百分之四强。以如斯少数之工人，而欲实行专政，征诸事实，殆万不能。况全国农工商学各界，同受军阀之压迫，各有倒悬之痛苦，于此而独倡一阶级专政之说，几何不使他界失望？虽不至迫彼等以附和军阀，亦将使吾人失却最多数之同情，不能行大规模之革命，转令军阀官僚得以延其寿命耳。”[①]这是中国青年党成立后第一次对中共主张发表正式意见，认为中共的救国主张不合国情，然肯定中共党人为“忧时之士”，其主张亦为“救国之谈”，与官国内的军阀、官僚、政客、奸商、乡愿等终究不同，两党最初在反对西方列强侵略和北京政府的妥协外交方面态度一致，并进行了一定程度的联合。应该说，最初共青两党基本上算是志同道不合的友党。

1923 年 5 月 5 日，山东临城劫车案发生，由于被掳外国人较多，此事震惊中外。西方各国舆论大肆渲染，攻击中国为土匪国，华人为劣等民族，列强扬言欲对中国铁路实行共管。旅法华人群情激昂，7 月 3 日，巴黎的中国留学生、华工代表在华侨协社召开各团体代表会议，讨论发起旅法华人反对国际共管铁路全体大会事宜。青年党主要成员曾琦、李璜、余家菊等与中共的周恩来、徐特立等人都曾与会，并发起游行示威，以示抗议。据曾琦日记载，1924 年 5 月 19 日上午，周恩来拜访曾琦，言梁士诒到法，拟由华工善后委员会及各团体联合会职员开一联席会议，讨论对付方法。6 月 7 日，曾琦等与共产党代表周恩来，国民党代表习文德等开会商议新党联络办法，并订立规约十条，

① 曾琦著，沈云龙辑：《曾慕韩(琦)先生遗著》，台北：文海出版社，1971 年版，第 51 页。

共以打倒军阀，抵抗列强为宗旨，彼此不得相互攻击。①

但两党的政治分歧一直存在。据曾琦日记载，1924 年 4 月 28 日，周恩来拜访曾琦，两人同赴张子柱寓所，谈至晚 8 点半左右。会谈期间，曾琦要求周恩来约束在法国的中共党员所谓的“越轨”行为。5 月 10 日上午，曾琦草拟时评一则，题为《造谣中伤》，起因是“旅法共产党人，与予辩论不胜，常造谣以毁予之名誉也”。又说自己对旅法共产党青年，力持宽大态度，“顾彼党仍煽动工人，日事反对。甚矣”！6 月 14 日上午，曾琦草答任卓宣书，说“此君每喜摭拾予之片言只语，于共产党所办之《赤光》半月刊上，恣其讥评，予不得不加以纠正也”。7 月 20 日，旅法华人 38 个团体在巴黎召开代表大会，曾琦任主席，出席会议的共产党人提议先修改章程，要求变更宗旨，改“内除国贼，外抗强权”二语为“打倒军阀，推翻国际资本帝国主义”，曾琦等人主张维持原有宗旨，共产党人不服，遂不欢而散。②不过，两党此时更多是将对方看作志同道不合的友党，两党矛盾加剧是在 1924 年下半年青年党主要成员回国之后才开始的。1924 年 10 月 10 日，曾琦在上海创办《醒狮》，作为青年党③的机关报，此后，青年党人以《醒狮》为舆论阵地，发表该党政见和主张，宣传国家主义。

余家菊此时并未加入青年党，但在思想上实已接受了国家主义，与曾琦等青年党人在政治思想层面有了初步的共信。因此，当曾琦邀请其参与《醒狮》的编辑与宣传工作时，他便抱着为宣传国家主义的

① 曾琦：《曾慕韩（琦）先生日记选》，台北：文海出版社，1996 年版，第 95—99 页。

② 曾琦：《曾慕韩（琦）先生日记选》，台北：文海出版社，1996 年版，第 94—102 页。

③ 中国青年党于 1923 年 12 月 2 日在巴黎郊外玫瑰城共和街正式成立，创始人为曾琦、李璜、李不韪、张子柱、何鲁之等，初为一留学生组织，该组织在发展初期，以“中国国家主义青年团”名义活动。次年 3 月，中青党在巴黎召开第一届代表大会，推选曾琦为委员长。1929 年 8 月 20 日，“中国国家主义青年团”在沈阳召开第四次代表大会，正式定名为“中国青年党”。

目的欣然接受，并担任该报《教育特刊》的主编，为国家主义摇旗呐喊。

(二)共产主义与国家主义之辨

此时的中国政治舞台上，新生的共产党业已与国民党建立了革命统一战线，在组织发展、理论宣传及社会动员上咄咄逼人，而青年党在思想基础、政治纲领以及对时局的认识等方面均与中共有原则性的区别甚或对立，故双方的论战与斗争在所难免。《醒狮》创刊后，青年党以之为理论阵地与中共展开了全方位的主义之争，余家菊自然无法置身事外。

在国家主义派之前，王国维、梁启超、胡适等人对马克思主义或苏俄革命已有评判。梁启超在第一次世界大战结束后欧游归来，主要从反对阶级观念和唯物论方面来评论马克思主义，他认为马克思主义在欧洲可能是灵丹妙药，但在中国却药不对症。因为中国社会没有明显的阶级分化，无需阶级斗争学说。他说："在没有工业的中国，想要把他(指马克思主义)悉数搬来应用，流弊有无，且不必管，却最苦的是搔不着痒处。"①在梁启超看来，马克思主义不是好不好的问题，而是用不着的问题。他对唯物史观则是根本反对，认为单纯用物的因素来解释人类社会发展的唯物史观，其结果会导致机械的人生观。胡适则与他的好友即早期的共产主义者李大钊进行了著名的"问题与主义之争"，在争论中，胡适从英美自由主义政治理念出发，主张通过渐进性的改革使社会保持有序的发展，反对用暴力手段来改变社会的"过

① 梁启超：《欧游心影录》，参见吴松等点校：《饮冰室文集点校》第6集，昆明：云南教育出版社，2001年版，第3493页。

激主义”。不过，梁、胡等人对马克思主义的看法只是涉及几个方面。

真正在理论上与中共进行全面论战的是国家主义派。具体到余家菊个人而言，他与早期共产主义者的思想分歧从五四新文化运动时期就开始了。余家菊是深受儒家传统影响的读书人，在性格、气质、为人处世等各方面都是一个比较温和的人，对任何剧烈的社会变革都持保留态度。传统儒家思想的深刻影响使他一生从不轻言革命，英国留学期间英国的那种保守主义政治传统又增强了他对儒家传统的信念，故他对任何革命都很难接受，不管是共产主义革命还是曾琦、李璜倡导的“全民革命”。

在世界观上，国家主义派成员一般比较看重精神意识层面的作用，对于专门学过心理学的余家菊来说，自然更为重视精神心理方面的因素。他指出，国家主义者是主张物心并重的，社会构成的要素主要有两种，一个是物质要素，一个是心理要素，这两种要素在社会生活上是同时并重、缺一不可的，因而一面要增进国民的物质生活，一面还要培植国民的精神生活。从培植国民的精神生活出发，他进而主张发扬中国的固有文化。中国固有文化表现在社会生活中是倡导国民和善相处而无争斗，故他主张四民协作，反对马克思主义者倡导的阶级斗争。

与李璜、陈启天等人一样，余家菊也对唯物史观不满。他认为，唯物史观认为一切人事都由经济情况之酝酿而发生、而成熟，用生产力或生产关系来解释人类社会和政治，以为人类的一切作为无非为生计问题所驱使。①这是一种庸俗的“饭碗主义”，它会使人类成为物质

---

① 余家菊：《国家主义概论》，北京：新国家杂志社，1927年版，第16—17页。

的奴隶，降低人的生命品质，导致国民的人生观趋于物质化和庸俗化，对人心世风不无消极影响。他反对中共将唯物史观作为攻战的方略和宣传之利器。

余家菊等国家主义者尽管一再声称，国家主义的世界观是物心并重，否认自己是唯心主义者，但实际上他们更看重精神层面的作用，故对教育文化的作用非常重视。如对民族性的理解上，他显然更看重文化的作用。李大钊起初在看到唯物一面之外，并不放弃“人道”或“伦理”的作用。但年轻一辈的共产党人则完全以生产方式来观察事物。1923 年，余家菊与李璜合著的《国家主义的教育》一书出版后，恽代英就致函批评，信中指出：“我以为所谓民族性，实则系由各民族经济状况所反射而形成的。除气候、山脉、河流等影响于一般精神生活外，生产的方法亦给心理上很大的影响。普通所指西方文化，常即指他们机器生产、大量生产下的心理生活。他们那种计较心、那种冒险、那种奋进，实在是为适应于他们那日新月异的文明进步、求免于生产落伍所不可少的条件。而中国人的雍容不迫，即普通所谓中国文化，亦只是几千年安定而单纯的小农业、小工业的产物。我并不是说一般圣哲的教训是一点没有影响的，但最大是他们生活方法所给的影响。在生活方法没有甚么要求冒险奋进的国民，希望他们接受西方化是不容易的；然而在与此西方化接触的时候，仍提倡他们保存那种中国化更是不妥。……若要人人有如孔子之美德，然后中国可以有得救的希望，这无异说中国的得救已是无望的事。”[①]其实，民族性的成因既有物质因素，又有文化教育方面的作用，但双方因为政治斗争的需

---

① 恽代英：《读国家主义的教育》，《少年中国》第 4 卷第 12 期，1924 年 1 月。

要，各自均侧重一个方面，依据不同，结论自然相异，但其背后的思维方式都是非此即彼的二分式思维。身为国家主义派成员的陈启天已注意到马克思主义也有“非唯物”的一面，他说恩格斯也曾说过：“如果有人牵强附会的说经济元素是惟一的分子，他把这句话弄成一句无意识，空虚，不近情理的话了……假使历史中的事实都以经济的情形来解释，不惟近于自矜博学，而且令人可笑！”①只是当时中国的马克思主义者在对唯物史观的理解上过于机械，故给反对者以口实。

当时一位不署名的中共人士指出：“唯物史观，只是学术界中，很普通的一种唯物的历史观察法——研究法。凡是不以唯心的认识去研究历史，不承认历史上一切变迁演化是由于神意或一二英雄所造作——而对于一切客观的事实，作一综合的研究，以发见其一定的物质上之因果关系者，便都是个‘唯物史观者’。马克思用了这种唯物的历史研究法，在已往的历史中，去觅出了一切社会变迁演化之根本的原则，乃是由于人类生活上物质的经济条件之无机而又有序的偶然变化之推移。”②而任弼时也认为，马克思的唯物论哲学主张：“物质为精神之母。以为一切社会上的结构，宗教，哲学，艺术，文化，不过是由于物质反映之结果而已。精神无物质不能生存，但物质无精神能够生存。”③以上两位对马克思唯物史观的理解显然过于机械，完全是就其字面含义的演绎，和最初李大钊的认识相去尚远。马克思的唯物史观主要是从人类历史的宏观过程出发，归纳出人类社会发展进程中的一个大致原理或趋势，而他所说的物的因素即生产力本身包含着人的作

---

① 陈启天：《国家主义与共产主义的分歧点》，《醒狮》第 44 号，1925 年 8 月 8 日。
② 佚名：《唯物史观与国民革命》，《中国青年》第 95 期。
③ 弼时：《马克思主义概略》，《中国青年》第 77、78 期。

用。而中国的马克思主义者则将其归纳出来的原理作为自然科学中的定理演绎到中国社会中的具体问题，从而导致只见物不见人的倾向。

余家菊反对唯物史观，自然也反对阶级斗争学说。他说：“阶级斗争之法，已为无理取闹矣。况社会之所维系者，乃亲爱之意，无论贫富之差别，职业之殊异。必须皆以善意相向，然后公理可伸，纠纷可解，而社会乃可得而安宁矣，谚云，和气致祥者，此也。即令资本家获利最大。工人生活太苦，亦宜以互让精神作平允的解决，再不能，即请求国家以第三者的地位，以维持正义之均衡，平情裁处，强制执行，皆无不可，又何必鼓动其互相仇视而增长人间之怨气，加多社会之紊乱乎？且工人之目的既系‘为阶级的利益而奋斗’，则是自私主义也。工人既可自私，资本家又何尝不可自私而实行为资本阶级之利益而奋斗乎？双方竭全力以相角逐，胜负之数，固未可知。而社会之紊乱不堪，则无法幸免矣。”[①]显然，阶级斗争学说与中国传统儒家仁爱学说从根本上对立。在他看来，社会为一有机体，特别是中国社会属于依附性社会，强者与弱者、富者与穷者本互相依存，在利害上无根本冲突，因此，对于劳资矛盾，完全由国家处于超然地位秉公裁判，万不可任其直接冲突，否则会助长社会上的诟怨之气，而返回于野蛮时代任力不任理的旧习。余家菊历来反对依靠激烈手段促进社会的发展，正是看到革命充满着暴戾之气，使社会处于野蛮时代，故他主张教育救国。但在共产党人看来，教育救国已缓不济急。

对于剩余价值学说，余家菊也提出不同见解。他说：“一物价值之所由而成，不但劳力者有功，而劳心者之功尤大，不但从事操作者有

---

① 余家菊：《国家主义概论》，北京：新国家杂志社，1927 年版，第 18 页。

功，且经营管理者之功亦决不可没，设一工厂，劳力之工人齐集，若无劳心之工程师，即无开工之可能，同一工厂，经营得法，进货廉而开支少，则盈余多，反是则盈余少。足见营业之获利，并非全由于工人之力也。况货物价值之大小，与购买者之需要心大有关系，货少而欲买者多，则价值自大，货多而欲买者少，则价值自小。资本家之所盈获，最少有一部分乃得之于购买者。何得谓一切价值皆完全产生于工人乎?' 余家菊虽未意识到价值和价格的区别，但能看到管理者也能创造价值确有所见。他也意识到公有制经济很难解决效率问题，他说："马氏之共产主义，应名为集产主义。盖氏主张废除私产，土地资本，统归国有，并废除一切产业之继承权。而实行平均之分配。夫爱护公物不如己物，人类之通性也。使土地机器而概归公有者，人民爱护之心必减。而生产之效率必低，未过今日即忧来日，自身既丰衣足食又忧儿孙，亦人类之通性也。若强其只顾今日不顾来朝，只顾此身不问儿女，则其奋进之气必灰，而储蓄之念亦必绝矣。夫物之不齐，物之情也。使智多力大者与愚而弱者共享同一之待遇，则智而强者中之不肯竭尽其力者必十人而八九。故行共产之法，非至百务废弛不已也。"①

在对外方面，早在1923年10月14日，少年中国学会议决的纲领第二条规定："注意打破国民依赖外力……解决国事的心理。"这在当时的少中学会内部，也得到了李大钊、张闻天等中共人士的赞同。国家主义派成员与章太炎那些老辈一样，始终认为中外之别大于任何内

① 余家菊：《国家主义概论》，北京：新国家杂志社，1927年版，第15—19页。

争，复因俄国又是近代史上对中国危害最大的列强之一。[1]当时不少人认为，英、日是帝国主义列强，“苏俄”实际上也是“变相的帝国主义”，其危害比之列强更甚。尤其在国家主义派人士看来，“打着世界革命的旗号，倡导全世界无产阶级联合起来”，实为一种“嫉国式的国际主义”，“它会泯灭中国人的国家观念，与国家主义的宗旨根本对立”。他们还认为中共是“受苏俄之钱，听苏俄之命”[2]。由于成见在前，故中共的任何行为他都难以理解。譬如，在20世纪20年代的非基督教运动中，中共与青年党实际上都反对基督教对中国的侵略，中共反对基督教明显是其信仰使然，但余家菊却认为，中共反对基督教背后有苏俄的因素，系出于苏俄之命令，而国家主义派反对基督教，则系出于国民独立之自决。他认为，利用外力以排教与利用外力以传教都是一样的，在帝国主义与帝国主义利害冲突下，共产主义与资本主义利害冲突之世界大势之中，中国问题只有中国人自己抱团方能解决。无论亲日、亲美，还是亲俄，皆非自全之道。中国的出路，须中国人全体拼命寻求，绝非依赖第三者的帮助所解决。在反对基督教运动中，他还指责共产党之反对基督教常出以暴动的手段，而国家主义派主张用国家权力以处理之，主张通过收回教育权及制定学校注册法两种方法进行。

余家菊反对中共利用苏俄力量解决中国问题，一方面是根据少中学会制定的不依赖已成势力的原则，一方面是基于对苏俄援华动机的疑虑。这反映了国家主义派对近代以来世界大势和国内局势的隔膜。

---

① 章太炎反对苏俄更多是受中国夷夏之防传统观念的影响，国家主义派更多是从国家主义学理反对苏俄。

② 余家菊：《国耻与教育》，《醒狮》第31号，1925年5月9日。

自工业革命以来，世界政治和经济愈来愈国家化，任何国家的内政和外交实已打成一片，尤其是西方势力已成为中国权势结构中非常重要的一部分，因此，国家主义派主张的“内不妥协，外不亲善”以及不依赖已成势力只依靠自身奋斗的主张与策略实际上是一种典型的“士大夫救国论”；更何况政治斗争历来是赤裸裸的实力比拼，策略与手段经常在斗争过程中起着至关重要的作用。相比中共提出的联合东方的殖民地民族以及西方被压迫的劳动阶级的主张，双方在政治经验上的高下不可同日而语，中共是在尽力发展壮大，而国家主义派则死守着原则不放，仅靠着一批具有抽象国家观念的读书人来经营天下。

诚如一名中共党人所指出的：“他们是几个思想落后而又富于领袖欲权力欲的人们，自己看不清世界革命势力的相互影响，只知道拾曾国藩张之洞等的余唾，以另立一派，做他们自己的招摇撞骗的生意。他们那种不知世界大势的富国强兵论调，是中国四五十年来许多人提倡过而丝毫不生影响的。”①

马克思的唯物史观认为，在人类社会形成发展过程中，先有物质，后有意识，物质因素比起精神因素在人类社会发展过程中所起的作用更为基础而已，是第一位的，但从来没有轻视过意识的能动作用。唯物史观进入中国之后，国家主义者甚至初期的马克思主义者对唯物史观大都进行了机械的“唯物”的解读，总认为马克思只重物质、不重精神。李大钊最初向国内介绍宣传马克思主义时，就曾指出过马克思学说的“局限性”②。他说：“马氏实把阶级的活动归在经济

---

① 少迁：《预备与反动势力奋斗》，《中国青年》第102期。

② 美国汉学者周策纵在其《五四运动：现代中国的思想革命》（周子平等译，江苏人民出版社，1999年版）一书中已经指出李大钊对马克思学说的态度是同情中有批判。

行程自然的变化以内，但虽是如此说法，终觉有些牵强矛盾的地方。这全因为一个学说最初成立的时候，每每限于夸张过大的原故。”他还指出，马克思唯物史观的流弊是有“一种定命的彩色”。对于时人“深病马克思主义”，“把伦理的观念抹煞一切”的看法，他认为马克思的唯物史观只适应于“人类前史时代”，即“经济构造建立于阶级对立时期”，而“到了经济构造建立于人类互助时期，这伦理的观念可以不至如从前为经济构造所毁灭。可是当这过渡时代，伦理的感化，人道的互助，应该倍加努力，以图铲除人类在前史中所受的恶习染，所养的恶性质，不可但靠物质的变更。这是马氏学说应加以纠正的地方”。他进而主张：“以人道主义改造人类精神，同时以社会主义改造经济组织，单求改造人类精神，必致没有效果。不改造人类精神，单等改造经济组织，也怕不能成功。我们主张物心两面的改造，灵肉一致的改造。”[①]这与余家菊、李璜、陈启天等人对唯物史观的看法基本一致。但这并非马克思主义本身的过错，主要由于当时传入中国的马克思主义著作相对有限，实因信息不完整导致的偏见所致。

随着时局发展的复杂化和政治斗争的激烈，复因各自焦虑的救国心态，马克思主义者和国家主义者(实际上包括当时所有反对马克思主义的人)都出于政治斗争的现实需要，往往从马克思主义经典作家论著中的片言只语和个别论断出发，各自撷取有利于自己的论点进而反驳对方。也就是说，当时的马克思主义者和反马克思主义者所掌握的马克思主义著作都是不完整的马克思主义，都是程度不同的马克思主义。正如李泽厚所指出的：“对中国知识分子来说，唯物史观与进化论

① 李大钊：《我的马克思主义观》，参见中国李大钊研究会编注，李大钊著：《李大钊全集》第3卷，北京：人民出版社，2006年版，第31—35页。

一样，不是作为具体科学，不是作为对某种客观规律的探讨研究的方法和假设，而主要是作为意识形态，作为未来社会的理想来接受、来信仰、来奉行的。”[①]任何意识形态又都具有鲜明的价值倾向和政治立场，这在一定程度上影响到该理论本身很难被客观、科学地理解。

就救国实效而论，中共党人对家余菊等国家主义派的批评确实是一针见血，击中要害。最初，在余家菊和李璜的《国家主义的教育》一书出版后，恽代英认为因其“唯心”，故找不到合适而有效的救国途径。自《醒狮》周报出版后，恽代英则讥讽其为“士大夫救国论”，因其“把工商阶级看得很重要，而很忽略农工平民的力量”。[②]不久，又指斥国家主义派的观点实为秀才造反论，他说：“若专靠他们去进行革命事业，革命事业每每是被他们的互相猜疑倾轧好奇立异所牺牲破坏的。……若是专靠秀才们去进行革命事业，一定会发生下列的弊病：他们空话多而实际行动少；他们有时能有一点浪漫的行动，然而很不容易有纪律的行动；他们有时也做一点不大得罪人的事情，若是要得罪许多人来干甚么革命事业，他们便不愿干。”[③]要救国必须要有力量，要有力量必须进行社会动员，中共基于唯物史观，结合中国社会内部人们在经济方面存在的实际差别，以阶级斗争为理据而动员广大工农，从而开创了一条全新的革命道路。余家菊则将其国家主义思想建立在教育与全民政治之上，根子上还是基于儒家政教相连的固有思路，希望通过自上而下的启蒙、宣传，进而培养一种良好的社会氛围以笼罩人心。从理论上看，似乎与民无痛，对社会的破坏很小，但在

① 李泽厚：《试论马克思主义在中国》，参见李泽厚：《中国思想史论》（下），合肥：安徽文艺出版社，1999年版，第972页。
② 恽代英：《评醒狮派》，《中国青年》第4辑，第76期。
③ 恽代英：《秀才造反论》，《中国青年》第109期，1926年1月9日。

近代中国那样的情势下根本就行不通。当时一位中共党人，就余家菊所拟定的精忠报国、慈祥恺悌、独立进取的教育宗旨说："这样一个教育方针，既不站在民众本身利益着想，又不注意学生客观的需要，全凭主观的嗜好以空洞洞国家两字叫学生盲目地爱。"①

其实，余家菊等国家主义派所服膺的教育救国自有其价值所在，虽然教育救国在短时期内无法使一个国家发生巨变，然而对一个国家国民具有政治救国不可替代的潜移默化作用，其对一个国家的长远影响不能低估。其实，教育救国与革命救国两者可并行而不相悖，时人各就其性之所近与志向，选择一条适合自己的救国道路奋斗下去，自然会有所收获。然而近代中国读书人由于对时局认知的差异，加上意识形态特有的排斥性，导致各方在救国主张和政治斗争上进行你死我活、互不相容的零和博弈。弗朗兹·舒尔曼（Franz Schurmann）说，共产主义和民族主义这两个运动都表现出"它们有能力激起受到它们鼓动的人民的巨大反响。但是在有关政治行动的一个根本机制上，民族主义者比起共产主义者来就显得格外软弱而外行，这个机制就是组织"。结合弗朗兹·舒尔曼的看法，国家主义者的问题实质上不在其理念与观点方面，而是其在救国方面缺少实际的办法。

（三）对国民党的批评

青年党对国民党的态度是进行较为温和的批判。曾琦认为，国民党既以"三民五权"的旗帜号召，姑不论其所标内容如何，要可谓能尽政党之本职，故寄予相当之同情。只是就其所发表的言论，进行善

① 砍石：《所谓"国家主义的教育"》，《中国青年》第141期。

意的批判。在实际政治操作中，国民党在护法战争以前，对内之态度较强于对外之态度，国民党之二次革命、护法运动俨然有与军阀对垒之势，其态度鲜明而强劲。但在对外方面，国民党则时有信使往来东京，求援仇国，颇违民意。之后又与段祺瑞联手，对内态度由明转暗。陈炯明叛乱后，孙中山的对外态度由弱趋强。国共合作以后，国民党发表对时局的宣言，称“必倒帝国主义，始绝军阀根据”，其对外重于对内，所标政纲与青年党的国家主义与社会政策相似，理论上青年党应表同情。但在实践上，该党却既联皖段，复结奉张，与军阀为缘；既推翻帝国主义却与日本往来不断，所标甚是而所行则非，手段与目的相反。余家菊认为，对内宜与一切军阀断绝关系，专力于民众组织；对外宜与一切列强断绝关系，丝毫不假外援，即实行“对内的非妥协主义”与对外的“非亲善主义”。

余家菊早年曾赞成辛亥革命，故对国民党人并不反感。留学回国以后，随着国共合作进入实质阶段，余家菊对国民党的态度发生变化。

孙中山在晚清宣传民族主义时，曾指出民族和国家的区别。他说：“民族是由天然力造成的，国家是用武力造成的。自然力便是王道，用王道造成的团体，便是民族，武力就是霸道，用霸道造成的团体，便是国家。”余家菊认为，民族主义已不合时宜，孙只看到了手段上的差别，并未看到其目的所在。国家之使用武力，实为维持国民之生存，如此强力，应算王道中应用之事，国家使用强力只是自卫，即防内乱、御外侮，绝非帝国主义之使用武力实施侵略；而民族主义只能保种，不能保国。民族主义还会制造国内各民族的纷争，辛亥革命应是革清廷之命，而非革满人之命，鼓吹民族主义，会导致少数民族有离异之心，减弱国家的凝聚力，于列强有利。尽管孙中山一再强调民族主义实非狭隘的种族主义，但民族主义在名称上的确会使人产生误解，余家菊的提醒确有道理。

他认为孙中山的民族主义有两大弊端：其一，扶弱锄强需要实力，弱国于国内事且不能了，焉有余力相扶。此外，苏俄是强国，并非弱国，联俄之作用，实为假外力以解决国事，故联弱锄强实乃欺世之谈。余家菊一贯认为，对付强者乃强者之事，但据此而反对扶弱助强实为不妥。在事实上，当日本侵略步步紧逼之时，余家菊曾义无反顾地向蒋介石建言，力主抗日。

对于民权主义，他不以为然。他用全民政治反对民权主义。他认为，国家是全国国民所共有，政治应该全民共同参与，国民党既主张民权主义，然又实行一党专政，一切权力属于党，凡反对其者动辄名以“反动派”“反革命”予以打压，唯有党权，当无人权，更无民权。

对于民生主义，余家菊认为孙中山仅靠累进所得税法去节制资本，根本就行不通，因西方已有成例在，但他自己并未提出切实的办法。

整体上看，余家菊与国家主义派对国民党进行的是“善意的批评”。1925 年冬，余家菊去上海拜谒北京高师时的老师陈宝泉，并请陈出面缓和国家主义派与国民党之间的敌对关系，可见，他虽不满意国民党，然觉得国青两党尚有缓和的余地。国共分手以后，随着国民党政府对青年党打压的缓和，尤其是日本的侵华之后，国青两党最终成为体制内的友党。

（四）与国家主义派同仁的思想歧异

余家菊与国家主义派同志之间在思想上也不尽相同。在国家主义这一基本信仰上他与曾琦、李璜等人是一致的，但在全民革命、政党政治以及具体的个人政治道德上他与曾琦等人颇有区别。

余家菊自认对于政治活动没有多大的兴趣，只因从幼年以来习闻爱国救国之说，加之近代以来民族危机日趋深重，以及儒家不仕无义的传统，终使他不得不涉足现实政治，卷进近代中国的政治漩涡中。

1923 年春，当曾琦在巴黎郊外给余家菊、李璜畅谈其创党抱负时，余家菊以不愿卷入党争的漩涡婉拒。两年之后，在武昌高师任教时因校长石瑛取消教育哲学系一事愤然离鄂，赴上海应中华书局聘任编辑。某日，与曾琦、左舜生、陈启天等人在哈同路厚南里寓所会谈，曾琦认为余家菊之所以失败于武昌盖因无组织支持，意在拉他入党，他以平生单枪匹马决不结党自卫以回复。之后，又应南京东南大学聘，其中就有借以躲避曾琦的入党邀劝的动机。7 月 20 日左右，少中学会在东南大学梅庵散会后，曾琦拿出入党志愿书要他填写，余家菊认为党内人士功利思想发达，作风不严谨，予以拒绝①。是年秋，陈启天持青年党证坚持邀请他入党，李璜亦从北京致函相劝，谓："子不入党，吾何以堪。吾已向中青同志公布子为老同志矣。"②面对此种情形，余家菊顾念国家主义之宣扬有赖于群策群力，而老友素相依恃者亦不可相负，于是在党证上附注两个声明从而入党，声明曰：一、我的思想和言论，除有关政治者外，不受党的支配；二、党若对我单独有所命令，必须事先取得我的同意。晚年，他回忆说："我支持青年党三四十年只基于义务的感情而不是基于自发的兴趣，当时我打定主

① 当时陈启天、左舜生填写入党申请书以后，连说好玩好玩，余家菊因此得出如是结论。

② 余家菊：《疑是录》，参见余家菊：《余家菊景陶先生回忆录》，台北：慧炬出版社，1994 年版，第 233 页。

意，第一绝不亲近党权，因为权力之所在亦即争夺目标之所在，我不愿与人有所争。第二不组织派系，因为有所利用于别人终必为别人所劫持。第三不依党为生，因为如果依靠党谋生，终必不能保持正气。”①他因不愿与人争故不想卷入权力世界，但近代中国的国难，使他又不能不介于政治，国家主义的共信与朋友之间的交情使他最终还是勉强加入了青年党。不过，他与青年党党内其他领导人自始就扞格不入。

首先，曾琦、李璜等人主张全民革命，余家菊则一贯反对革命。如前所述，曾琦与李璜最初主张思想革命或社会活动，反对少中表明主义及会员参与政治，但时局的发展使他们意识到任何人都无法置身于政治之外，在确定了国家主义信仰之后，全民革命就成为实现国家主义的途径。李璜于 1921 年 10 月底就指出：“不错，旧社会不能让他长久那样的腐败，破巢之下，将无完卵，我们该当站出来。但是既以中国社会全体幸福为目的，就不是苟且可以做得到的。我们万不可以存一点偷安的想法：本事实合理论，我们都万不能赞成那种将就的改造办法。我们要打破旧社会，然后另建新社会。明白些说，就是：我们要先革命然后建设。”②1923 年余家菊在巴黎度假时，曾琦曾赋诗一首就教于他：“国富兵强本易兼，但求棉铁与飞潜。空谈久厌王夷甫，经世还思范仲淹。咸同定乱有湘军，起自民间报国恩。时代不同思想异，精神要足拯元元。”③“棉铁”指清末立宪派张謇提出的实业救国，“飞潜”是曾氏自己提出的革命救国，余家菊对此不以为然。他相信进化，

① 余家菊：《五十回忆录》，参见余家菊：《余家菊景陶先生回忆录》，台北：慧炬出版社，1994 年版，第 145 页。
② 李璜：《破坏与建设及其预备工夫》，《少年中国》第 3 卷第 8 期。
③ 曾琦：《感事书怀偶成数绝》，《醒狮》第 42 号，1925 年 7 月 25 日。

觉得革命只是损伤元气，对于问题的解决丝毫没有益处。他反对革命的态度是一贯的。1925 年五卅运动爆发后，青年党内部群情激愤，李璜提出，英人以机关枪打来，我也当以机关枪打去。一位署名“介石”的青年党人也指出：对付阴毒险狠的英国人，绝非女性的抵抗（指印度的不合作主义）所能济事，当用男性的抵抗（指爱尔兰对英的炸弹主义）。① 余家菊则认为，“英国为一商业民族，其性格为商人的性格，商人之目的无他，惟自利而已。故英人者，一自利之民族也。自利者不必凌人，惟于有利自身时，方侵凌之。自利者亦不必不利他，亦惟于有利于自身时方利便之。”②余家菊主张通过抵制英货等温和手段来解决。

曾琦因主张革命，而革命必须建党，革命党一般强调组织严密，党员个人必须服从组织，但余家菊秉持的自由主义政治理念使其很难接受个人被党控制。他认为个人是进步的源泉，个人无自由，进步无从发生。关于妇女问题，曾氏认为妇女应该担负国家社会的责任，余家菊认为家庭也是国家社会的一个机构，家庭工作的价值并不少于社会中的。曾氏赞成王安石变法，因而赞成其为人，余家菊则认同司马光，认为王安石性执拗、不晓事。曾氏认可为革命大义可不择手段，余家菊力主手段必须纯正，不要目的未曾达，手段先已坏了全局。曾氏善于用功名事业来煽动青年，他则主张只管工作不问报酬。他们的见解每每不相同。从稍后几年余家菊写的《领袖学》一书，可以看到他理想中的政治家。他把古今中外的领袖分为四种：圣贤型、英雄型、枭雄型、盗雄型，他最欣赏的是圣贤型领袖，因其心中只有义理，一心为正义公理而奋斗，只有救世之意，绝无夸己之情，富有创造欲

① 介石：《男性的抵抗与女性的抵抗》，《醒狮》第 38 号，1925 年 6 月 27 日。
② 余家菊：《论英人之性格及抵抗英人之方法》，《醒狮》第 35 号，1925 年 6 月 6 日。

而无占有欲，而英雄式的领袖是以成就自己的功名为最大的企图，其他两种更不足论。从其对领袖的分类看，他认可的是圣贤型的政治家，而曾琦欣赏的是英雄型政治家。用现代西方政治学家对政治家的分类看，余家菊属于道德型政治家，曾琦则属于革命型兼交易型政治家①。

他与李璜在思想上也有不同。李璜在其1932年出版的《国家主义浅说》中，反对个人主义、家族主义以及部落主义，余家菊则认为爱国必须先能爱家人、爱乡土，尊重个性才能真正地爱自由，这显然是英美现代自由主义影响的结果。总体上看，余家菊以国家主义、自由主义与儒家三位一体的身份来反对中共，以自由主义为旗帜反对国民党，以儒者风范又不满于青年党党友。然而美妙的理想终敌不过现实政治的撕裂，他理想中的政治主体均像他在《领袖学》中的圣贤一样，会按照道德、理性原则进行政治实践，他忽略了现实利益、权力等各种资源对人性的制约，尤其是资本主义权力体系疯狂扩张的20世纪和近代中国各种资源极其匮乏的现实社会。政治本来就是人们围绕公共权力而展开的活动以及政治主体运用公共权力而进行的资源的权威性分配过程，而在权力与资源有限的近代中国，只有通过角逐才能最终掌握权力从而进行资源分配。这是余家菊政治理想落空的根本所在。

他的国家主义观从价值层面看，固然美妙，然而国家主义观中最关键的因素“国家”完全是一个抽象、空洞的道德标签，似乎国家没有任何阶级与利益色彩，俨然是站在全民立场上的一个权力机构，这样的国家显然像西方的上帝一样，根本上不可捉摸与把握。他反对中共的阶级斗争学说，主张阶级之间的合作与亲爱，固然出于自己的儒

---

① 杨光斌主编：《政治学导论》(第2版)，中国人民大学出版社，2006年版，第208—210页。

家修养，但这与他个人良好的家庭条件和较为顺利的事业与生活经历有很大的关系，这使他忽略和低估了下层人民因生活艰难而对统治者的愤恨心态，他的心理学专业背景更多是停留在学理层面，他并未能够对下层阶级的心理有实在的把握，或者说他的教育家的自我认同妨碍了他对劳苦大众的心理学了解，他与中共对下层民众心态的掌握不能相较。他反对中共利用外力解决内部政争，然在内政与外交打成一片的近代中国，没有任何一个党派或政治势力能够无视外力的存在，任何党派只能在要么反对外力、要么有限地利用外力之间进行选择。余家菊和其国家主义派同仁最初站在反对任何外力的立场上，然而时势比人强，青年党最终还是站在国民党一边，没有财力与武力支撑的青年党注定在近代中国政坛只能沦为政治花瓶。而在青年党稍前成立的中共，渐渐壮大，终于开辟了一个新时代。依今日的后见之明看，中共对近代中国政治实情的认知远较青年党成熟与实际。①

他对民主政治的信念，使他反对任何组织对个人的控制，但处在民族危机与阶级矛盾异常尖锐的近代中国，集体价值必然重于个体价值，个人必须服从集体与组织，革命与个人自由、个性势必冲突，余家菊认为各个层次的政治主体会理性地处理好它们之间的相互关系，国家主义与自由主义会合理地分流而下。1925 年 8 月 28 日，余家菊在北京高校演讲时说："国家主义是要个人为国家服务，个人主义是求个人的伸张；国家主义重视国民性的共同发展，个人主义则重视个性的发展，这么说起来，国家主义是与个人主义，似乎是决不能相容，似乎是有绝大的区别。其实国家主义不但与个人的伸张以及个性的发展

① 余家菊：《国家主义释疑》，《醒狮》第 51 期，1925 年 9 月 26 日。

没有丝毫的冲突，而且个人主义实在是包含在国家主义之中。国家主义虽然主张一国须有共同的文化，但决不束缚个人的自由，国家主义者并不要四万万人无论什么事，无论在什么地方都要一致，不过只要在某一种情形之下，某一种范围以内，或者对于某一种事必须完全相同，除此以外，个人有个人的自由，个人爱怎么伸张便怎么伸张，个人能怎么发展便怎么发展，国家主义何尝忽略个人呢？国家主义何尝不是注重个人呢！”他认为国家主义与个人主义不会丝毫冲突，但这只是他一厢情愿而已，他可能以他个人在思想和行为上的一致性来想象两个命题的一致，但当无数性格、思想、意志等不同的个体聚在一个集体中，朝着一个共同的目标奋斗时，这个集体会是完全和谐的统一体吗？两者一致逻辑是什么呢？在他那里国家主义与个人主义之间的统一关系完全是不证自明的，他实际上是以想象代替现实。

他反对以革命手段来救国，确信救国的根本还在教育，并在于国家主义教育。有论者以为，20 世纪 20 年代的中国，时人关于政治改革的道路的选择不再被定义为“革命”与“改良”，或激进与温和之别，而是被建构为“革命”与“反革命”两种话语的根本对立。①这在国、共、青三党来说的确如此，但对于相当一部分教育文化界人士来说，可能更多的还是主张较为温和的教育救国或学术救国。北伐战争之后，余家菊已认识到教育救国无望，然其内心深处其实一直未曾放弃。在其思想深处，他认为教育救国是代价最小、最合理的救国道路。一旦情况允许，这一夙愿就不经意地显露出来。抗战期间，余家菊在重庆中华大学给学生讲授教育哲学，他认为为政之乐不如教育，

① 王奇生：《“革命”与“反革命”：一九二〇年代中国三大政党的党际互动》，《历史研究》，2004 年第 5 期。

因政治的特质为强力，其方法为支配；教育之特质为爱护，其方法为感化，一为爱人之事，一为强人之事，“强人者束之以力，爱人者喻之以理。慑于力者，貌从而心或违拒；喻于理者，心悦而诚服”①。正如孟子所云：“善政民畏之，善教民爱之；善政得民财，善教得民心。”（《孟子·尽心上》）他反对权力，更反对暴力。当曾琦一再宣称乱世当用重典时，余家菊明确反对。他认为，乱世之民，本难得多少教育，社会又失去行为的矩范，政府倘以强力镇压百姓，人民只能揭竿而起，最终会使社会陷入以暴易暴的恶性循环。余家菊之反对革命，实出于悲天悯人的人文关怀，其思想依据显然是儒家的仁政民本学说。像余家菊、胡适这些生活在内忧外患的近代中国的读书人，衷心希望以书生特有的方式，通过教育而非革命为中国再造文明，这在不少致力于革命救国的人看来不免迂阔不切实用，然教育救国自有其价值所在，二者实并行而不悖。正是由于坚信教育的价值，故抗战时期，当陈启天等青年党同仁鼓吹“新法家”思想时，余家菊则举起儒学旗帜予以拒斥。

总而言之，北伐前后余家菊所持儒家不轻言革命和国家主义政治理想带有强烈的理想色彩，在现实政治中处处碰壁。当南方的国民革命军逼近武昌，他在心灰意冷滞留南京之际，东南五省联军总司令孙传芳邀其与事，他随之进入金陵军官学校任总教授，为救国培养有文人修养的武人，陈启天等青年党人也进校任教。在政治现实面前，余家菊这些国家主义派成员放弃了以前一直标榜的“不依赖既成势力”的原则，开始借他人的力量来发展自己。

孙传芳除笼络余家菊、陈启天等国家主义派成员外，还聘请江浙

---

① 余家菊：《教育哲学》，参见余家菊：《余家菊景陶先生论著第七辑——余家菊先生日记手稿》，台北：慧炬出版社，2008年版，第478页。

地区的名人如张謇、章炳麟、蒋方震、丁文江等人为顾问，又请日人冈村宁次为军事顾问。余家菊对孙传芳的评价是：“聪慧而不沈重，优点在好名，弱点亦在好名，待予颇优礼，但未足以云知予也。”[①]在金陵军校期间，余家菊一方面宣传国家主义，一方面近法曾(国藩)胡(林翼)，远习孔孟，用国家主义与儒家经世思想教导学生。由于孙军节节败退，军校亦随之北退。1928 年，军校退至沈阳，当时学生发展到 2000 余人，不久，合并到东北讲武堂。后经沈阳兵工厂督办杨宇霆推荐，余家菊在沈阳兵工厂任技师，管理工人教育事宜。是年冬，他受冯庸之托，为冯庸大学草拟教育方针，后命名为《冯庸教育主义》，该书主要阐明仁义忠孝诸义理。后吴佩孚读后，特约余家菊长谈。1930 年 1 月 1 日，余家菊在北平被捕。不久，在段祺瑞等人的相救下被释，随后应段氏之请，赴天津在段府做客。

余家菊与北洋派的短暂交往，一是双方当时在反共方面立场一致，但北洋派的反共实际上只是政治斗争的策略，当时南方国民革命军直接将北洋军阀作为国民革命的目标，故不能不以反共旗号对之。而青年党则是基于主义上的反共。二是北洋派与青年党在对传统文化上的态度都偏于保守，像孙传芳、吴佩孚、段祺瑞这些北洋人物根子上是军人，但至少他们表面上经常标榜其对传统儒家的认同，如吴佩孚还是秀才出身。余家菊与北洋人物的来往实际上标志着国家主义派一直坚信的教育救国道路的破产。北伐期间的颠沛流离告诉余家菊，没有实力基础的政党欲在中国实际政治中很难有所作为，这在一定程度上决定了青年党后来由革命政党转变为体制内的民主参政党。

① 余家菊：《疑是录》，参见余家菊：《余家菊景陶先生回忆录》，台北：慧炬出版社，1994 年版。

第四章 抗战期间的文化阐释与政治关怀

新文化运动时期，胡适等新文化人士认为救国必须要西化，西化的前提是必先清除中国传统文化。余家菊的思路恰好相反。起初，受新文化运动的影响，他在一段时间内批判中国传统的负面影响，但在英国留学期间，英国那种保守主义文化传统极大地增强了他对中国传统文化的信心，由此他得到一个终生未变的结论：爱国必须要爱护本国的传统文化。但中国的传统文化究竟还有可爱之处吗？这是近代以来所有中国读书人所不得不面对的问题。余家菊自童蒙时起就一直浸润于中国传统文化的熏陶之中，即便在英国留学期间，仍随身携带孔、孟、陆等儒家经典，以备随时浏览。留学期间，他如饥似渴地学习西学，而正是西学使他对中西文化有了切身的比较和感受，尤其是给他对中国传统文化的理解带来一个新的参照系，这反而加深了对中国传统儒家文化价值的信念。

1923 年 3 月 30 日，在英国的余家菊给李璜的一封信中说："关于中国固有的维系人心的东西，抽象一点，还有很多可以适用的。孔子的忠恕，孟子的集义，两方结合起来，我看就很够用。忠在英文为Loyalty，人对于朋友，对于职业，对于社会，无一不应忠心。今日之狡诈，弄手段，敷衍，何以不是忠的反面。这也怪得孔子不成？恕在西方绝对没有。……忠恕二字，还有一种妙处，用抽象的名词形容，我要说他是心理主义而非论理主义，形式主义而非实质主义。惟其是心理主义，所以妇孺通晓，人家说中国人有百分之九十九不识字，我们无话讲；倘若说有百分之九十九没有受过教育，则是不真知中国社会真相的话。中国社会之所最厌弃的为假仁假义，最流行的为将心比心，这就是忠恕二字的注脚。”①与新文化运动期间非国粹主义者的认识不同，余家菊是从原则和抽象意义上来认识中国传统的价值，这与30多年后冯友兰提倡的对中国哲学遗产应取“抽象继承法”不无相似之处。

1924年1月28日晚，余家菊在巴黎曾与曾琦讨论中国教育方针，曾琦认为中国正处于非常时代，应造就应变人才，不可用儒家的中庸之德教人，从而使学子流于乡愿。余家菊则认为中庸为中国最高伦理，不可丧失。曾氏显然是从救世的效用角度否定中庸，而余家菊则是从个人的修养方面肯定中庸。

归国之后，余家菊为中国拟定了自己理想的教育宗旨：①精忠报国；②慈祥恺悌；③独立进取。②这完全是地道的儒家传统。不久，基于在留学期间对英法两国社会的观察，他指出，西方文明是一种征服性或侵略性文明，而中国文明是一种相爱性的文明。他对中西文化的

① 余家菊：《与李幼椿论中国伦理思想书》，参见余家菊：《国家主义教育学》（附录），上海：中华书局，1925年版，第75—76页。

② 余家菊：《教育建国论发微》，《中华教育界》第14卷第7期。

价值判断非常鲜明。当时，醒狮派同仁张介石继承新文化运动中陈独秀之余绪，从组织力、责任心、自尊心、反抗力、秩序性等十多个方面对比了中德两个国家的民族性，认为德人性格十五点中，优点居其十一，劣点居其四；中国人性格十二点，优点仅一，其余则均为缺点。余家菊与此相反，他认为，中西民族性的区别在四个方面：①重让与重争；②重自反与重责人；③重理与重力；④重义务与重权利。[①]他一边倒地站在中国文化这边，并高调宣称中国文化对于世界当有所贡献。他说："我们中国对于世界应当贡献点什么呢？我们应当发扬我们的国光，把我们的精神——我们中国固有的文化发扬出去，发扬到全世界，使全世界都知道我们国民固有的精神，使全世界都重视我们的文化，拿这种文化来补充一切残缺不完的文化。"[②]不过，20 世纪 20 年代，余家菊对中国传统文化的看法只是一些零散观点，尚未形成系统性看法。20 世纪 30 年代，随着日本侵华，日益严重的民族危机对于一个一直对传统文化十分钟爱的读书人来说，似乎以彰扬中国传统来恢复民族自信之外别无救国之道。

一、关于文化的基本原理

全面抗战爆发之后，余家菊怀着"文人无负于大时代"的抱负，以书生救国的特有方式，立志以文化来鼓舞人们，遂作《教育与人生》一书。在此书中，他初次阐述了对文化的基本看法，从而开始了对中国传统文化的再造之路。

---

① 余家菊：《国魂篇》，《醒狮》第 47 号，1925 年 8 月 29 日。
② 余家菊：《国家主义释疑》，《醒狮》第 51 期，1925 年 9 月 26 日。

他认为，文化乃人类所独有，每个人自出生后，即受文化所浸润，及至文化大启，“触目皆是先民努力之结晶，举首莫非先民意匠之表现”。这显然是指每个人生来自受益于传统文化。他从较宽泛的意义上指出，文化是表现“人类之心意营为者”。他所说的文化概念是广义的，包括人类创造的一切物质和精神产品。

他指出，各民族文化有高低之分，决定其高低的因素主要有以下五点：第一，决定于各民族精神发育量之大小。精神发育量大者，其文化水准可高；精神发育量小者，其文化水准不高。这显然是标准的唯心史观，完全与唯物史观相对。第二，决定于各民族向上力之大小。向上力大者，则能发展不息；向上力小者，每每停止不前。这是说文化与各民族的主观努力成正比关系。第三，决定于各民族消化力之强弱。任何一个民族势必与异民族有所接触，接触异民族的原则是取长补短，即融外来于固有之中。这是余家菊对待中西文化交流的基本原则或态度。反之，若闭拒不纳而故步自封，或取舍不当而买椟还珠，或舍己从人而漫无骨干，则其文化纵不毁灭，亦将衰退。“闭拒不纳”显然是指国粹主义者，取舍不当应指各种中西文化调和论者，“舍己从人”指非国粹主义者。第四，决定于所接民族所具文化之优劣。因各民族之发展，各有一定的趋向，故其文化各有一定之意趣，特长由是而生，偏枯亦由是而起。这是说各民族文化都有长短，他建议多交流优点多的异民族文化。第五，决定于各民族融异性之大小。各民族文化在一定时间上，皆有其定型，而民族之构成分子又必有离弃定型而自为风气者，离弃定型若蔚为风气，可致民族于毁灭，故世人多畏忌而压迫之。然畏忌过度压迫过密，则变异不可能，进步无从起，于是文化呆滞。因此，应在适当的程级上，保持容许变异之态度，此乃民族文化生机之所存。这是说对于异民族文化要善于交流，但交流当限于适当的程级，不可全盘异化。联系抗战之前余家菊对中西文化的看法，他显然认为中国传统文化在价值层面要比西方文化要高，故在近代中西文化交流与碰撞的大背景下，他主张对中西文化之间的关系应当是在坚持中国文化主体性的基础上吸取西方文化的长处。

他指出，一种文化自有其体系与旨趣，其各部分之间，自有其相维系相调节的机能。言外之意，中西文化各自皆成一个整体。但他同时又指出，各民族的文化虽各成一个整体，然随着新质素的出现，文化的固有旨趣或发生变化，即文化之转变；文化之转变，有程度上的不同，最小者为个人行为之改变，中级者为民众行为的改变，最大者为民族根本信仰之改变，三种转变，不可严格划分。一般来说，涉及末节者易变，牵涉根本信仰者难变，否则，转变迭起，发展生机停滞。他强调，“发育须在宁静之中”。他的意思是文化的转变应遵循一定的程序与层级，由微到显，由物质到制度再到信仰，一步一步来，不能像全盘西化论者那样采取激烈态度。但他并未否定文化的根本旨趣就不能改变，只是难变而已。

在文化与国家的关系方面，余家菊原来对国家主义学理的阐释偏重于教育文化，主要是从文化对国家观念的形成与巩固方面立论。此时，他则从国家对文化的影响出发，进一步探讨文化与国家的关系。首先，他先指出了民族文化的问题所在：民族是人类文化的基本单位，但民族文化的形成，有偶然的因素和杂凑的成分，由于其发展顺乎自然，因此有路径斜出或轻重倒置的危险，这对国民生活显然会带来消极影响。

接着，他进而指出，在民族文化之上有国家文化，“国家者，民族文化之最高审判人，指导人，开发人也”[①]。国家对于文化的发展，可以进行精密的审虑，并制订系统的方案，使其服务于国民生活；国家文化由民族文化构成，民族文化主要与种族、语言等因素有关，而国家文化多为政治的结合，其中政治关系比其他关系更为重要；在一个民族分裂为两个以上之国家时，因为政治上的分裂与离异，民族文化之发展，大有日趋殊途之可能。但文化的同一性有助于两国关系之和谐。在民族文化即是国家文化时，国家之文化性，充实而富厚，国家的文化指导作用，便利而迅捷，在民族文化和国家文化有别时，国家要善于开发民族文化，国家应比民族共同体更有实力发展文化。

他认为，国家对内处理民间纠纷，必然依据其文化之成就，依据正义原则以决定其政策；对外也须依据正义，必不威胁他国之生存，亦不必榨取他国之利益，其所企图者为文化之交涉与文明之共进。在他看来，国家不当徒为自然的存在，还当发扬文化，为人类文明贡献其精神价值。他特别赞成中国传统的国家观，他说中国自孔子以来，就有一个传统观念即文化国家的观念。文化国家是相对于民族国家而言，民族国家是以民族为构成国家的单位，文化国家是以文化的统一为划分国别的标准。余家菊认为，中国传统的文化国家观念，最便于国际的合作与融合，只要在同一文化的标准之下，各民族可以自由往来，自由合作。他对中国传统文化的前景非常乐观。

---

① 余家菊：《教育与人生》，参见余家菊：《余家菊景陶先生论著专辑》第一辑，教育(一)，台北：慧炬出版社，1984 年版，第 575—579 页。

二、三四十年代的中国思想界

余家菊认为，要使国民爱国，“必须本国先民的成就有其可爱之处；而且要发扬国民精神，也当从固有的精神中有所抉发”①。那么，中国文化的可爱之处是什么呢？从一开始，国家主义派成员对此意见不一。20 世纪 20 年代，国家主义派中的几位健将在文化方面基本上都是保守主义者，均普遍肯定中国传统文化有其价值所在，但大家对传统文化主要内容的认识却不一致，其中绝大多数人认可的传统不是儒家而是法家。如曾琦在法国时虽肯定儒家将政治与伦理合而为一，比之西方法治似高出一筹，但同时又觉得其陈义过高，过于理想化。他说，中国数千年来为“儒者迂腐之谈，佛家寂灭之旨，老庄虚无之说”所误，主张“拟采法家整齐之术，以霸功行王道，以菩萨心肠行金刚手段”。②他以为欲治今日之中国，唯有以菩萨心肠，行金刚手段，以老庄哲学行申韩法理，对于一切败类，务须剿除尽净，其拟定的救国根本主义虽有儒家的四维主义，但总体上充满着强烈的法家气息，如“刑乱国用重典主义”“加重报复主义”“奉公守法主义”“善有力主义”均为明显的法家思想。③

陈启天虽曾一度用心于阳明学说，抗战爆发后，陈氏对儒家基本上持否定态度。他说，“儒家的农业文化，不能抵挡列强的工业文化；家族本位的文化，不能抵挡国家本位的文化；理性主义的文化，不能

① 余家菊：《孔学漫谈》，参见余家菊：《余家菊景陶先生论著专辑》第二辑，人文，台北：慧炬出版社，1986 年版，第 417 页。
② 曾琦：《旅欧日记》，参见《曾慕韩（琦）先生日记选》，台北：文海出版社，1966 年版，第 42 页。
③ 曾琦：《旅欧日记》，参见《曾慕韩（琦）先生日记选》，台北：文海出版社，1966 年版，第 73 页。

抵挡实力主义的文化；礼让主义的文化，不能抵挡法治主义的文化；保守主义的文化，不能抵挡进取主义的文化。总之儒家文化，只是适于闭关的农业的和平的一种社会文化，而不是适于国际的工业的竞争的一种社会文化”。这与新文化运动期间陈独秀、胡适等非国粹主义者对儒家的看法若合符节，也与马克思主义者对中国传统文化的看法如出一辙。与曾琦一样，陈氏也认为中国传统中只有法家文化有可取之处，进而提出了“新法家主义”理论。

常燕生和黄欣周则以“社会达尔文主义”为理据，提出了“生物史观”①。他们指出：“在中国固有的文化宝库里，要想找出一种系统的思想，过去曾替整个的民族和国家贡献过极大的成绩，现在正切于中国的需要，将来可以给国家发展和世界改造的前途指出一个具体方向的，我想来想去，只有先秦时代的法家。”②常氏认为，只有法家思想才是中国的起死回生之道，也只有把法家的基本精神普及每一个国民的意识中，除此以外，其他都是死路。常氏从生物史观出发，指出中国处在一个新战国的时代，故只有用法家所代表的那种笃实刻苦、重秩序、尚权力的法治思想才能挽回国运。

与陈启天、常燕生的思路一致，以雷海宗和林同济为代表的战国策派在40年代初公然倡导“战”与“力”。林氏认为，20世纪是“大争之世”，是“战国时代的重演”，其特点是无情，“充满了杀伐残忍之风，却也是伟大的时代，布遍着惊人的可能，惟其无情，所以伟大。惟

① [韩]孙承希：《析国家主义派的“新法家主义”与“生物史观”》，《复旦学报》(社会科学版)，2003年第3期。

② 常燕生：《法家思想的复兴与中国的起死回生之道》(1935年7月29日)，参见常燕生等：《二十年来中国思想运动总检讨与我们最后的觉悟》，民宪社发行，成都大文书局总经销，1944年10月渝版。蔡乐苏主编：《中国思想史参考资料集晚清至民国卷》下编，北京：清华大学出版社，2005年版，第507—511页。

其伟大，所以无情”。他不满长期浸淫于“大同”局面下的“缓带轻裘”“雍雍熙熙”中国人固有的思想态度，指出：“大同可以为人们最后的理想，‘战国’必须是我们入手的途径。要取得谈世界和平的资格，先栽培出能作‘战国之战’的本领。”①

雷海宗也指出：“战国的外交，手段要辣，居心要狠，才有成功的希望。身处战国而行春秋的外交，小则丧权，大则亡国。战国的结局，在各民族中，都是全文化区的统一：印度，中国，希腊，罗马无不如此。今日的欧美大国恐也终难逃历史的命运。最辣最狠的国家，往往也是最后成功的国家。”②

从20年代的曾琦到30年代的陈启天、常燕生，再到40年代的林同济、雷海宗等人，他们各自言说的共同特征是强调国家实力的重要性和富强的必要性，他们的动机显然是因为近代以来，中国处在生存竞争剧烈之世，而竞争以国家实力为基础，故个人与国家的一切行动要以增加实力为主。

余家菊把上述言说统称为“唯力论”或“效率论”。他在留学期间，出于对当时欧洲各国趋势的观察，开始信奉和宣传国家主义，国家主义的近期目标是对外实现独立、对内实现统一，但这仅靠教育显然是不可能的。他主张，国中学校应加强军事教育，解纷不应仅凭理还需力。他指出：“方今英、美、日本竞拓军备，惨酷之战，可计日而发，已为有目共睹，不容或疑。况西洋文明为战争文明，西洋民性为猛兽之性，征服异族乃其能事，而谓其于倏忽之间能痛改前非，化干

① 《战国策》半月刊创刊号，参见《文化形态史观》1940年影印版，《民国丛书》第一编44，上海书店，1940年4月，第65—95页。

② 雷海宗：《外交：春秋与战国》，参见《文化形态史观》1940年影印版，《民国丛书》第一编44，上海书店，1940年4月，第114页。

戈为玉帛，避疆场为樽俎，宁非梦呓乎？吾国土地肥沃，物产丰富，在在足以启强邻据为己有之野心；而民情怯懦，习尚文弱，尤足以使强邻生‘取之甚易，非取不休’之妄念。我国民而真爱好和平者，则非整军经武，利炮坚舰，以慑其野心而戢其妄念不为功。”①他是站在自卫的立场上主张以武力维护国家的统一和独立。尤其在1926年7月北伐军打到武昌时，他终于承认教育终抵不过枪杆子的威力，自己长期服膺的教育救国理想已走入死活同。他认为，要救国，非有力不可，但力须得有好人运用才行。那么，好人从何而来？好人又如何始能有力？他的结论是：“救国须有文人化的武人——有文人的修养和武人的技能。”②不久，便接受了孙传芳的邀请，在金陵军校讲授“国家学”与“军人修身”，开始从事军官训练工作。

抗战期间，随着对儒家思想研究益深，他对儒家的认同越来越强烈。由于儒家尚理不尚力，崇尚王道反对霸道，故余家菊对各种尚力言说坚决反对。他认为，中国人本是中庸常识的国民，不走偏激路线，不尚深奥理论，儒家从来不轻谈革命，革命必靠军事，军事则重奇谋诡计，军事教育之普及，虽可造成一种不可侮的力量，但此力量所造成的恶劣风气颇足以坏人心，在道德上将造成一种不可弥补的缺陷。今日人心之阴险诡诈，自辛亥革命以至今日之多年兵连祸结，不能不说是主要原因之一。在他看来，法家以富国强兵为目标，以斗争为能事，是国际竞争时代之产物，表面上切合近代中国的需要，但法家的方式以权势胁迫人民走向执政者所定之目标，而且乏幽深之思，

① 余家菊：《学校军事教育问题发端》，《醒狮》第30号，1925年5月2日。
② 余家菊：《五十回忆录》，参见余家菊：《余家菊景陶先生回忆录》，台北：慧炬出版社，1994年版，第148页。

无远大理想，是中国文化中排他性最强的思想，尤其是其做法强调整齐划一，而且急骤进行，又用严刑峻法以相鞭策，有鲜明的反人性色彩，这是作为儒家的他无论如何都不能接受的。他表面上是针对传统法家，其实反对的是曾琦、陈启天、雷海宗等人。

他指出，唯力论者以扩大效率为鹄的，是十足的功利主义者，此辈为目的往往不择手段，结果会导致残酷欺骗之风盛行。他说："使统治宇宙者果然唯有力之一物，使力之为物又只有大小之殊，并无善恶之别，则立足大地，无论为个人，为国家，皆可不惜一切也，冷酷发挥其刚力残暴，狡黠施展其柔力欺骗。凡受其摧毁者，则由于刚柔两力，一无所长，横被淘汰，势所当然——人间根本不应有所谓悯惜。"在他看来，唯力论者为效率计，常常不惜违背人间道德，即便达到目的，然其影响极坏，如人人为目的而不择手段，世风必定败坏。他认为，即就是从效率方面言，效率有种种之分，有浅而易见者、有隐而难窥者、有近而易知者、有远而难测者，而唯力论者的效率属于浅而易见和近而易知者，相反，"道谊的效率，博大而悠久，非一时方便法门所能比拟"①。他以为，唯力论之执行者或可有一时之功，但旋踵即亡，非真成功。他从道德和长效两个层面对30年代的唯力论进行了批评。

从根本上说，余家菊之所以反对法家、新法家及战国策派等思想，主要是看到它们给人心世风带来的消极影响。他恪守中国政教（学）一体的传统，坚信最好的政治就是教育，用张之洞的话说就是"世运之明晦、人才之盛衰，其表在政，其里在学"②，故对学术的选

① 余家菊：《效率论》，原载《国论》复刊第2卷第4期，参见余家菊：《余家菊景陶先生论著第六辑》(二)，台北：慧炬出版社，2001年版，第214—217页。

② 张之洞：《劝学篇·序》，参见《张文襄公全集》，北京：中国书店，1990年影印本，第545页。

择相当慎重。以他看来，只有中正的儒学才是最好的政教之本，其他皆不足论哉。

20 世纪三四十年代的中国思想界是余家菊探究儒家思想的背景之一。这个时期与他对儒家思想态度比较接近的不乏其人，如史家钱穆，哲学家冯友兰、贺麟等这些现代儒家。然而余家菊的儒学思想未必受这些现代儒家的影响。准确地说，从国家主义学理出发探索中国文化的可爱之处是他研究儒家的自然结果，而三四十年代中国思想界中的各种言说从正反两个方面为余家菊阐释儒家思想提供了借鉴和参照。

三、儒家思想的现代阐释

在 20 世纪 30 年代之前，余家菊对中国传统文化的看法更多只是自小以来的体验和直觉的感受，加之在英国留学期间对中西两种文化的观察，使其对儒家思想具有一种本能的好感和初步的了解，然而在学理方面尚未进行系统的总结和深入探讨，更谈不上建构完整体系。30 年代之后，他开始以教育为据点，对儒家思想进行涉猎。他是一个凡事认真不敷衍的人，对于知识不仅要知其然，更要知其所以然。国家主义的学理告诉他，爱国必须要爱护本国文化，那么，中国文化的可爱之处究竟是什么呢?

对于传统法家，余家菊的态度是完全拒斥。对于道家，他的态度比较温和，认为道家思想中有若干可取之处。他指出：老子《道德经》中的慈、俭、不敢为天下先，名虽有三，精神为一：收敛，发动主于因应，态度尚柔弱，尚知雄守雌，尚不争。庄子是立足于万物之外，而又寄寓于万物之中，不拘不泥，不囿于人类之一隅，不斤斤于人生福利之增进，其积极作用是能使人胸襟旷达、意态恬淡，与人无争，与物无忤。由于近代中国以革命、斗争为主题，大乱不止，故余家菊觉得道家这种以退为进的思想可以消解时人的争斗心理。后来在国共内战时期，他更相信老庄哲学消弭斗争的积极作用。在为王凌云所作的《庄子内篇义疏》序文中他指出："今日世局混乱，何为而至于此极耶？人谓其原因在是非淆乱而思想无统纪。吾则谓其原因在人各一是非，而又皆以其猛锐之气，各求其思想之贯彻。夫是非淆乱，思想无统纪，其流弊所届，不过人心涣散，社会麻木而已。不至于倾轧迫害，乃至肆意屠杀也。今日者，人皆执其所见视为绝对真理，欲救人类，别无他途，亦不许他术并行。于异己者，乃竭力扑灭。于是而势均力敌者，乃愤而相斗。斗争不已，而辣腕毒策，乃无所不用其极。而生灵涂炭莫知所底矣！故欲挽救混乱，当自提倡尊重他人始，使他人所持，同于我者，固堪欣幸；使他人所持，异于我者，亦当知是亦一是非也，宜宽容而尊重之。能尊重异己，庶几万物并育而不相害。鲲鹏一飞万里，鷦鷯跳跃不越一枝，庄生谓其同归自适，无足相笑。今人若明此义，其是己非人之情，必可锐减。"①不过，在总体上他对道家思想不接受。他认为，道家思想智而不仁，老子非薄仁义，视智力为诈伪之源和浇薄之端，其立言多非中正。他以心理学常识指出，老子视感情欲望尽成心贼，然禁之者，不胜其苦，全无乐趣，反动者，又纵情恣欲，无所不为，其后果不是流为禁欲主义就是沦为纵欲主义；又视生民如刍狗，国破家亡而不知惜，沦为虚无主义或无政府主义，实为孔

① 余家菊：《默盦日记》，参见余家菊：《余家菊景陶先生论著第七辑——余家菊先生日记手稿》，台北：慧炬出版社，2008年版，第452—453页。

子所谓的乡愿德之贼也，这与信仰国家主义思想的余家菊显然不投。在他看来，庄子否定生死、是非和知识，但当一切否定后，人生该往何处去？只好狂妄自是，得过且过。此种思想是虚无主义，是纯粹理智的必然结果。

余家菊认为，老子和庄子都是熟读历史、饱经世故的智者，是清醒的现实主义者，其思想是纯粹理智主义的产物。问题是近代中国事事不如人，如人人恪守这种自私的现实主义，缺乏远大的理想，则何以救国？他从根子上还是欣赏智而仁的儒家。

他后来回忆说："多年以来，朋友们每称我为儒家，我不敢承受，也不敢拒绝。不敢承受，是因为怕自己的言行，有愧儒家之名。不敢拒绝，是因为二十年来自己心中有一大秘密，就是企图了解中国文化的骨髓，试问除了孔子及孔子徒的思想言行之外，到何处去寻觅中国文化的骨髓？"[①]大致从 20 世纪 30 年代开始，余家菊便开始了自己一生的志业——研究和宣传中国儒家文化。

与新文化运动中的非国粹主义者对中国传统儒家思想的全面批判迥异的是，余家菊对儒家思想中的主要观念几乎都采取了正面肯定的态度。当然，囿于外在时势和自身学养的变化，他对儒家思想的阐释当然不同于传统儒家，显然是一个新儒家。他对儒家思想的阐释主要体现在仁、尽性、博文、约礼、中庸五个命题上，其中，仁是总纲，尽性、博文、约礼是实现仁的途径，中庸则是仁者的理想境界。

---

① 余家菊：《孔学漫谈》，参见余家菊：《余家菊景陶先生论著专辑》第二辑，人文，台北：慧炬出版社，1986 年版，第 417 页。

(一)“仁”与意志

“仁”是儒家思想中的一个中心概念，其最早出现于何时，学术界一直存在争议。刘文英和韩国学者赵骏河认为是殷商时代[①]，郭沫若则认为是春秋时期[②]，大多数学者认可阮元的说法，认为“仁”字最早出现在西周时期[③]。据阮元的《揅经室集》考证，仁最早见于《周礼·大司徒》：“六德：智，仁，圣，义，中，和。”阮元以为，在周人心目中，仁已为德性之一，只是内涵模糊，周人并不怎么看重。到春秋时期，仁的意义逐渐明确，其地位也越来越重要。陈来指出，春秋时期的“仁”有两层含义：“就一般人而言，‘爱亲之谓仁’，仁即对父母兄弟之爱；就统治阶级的成员来说，‘利国之谓仁’。”“仁人不党”（《国语》卷十二晋语六），“蓄义丰功谓之仁”（《国语》卷二周语）。总体来看，“仁”作为德目，在多数场合，只是众德之一，地位并非突出于诸德之上。

到孔子时，仁的地位提升，成为众德之首，孔子建立了以“仁”为核心的“仁学”体系。在《论语》中，涉及“仁”字的有58章，计109处。孔子的“仁学”主旨，是要通过道德教化，培养一批有道德理想和人文教养的“君子”，通过“君子”的治理，从而重建社会秩序与文明。在《论语》中，“仁”的最基本的含义主要指一种情感。孔子对仁

---

① 刘文英：《“仁”之观念的历史探源》（《天府新论》1990年第6期），又见韩国学者赵骏河：《对中国传统伦理的现代理解》，《国际儒学研究》第2期，北京：中国社会科学出版社，1996年版，第100页。

② 郭沫若：《孔墨的批判》，参见《中国古代社会研究》外二种之《十批判书》，石家庄：河北教育出版社，2004年版，第544页。

③ 阮元：《揅经室集·论语论仁论》，参见《丛书集成初编本》，北京：中华书局，1991年版，第157页。

的解释，诸如“爱人”“孝悌”等均指一种情感。孔子从亲亲之情论仁，并将其逐渐扩展至社会乃至整个人类。

近代中国学界对儒家思想中的“仁”的阐释也主要强调其情感层面。胡适在《中国哲学史》中指出，仁为孔子一贯之道，中心之学说，故《论语》中亦常以仁为全德之代名词。唯仁亦为全德之名，故孔子常以之统摄诸德；仁不但是爱人，更是一种理想的人道，做一个人，须要能尽人道，能尽人道，即是人。何谓人道？在胡适看来，主要是指人与人间种种天然的或人为的交互关系。如父子、兄弟是天然的关系，夫妇、朋友是人为的关系。每种关系便是一伦，每一伦都有一种标准的情谊行为。①

史家钱穆在抗战后期也认为：“仁是儒家理想中人道的代表。仁是一种人心的境界与功能，超出一般动物之上，在同类中间可以互相感通，互相会合，不仅为个体求生存，并有成为大群文化的意义。”②冯友兰指出，“仁者，即人之性情之真的及合礼的流露，而即本同情心以推己及人者也”③。蔡元培也指出：“仁是统摄诸德完成人格之名。”④蔡氏的主张胡适、冯友兰均认可。

康有为于1923年4月在一次演讲词中称：“仁从二人，郑康成谓从人偶，盖二人相助之义。假大地我一人，则一切无所用也。既有二人，则必有相处之法矣。譬如诸君相见而傲然背立，则始必相怒以色，中必相詈以口，继则相殴以手，终则拔刃而流血伏尸矣。则不仁之道，

① 胡适：《中国哲学史》，参见姜义华主编：《胡适学术文集》（上册），北京：中华书局，1991年版，第82—83页。
② 钱穆：《中国文化史导论》（修订本），北京：商务印书馆，1994年版，第80页。
③ 冯友兰：《三松堂全集》第二卷，郑州：河南人民出版社，1998年版，第75页。
④ 蔡元培：《中国伦理学史》，北京：商务印书馆，2004年版，第10页。

其可行乎？若诸君相见欢然揖让，始则倾盖如故，中则并坐鼓簧，继则同业提携，终或托孤寄命矣。则仁道岂能须臾离乎？欧人今盛行克鲁泡金互助之义，互助者，相人偶之仁也，真人道也，固我孔子日言之仁也。《论语》一书言仁者四十三章，至切之说，则曰仁者爱人而已。”①康氏实际上是重复阮元的观点。

康的弟子梁启超认为，“仁”不仅有情的一面，还有智的含义。他说，仁在“智的方面所表现者为同类意识，情的方面所表现者为同情心”②。不过，梁启超在清末更强调“义”。他指出，中国人一般善言仁，而西方善言义，仁者人也，我利人，人亦利我，其所重者常为他人；义者我也，我不害人，但也不许人来害我，其所重者常常在我。梁氏在仁与义二德之间选择义，他认为义为救时之至德要道哉，仁虽非侵人自由，但自己却放弃自由，其弊可以使人格日趋于卑下。他举例说，欧西百年前，以施济贫民为政府之责任，而贫民日以多，后悟此理，厘而裁之，而民反殷富焉。故他认为：“君子爱人以德，不闻以姑息。故使人各能自立而不倚赖他人者，上也。若曰吾举天下人而仁者，毋乃降斯人使下己一等乎？若是乎仁政者，非政体之至焉者也。吾中国人惟日望仁政于其君上也，故遇仁焉者，则为之婴儿，遇不仁焉者，则为之鱼肉。古今仁君少而暴君多，故吾民自数千年来祖宗之遗传，即以受人鱼肉为天经地义，而权利二字之识想，断绝于吾人脑质中者固已久矣。”③

---

① 原载《万木草堂遗稿》卷七，油印本，《康有为全集》，第十一集，北京：中国人民大学出版社，2006 年版，第 237 页。

② 梁启超：《先秦政治思想史》，北京：东方出版社，1996 年版，第 82 页。

③ 梁启超：《新民说》，参见吴松等点校：《饮冰室文集点校》第 4 集，昆明：云南教育出版社，2001 年版，第 569 页。

梁漱溟的“仁”则较为复杂，比较神秘。在其暴得大名的《东西文化及其哲学》一书中指出：“‘仁’就是本能、情感、直觉。”[①]他认为：“仁”是一个很难形容的心理状态，是极有活气而稳静平衡的一个状态，这种状态有两个特点：一个是寂，指一种非常平静的心理状态；二是感，指感觉敏锐强烈。他承认一般人所说的“仁”就是慈惠，但又强调“仁”还有宋明理学家常常说的“无欲”的意味。梁氏关于“仁”的解释受到时人的批评，如当时一位署名恶石的人就指出：“宋儒释仁，有时候说‘觉’，有时候说‘爱’，有时候说‘公’，有时候又说不专是‘觉’，不专是‘爱’，不专是‘公’。因为孔家的仁字是把吾人心内的生活力都包含在内，极而言之，则纯粹智慧的理性亦包含在内。像梁先生所说的直觉，只包着良知良能说，除了智慧的理性在外。像康德所说的‘实践理性’，便又单指‘良知’——‘觉’，又将‘良能’除外了。”[②]李石岑在中国公学的一次演讲中，针对梁漱溟《东西文化及其哲学》提出：“仁是一个宇宙的大流，只要不停歇不呆坐着而壹意的往前走，都合乎‘仁’的意味。”[③]梁漱溟所说的本能、直觉其实也是一种情感，只不过是一种基于本能而自然而然的情感，完全排斥了人的理智作用。而胡适、冯友兰、钱穆等人虽亦从情感层面出发论“仁”，却并未排除人的理智作用。

余家菊与近代大多数学人一样，均肯定“仁”是孔子思想的核心，但其他人均在情与智的层面阐释仁，他在注意到仁的情、智方面含义的同时，专将“仁”与“意志”联系起来。总体来看，在抗战爆发

---

① 梁漱溟：《东西文化及其哲学》，上海：上海人民出版社，2006 年版，第 123 页。
② 恶石：《评〈东西文化及其哲学〉》，《民国日报》副刊《觉悟》，1922 年 3 月 28 日。
③ 李石岑：《评〈东西文化及其哲学〉》，《民铎》第 3 卷第 3 号，1922 年 3 月。

以前，余家菊与前述蔡元培等人一样，肯定仁为众德之首，主要指一种情感。抗战爆发以后，余家菊逐渐把“仁”与西方心理学中的“意志”这一概念联系起来，对“仁”提出了新看法。

余家菊最早提到“仁”是 1923 年 8 月在巴黎度假时写的一篇文章，在文中谈及中国传统的“五常说”时提出，道德是分等级的，为上一级的道德而牺牲下一级的，在不得已时，是使精神安宁的唯一方法。他说，中国传统的仁、义、礼、智、信五常，“实为五等之德”，“仁”是五常中最高的道德，五德之中只有仁是道德的本源，心若不仁，“则一切义、礼、智、信，都是奸宄弄人之具”[①]。这和蔡元培一样，认为仁为众德之首。

1928 年 11 月，余家菊又指出：孔子教人，以仁为目标。仁主要有三种含义，就存心言，仁为一种对亲人的笃厚恳挚之情；就功泽言，仁有保王济民“不以兵车”的力量；第三，仁是“举爱心以加诸人而言”。而第一点和第三点可以归结为一类，均指一种对人的爱敬之情。这是从动机和效果两个层面解说仁。

1934 年 4 月，他在《孟子教育学说》中同意孟子对仁的界说，认为仁即人心，为人心之所固有，其发端见于人人所具有的恻隐之心或不忍之心，而仁的实质见于事亲之中，故人们行为的关键在于将此恻隐之心演大而充广之。此时，他对仁的看法依然是从情感层面立论。然随着民族危机的亟深，余家菊逐渐将“仁”与西方心理学中“意志”这一概念联系起来。

意志（Will）这一概念最初来源于西方中世纪的基督教。在中世纪，

---

① 余家菊：《理想与训育》，原载《教育杂志》第 15 卷第 12 号，参见余家菊：《余家菊（景陶）先生教育论文集》（下），台北：慧炬出版社，1997 年版，第 582 页。

奥古斯丁把希腊的理性主义与基督教对信仰和爱的强调结合起来，并认为后者比前者重要，即主张意志高于理性。他说："上帝是永恒和超验的存在物，是全能、全善和全智的；有绝对的统一性、绝对的智慧和绝对的意志。"[①]他认为，人的善良意志是自由的。阿维西布朗认为，意志是不能定义的，它高于自然和灵魂，高于质料和形式，是第一范畴，由上帝产生的神圣意志是世界的创造者和维持者。托马斯·阿奎那认为智慧高于意志，而邓斯·司各脱与他相反，认为神的意志是道德的来源和约束，人的自由就在于人的意志高于理智。奥康的威廉(有的译为奥卡姆的威廉)继承了邓斯·司各脱的思想，认为人的自由就在于人的意志高于理智。

17世纪，荷兰哲学家斯宾诺莎把意志定义为内心肯定或否定事物的能力。他还区分了意志和欲望的不同，意志对事物的肯定与否定不涉及善恶关系，而欲望则与善恶判断有关。意志没有欲望可以存在，而欲望没有意志却不能存在，所以意志是先于欲望的。斯氏又认为，意志与真信仰和意见也不同：意志所产生的并不都是善的欲望，而真信仰只能产生善的欲望；但意志又是完全正确的，而意见则只能导致错误和揣测。斯宾诺莎还区别了意志和理智。他认为，理智是实在的存在物，它是心灵对事物本质和存在的知觉；遵循理智，并不是我们对一事物有什么肯定或否定，而是事物本身在我们内心对它自身做出某种肯定或否定。而意见则仅仅是思想的样式，是思想的存在物；意志不是存在于自然之中的事物，它不能成为别的事物的原因，也不是自身的原因，它必定有一个外在的原因。由此，斯宾诺莎得出结论，

---

① [美]梯利著，伍德增补，葛力译：《西方哲学史》(增补修订版)，北京：商务印书馆，2005年版，第164页。

意志是受外在原因决定的，它不是自由的。

18 世纪，英国哲学家贝克莱认为，意志是精神实体的最基本的性质和能力，即自主产生和运用观念的能力。贝克莱认为，精神实体分为两种：有限的精神实体即人的心灵，与无限的精神实体即上帝。这两种精神实体所具有的意志能力是有区别的。人的心灵的意志能力是有限的，它无法左右与反省观念相对应的感觉观念，人的心灵在清晰、强烈、稳定、有序、更富有实在性的感觉观念面前基本上是被动的，只能消极地接受这种观念。而上帝的意志是全智、全能、全善、永恒无限的精神。

19 世纪，唯意志主义把“意志”作为其流派的主要范畴，指世界的本质和基础。近代哲学家中，康德和费希特注重意志的作用，把它说成是理性的先决条件和实现精神因素的源泉。德国唯意志主义者继承康德和费希特的思想，并进一步利用生物学的成就，利用心理学、生物学尚未充分发展的状态，对意志做了非理性的解释，说它是独立存在的、决定一切的实体，是自然和社会一切变化的最后根源，从而以“意志”为中心形成一个独立的哲学流派。

叔本华在《作为意志和表象的世界》中系统论述了“意志”这一范畴，他借用康德的术语，把“意志”说成是“物自体”，以区别一切观念和客体，即使人的肉体也只是意志的体现。这样，“意志”就成为一种完全敌视客观物质世界的神秘的生活力。但他认为，“意志”在显示自身时，是无意识、无目的的，它的基本特点就是求生存，为此忍受一切，这就是所谓“生命意志论”。

尼采则不同，他虽然继承叔本华的衣钵，但适应变化了的历史条件，给无意识、无目的的生命意志以一定目的和意义，这就是统治的欲望、权力的追求，即“权力意志论”。从马克思主义观点看，意志只是人的一种生理机能，它的内容来自外部世界，意志自由不是随心所欲，而是借助对事物的认识做出决定的能力。

意志哲学在西方的兴起，当从文艺复兴以来的西方社会发展的宏观进程来了解。文艺复兴运动之后，欧洲思想潮流一个极明显的趋势，就是人的觉醒，人的价值与尊严随着上帝观念的崩解而受到重视。在中世纪时，人们的偶像是“上帝”，文艺复兴以后的世界则真正成为人类的世界。18 世纪以后，唯物主义思想开始崭露头角，随着 19 世纪科学的发达和工业文明的进展，唯物主义更是成为欧洲思想界的一股狂飙。由于唯物主义重视物的作用，认为人类的精神是物质环境、经济变动的自然结果，这又导致人类的尊严逐渐降低，而“意志哲学”就是基于唯物主义和科学主义的反动应运而生。意志哲学注重人的心理与意志，与中国儒家思想中从思孟学派到陆王新学的一系儒家有相通之处，故在清末，当中国士人一接触到此说时便一下子欣然接受。

中国学界中最早接触到并介绍西方意志学说的是王国维。早在清末，王氏注意到德国哲学家叔本华和尼采均主张意志为人和世界的本质，只不过叔本华以灭绝意志为其伦理学的目的，而尼采则彰扬意志。王氏还对“意志”学说的脉络进行了精练的概括，他指出：“古今之言形而上学及心理学者，皆偏重于知力之方面，以为世界及人之本体，知力也。自柏拉图以降，至于近世之拉衣白尼志，皆于形而上学中持此主知论。其间虽有若圣奥额斯汀谓一切物之倾向与吾人之意志同，有若汗德于其《实理批评》中说意志之价值，然尚未得为学界之定论。海尔巴德复由主知论以述系统之心理学，而由观念及各观念之关系以说明一切意识中之状态。至叔本华出而唱主意论，彼既由吾人之自觉，而发见意志为吾人之本质，因之以推论世界万物之本质矣；至是复由经验上证明之，谓吾人苟旷观生物界与吾人精神发达之次序，则意志为精神中之第一原质，而知力为其第二原质，自不难知也。”①

章太炎也曾一度受过“意志”哲学的影响，他在《四惑论》中说：“若夫有机、无机二界，皆意志之表彰，而自迷其体，则一切烦恼自此生。”他认为所谓意志就是“求有生命之心”。②蔡元培在民初以意志为标准区别了人们常说的动作与伦理学所说的行为，他说：“世固有以人生动作一切谓之行动者，而伦理学之所谓行为，则其义颇有限制，即以意志作用为原质者也。苟不本于意志之作用，谓之动作，而不谓之行为……苟或缘于生理之变常，无意识而为之，或迫于强权者之命令，不得已而为之，凡失其意志自由选择之权者，皆不足谓之行为也。”③梁漱溟在其代表作《东西文化及其哲学》一书中说的“意欲”与意志接近，他说：“我以为我们去求一家文化的根本或源泉有个方法。你且看文化是什么东西呢？不过是那一民族生活的意欲(Will)——此所谓‘意欲’与叔本华所谓‘意欲’略相近，——和那不断的满足与不满足罢了。通是个民族通是个生活，何以他那表现出来的生活样法成了两异的采色？不过是他那为生活样法最初本因的意欲分出两异的方向，所以发挥出来的便两样罢了。然则你要去求一家文化的根本或源

① 王国维：《叔本华之哲学及其教育学说》，参见傅杰编校：《王国维论学集》，北京：中国社会科学出版社，1997 年版，第 270—271 页。

② 章太炎：《四惑论》，参见黄夏年主编：《章太炎集 杨度集》，北京：中国社会科学出版社，1995 年版，第 83 页。

③ 蔡元培：《中学修身教科书》，参见蔡元培：《蔡元培全集》第 2 卷，杭州：浙江教育出版社，1997 年版，第 152 页。

泉，你只要去看文化的根原的意欲，这家的方向如何与他家的不同。你要去寻这方向怎样不同，你只要他已知的特异采色推他那原出发点，不难一目了然。”[①]不过，上述诸位主要是从哲学的本体论的角度去诠释意志。

余家菊是学心理学专业的，他主要是从心理学中的“意志”出发，去建构其“仁学”体系。心理学将人的心理分为知、情、意三个层面，心理学中的意志(Will)是指人自觉地确定目的，并根据目的调节支配自身的行动，克服困难，去实现预定目标的心理过程。它是人的意识能动性的集中表现，是人类特有的心理现象。它在人主动地变革现实的行动中表现出来，对行为有发动、坚持和制止、改变等方面的控制调节作用。

1922年春，余家菊刚到英国后，鉴于欧战中精神病高发，于是纵览此类书籍，知其要领为：精神病之酿成，在冲动有受压制，而不得与全般性格相和谐者，是与吾国致中和之说相接近，反之于自身又确有见于意志之宜发展而不宜遏抑，于是撰《人格之动力》一文，旨在发扬国民的意志。他指出，理智之表现有三阶段，一为知觉的，二为观念的，三为理性的；在人的行为方面，亦有三阶段与此相呼应，一为冲动的，二为欲望的(即由情操所决定的行为)，三为志愿的。在第一阶段，各个性向的活动各不相关，此时如弗洛伊德所说的“愿望”最有势力，其行动固为有机体全体之行动，但在当时控制全部有机体的，只是一个性向而已；在第二阶段活动的，是许多性向合组的体系；在第三阶级活动的，乃是自我的全部，即所谓志愿者，就是有组

① 梁漱溟：《东西文化及其哲学》，上海：上海人民出版社，2006年版，第31页。

织的、自觉的全人格在行动中之名称，或可以说，就是有组织的自我的动的方面。据此，他认为，所谓意志，有广狭二义，广义包含前述之三个阶段，狭义则与志愿同义；志愿的行为就是自我与该种行为合一后之动作，那就是说，人在动作之时，志愿的背后有自我的全副精力在，在此等情形中，观念一经发动，行为立即随之，中间无一毫的间隔，即平常所称的“观念表出的行为”[①]，观念表出的行为之产生，以无相反的观念出而妨碍为其必要的条件。他认为，意志之特质是倾向于将它的对象加以改变。

1923 年 8 月，余家菊在《理想与训育》一文中再论意志。他说：“所谓意志就是活动中的全人格，就是有组织的自我之作用。意志不是一个自存的独立体，不过是自我的作用；也不是全自我的作用，只是自我中之有组织的一部分的作用。所以在心灵界，有排除到意志以外的成分，如被压制的情复与本能等，都是出于自我控制以外的。被压制的情复与本能的表现，是冲动的，常与自我相仇抗。自我是指有组织的自我，是指日常为一切实际的目的所用的‘我’。在寻常的情形之下，意志具有最高威权。它是许多本能的组织体，所以有力控制而克服与其目的不相投的本能与冲动。激发的次数愈多，它就愈强。若不激发或无足以激发它的，它就萎弱。”他援引麦独孤的说法：“意志就是品格之在活动中。理想的实际的表现，就是意志。意志就是在动作中的理性。”[②]结合西方心理学知识，余家菊认为，当时国内的伦理教育最大的危机是过分重视理智，而在他看来，在道德的教诲上，最为

① 余家菊：《人格之动力》，原载《中华教育界》第 12 卷 5—8 期，参见余家菊著，余子侠编校：《教育哲学论稿》，武汉：华中师范大学出版社，2008 年版，第 49—50 页。

② 余家菊：《理想与训育》，原载《教育杂志》第 15 卷第 12 号，参见余家菊：《余家菊(景陶)先生教育论文集》(下)，台北：慧炬出版社，1997 年版，第 568—575 页。

必要者实乃意志之激发。

从以上可以看出，他在20世纪20年代已经在教育学、伦理学方面开始注重意志，但主要限于学理方面的探讨。真正促使他将意志与儒家学说联系起来的是愈来愈急迫的民族危机。

1935年9月，余家菊从武汉至北平，任中国大学哲学系主任，并兼北大讲师。此时，正值日本制造华北事变的关口，国民政府步步退让，民族危机日趋深重。面对日本的步步紧逼和敌强我弱的客观态势，国人显得信心不足。当时有人标榜“吾人对于国事不求有功，但期无过，而大谈所谓静默主义”①。静默主义即不作为，保持现状而已。如前所述，当时胡适在北平就对余家菊表达过一个看法：面对日本，中国现在尚无力反抗，报仇当在三十年之后，今后国人当从教育和学术入手。余家菊不以为然，认为政治不进步，教育终将无所凭借。为振奋国民信心，他开始标举意志的重要性。他指出：“凡是人类，都有一种性，即前进性。用哲学家的名辞说来，便是‘意志’，便是‘权力意志’，便是‘生之冲动’。人生的宝光，全在意志与理性合一，意志之所趋向，必然是理性之所允许，理性之所指示，意志必然竭力奔赴。”②这是从人生哲学层面提倡意志的必要性和重要性。

他指出，在国家危急之时，国民当振作信心，一个国家的盛衰强弱，是由一个国家的国力酿造而成，国力既不是武力，也不是经济力量，而是一个国家的生活力；生活力的构成，除过体力、智力和群力(组织力)之外，还有国民的意志力。他说：“意志力强的，能与艰难困

---

① 余家菊：《疑是录》，参见余家菊：《余家菊景陶先生回忆录》，台北：慧炬出版社，1994年版，第243页。

② 余家菊：《我们所需要的人生哲学》，参见余家菊：《余家菊景陶先生回忆录》，台北：慧炬出版社，1994年版，第278—282页。

苦相奋斗，克服环境，战胜患难去达到目的，繁荣生存。意志力薄弱的，遇事退缩，一遭困难，便尔投降，生存在最低限的生存线下，遭遇不能生存之时便归之于天命而一切听之。”①他承认其时中国人的意志力似乎日趋消沉、疲滞，但他认为，这并非由于中国人先天的意志薄弱，乃由于近代以来中国所遭困难之严重，八十年来，紧张过度，刺激过多，一时之间，疲乏太甚，便难免消沉。但他相信，假以相当时间之休息保养，国人当有可为。

全面抗战之后，余家菊以青年党代表的身份当选国民参政会参政员，积极参政议政，为中国的抗战出谋划策。他先后撰文为抗战鼓气，无论是政论文章还是论学文章，余家菊始终都以儒家思想为基本理据。在他看来，中日战争不仅是两国武力、经济力的比拼，更是两国国民意志力的对抗。于是，“意志”逐渐成为余家菊在抗战期间其思想脉络中的一个关键点，而此一关键点随着他对儒家思想研讨的深入贯穿到他对“仁”的理解上。

美国汉学家狄百瑞指出，“仁”作为美德的典范，从严格意义上讲是一个开放从而无法定义的概念。“仁”以其最大的同情心可以通达所有的人，甚至通达上天。因此，孔子不肯把这个概念局限在某一点上，也不肯援引任何人作为典范体现这一无所不包的美德。②的确，《论语》中，孔子言仁之处颇多，孔子描写仁之种种形状，并就立言时之不同情态，随时揭出一义以立说。孔子当然不具有现代人的科学思维，他是一个注重因材施教的教育家，其立言往往是就各个门生的具

---

① 余家菊：《国力之渊源》，原载 1935 年《国论》，参见余家菊：《余家菊景陶先生论著第六辑》（二），台北：慧炬出版社，2001 年版，第 129 页。
② ［美］狄百瑞著，黄水婴译：《儒家的困境》，北京：北京大学出版社，2009 年版，第 39 页。

体情况而指点迷津。后来的学者则各就其所好，撷取孔子所言中有利于己者予以引申发挥，而不曾综合观察。如孟子，是就不忍之心以指示仁之端倪，并告人于不忍之心发动之时，操持而扩充之，开后世以博爱言仁之先声。周敦颐则提倡“循理则静”之说，以明通公溥求达于仁，而言仁者乃移其重心于智。程明道以“廓然而大公”形容仁，并以人身之血脉流通譬喻人己间的贯彻，仁者的局度始明。朱子认为，“仁是心之德，爱之理”，使理与爱融合为一，谓仁为心之德，更能指出仁之根源。陆象山主张“先立乎其大”，重在意志。王阳明则将主智论与主意论交流互融，但于推恩一面，有所忽视。

余家菊认为，孔子之学是中国文化的骨髓所在，孔学是“立仁之学”，他将《论语》中孔子言仁之处合而观之，认为孔子所说的仁实包含博爱、理智及意志三者。他指出，中国学界历来言仁者，每注意到其情的一面，也就是将仁看作人对人的一种慈爱之情，即汉儒所说的“相人偶”，这当然没问题。但他认为，博爱与理智两者尚不足以言仁，“仁”确有慈爱之情与明辨之知的含义，但意志的一面实为“仁”的根底之所在。他以《论语》中“仁者必有勇”为依据，指出：“勇者，实践义理而不计艰难困苦也。”因此，仁者“必措其爱与智于实践之中”，故仁为“智慧、慈爱、意志之融合体”。①这完全是西方心理学将人的心理三分为知、情、意的再版。

此时他更强调仁的意志性，他指出，孔子所说的“仁”是一种“真挚的心意活动”，此心意活动为“真挚的实践意志”，具有“公正无私”“操之由己”“绵续永远”“宁静恬怡而淡泊”“不因环境而动摇”等

① 余家菊：《中国伦理思想》，参见余家菊：《余家菊景陶先生论著专辑》第二辑，人文，台北：慧炬出版社，1986年版，第410页。

特点，它含有爱与智的活动，但更重要的是它“必当见之于实践行为”，尽管“仁”一般情况下“操之由己”，但却“有赖于外力之夹持”；“仁”有时是就行为之结果言，但其本质“究在于真挚的实践意志，而不必问及其效果”；仁为礼乐之所本，其所表现，“当勇往无所回避”“可见于人所易忽处”“圆满表现，最为难能”。[①]他之所以凸显发掘“仁”的意志内涵，主要是抗战期间，为振奋国民抗战的意志决心。由于中国在有形的物质力方面远逊于日本，值此民族生死存亡之关头，国人可依恃的只有自己的意志力，只要意志不灭，中国就不会亡。

同时，余家菊的仁学也受德国意志哲学的影响。他认为，宇宙演化本是意志的盈虚消长，但意志是盲目的，而人类有反照的能力，人类将其智慧灵光，反照在意志之上，意志有种种缺憾，人便感觉烦恼，因此想根本消灭意志，佛家涅槃之说，即是此意。他认为，就个人精神言，佛家涅槃境界，是可以达到的，但人类欲以意志之稳定，而控制三世，超脱轮回，却难以置论；而欲以一己之力停止整个宇宙之意志活动，这根本不可能。故他认为，佛家似乎过于看重圣德的威力，其实宇宙意志，既不能根本否定，个人意志又何必与宇宙相违而求其消灭？他指出，儒家的高明是将人道与天道打成一片，天道既健行，人道亦悠久活动，儒者不消灭意志，只是企图控导其意志。如《论语》常言志，《大学》重诚意。故他认为，人性的根底究在意志。

有时，余家菊也以生命哲学来解说“仁”。早年他曾翻译过德国生命哲学家倭铿的《人生之意义与价值》，肯定倭铿、柏格森在现代思想

---

① 余家菊：《中国伦理思想》，参见余家菊：《余家菊景陶先生论著专辑》第二辑，人文，台北：慧炬出版社，1986 年版，第 388—390 页。

界的权威地位，认为他们的学说同是“生命派”。倭铿说：“关于生命的内容，我们一经承认独立的精神权力为实在界的基础，彼此就再不觉得实在界是人类活动的固定的而且不可达到的基础；乃是自己具足的，自己发展的生命，我们可以凭着自己的活动去分得一份，只要分得了一份，人生就到了自由创造，与自由活动的地位。……精神界能成为我们自己的生命，但是要我们自己努力，自己决定，自己参入精神的生命，自己提高天性中一切自尊的本能。”[①]倭铿的思想从思想类型上与儒家有相通之处，都肯定精神对人生的价值和作用，尽管在具体内容上对余家菊影响不大，但在一定程度上加强了他对精神在人生中之价值和作用的认知。柏格森的思想则直接被余家菊应用到“仁”的解释上。他指出，就根源上说，仁是生意，也是真意，即真实的生意，顺此真实的生意，向前发展，向上发育，便是为仁。他说：“仁即是‘生之冲动’，完成自己的生意，是仁的根源；完成人人的生意，是仁的功能。”[②]他认为，万物同有其真实的生意，发展此真实的生意，便能以四海为一家，摩顶放踵以利天下；斩丧此真实的生意，便将口腹不相顾，手足不相关，而人格瓦解，所以人生以保持此真意为第一义。

由于仁中存在情感、理智与意志三种因素，三者的关系是什么呢？按余家菊的思路，情感可以推己及人，意志则为其根底，行动为其器械，因此，仁者尚力行，尚利他之行，尚无所自利之行；其中的关键，在于理智的烛照，使自心觉察正义之所在，而不得不图有所利益于人

---

① [德]倭铿著，余家菊译：《人生之意义与价值》，参见余家菊：《余家菊景陶先生论著专辑》第二辑，人文，台北：慧炬出版社，1986年版，第228页。

② 余家菊：《孔学漫谈》，参见余家菊：《余家菊景陶先生论著专辑》第二辑，人文，台北：慧炬出版社，1986年版，第467页。

群。他以中庸中的“成己，仁也；成物，知也”为例，指出：成己是发于生之冲动，是原始的，是第一次的；成物是发于理性命令，是继起的，是第二次的。人的生之冲动，经过理性烛照以后，才能己欲立而立人，己欲达而达人，才能老吾老以及人之老，幼吾幼以及人之幼。

对意志的强调也受他的老师伦恩的影响。伦恩认为，每一种动物，只要它活着，总对世界有它自己的主张或表现自己，即每一种动物都有它的意志，意志是一切有生命的动物和人类的根本。余家菊受伦恩的影响，主张教育的生命就在于“培养学生向上之真实意志是矣”！他说：“夫向上者，意志活动之表现也。欲向上者须有意志活动而后可。压抑其意志，使不得动作，而谓将使人向上，是何异穿牛之鼻，贯之以绳，持其绳而曳牛上山，曰：吾固引牛向上也。”在他看来，机械的活动或者强迫的活动，由于不自本人内心发展而来，实为不具意志之活动。而“活动而不具意志，便不成为自己之活动。自己且无活动，更何论乎向上！向上以自己的活动为其基本，自主的活动以意志的发展为其关键”。[①]故教育之事当发展学生的意志，意志之所以为意志，在其独立自主性，故教育当发展学生的自主活动。

其实，抗战时期中国思想界对意志的关注不独余家菊，在强调“兵”与“力”功能的林同济、雷海宗为代表的战国策派言说中，也可以看到对“意志”的重视。林同济在五四运动的二十周年纪念日时指出，中国自五四新文化运动以来的20年，思想界是以胡适为代表的实验主义大行其道，但他们的问题是“运用他们功利式的纯理智头脑，来一五一十向你细数那些物质条件”，物质当然是必需的，但他提醒不

① 余家菊：《教育之生命》，原载1944年9月10日《民宪》1卷7期，参见余家菊：《余家菊(景陶)先生教育论文集》(上)，台北：慧炬出版社，1997年版，第19—22页。

要忘了物质的运用者和组织者，即人的作用。他说："这是我们抗战以来所发现的最可贵的真理：有物质无意志，根本无力；有意志无物质，还有办法。"以他来看，五四时代的伟大之处是理智的可靠，而他们的伟大发现是意识到"意志是理智之王。理智可贵，意志可贵又可敬"。林氏指出："如果五四时代是实利逻辑飞跃之期，我料得此后中国的思想必定要对'意志自有的逻辑'开始领略其滋味。"①

陈铨也认为："人类的意志，才是历史演进的中心，凡是想凭物质条件来说明一切的人，凡是相信人力可以战胜一切的人，都只看到一方面的现象，而没有找出全部的真实。物质的力量，决不是万能，人类的力量也不是万能，但是人类意志发展努力的过程，的确创造了人类全部的历史。"②陈氏与余家菊对儒家的态度不同，但他们都看到了五四新文化运动中的民主与科学的彰扬使得理智在近代中国畸形发展，由于一切传统被掀翻，国人遂只相信自己，而缺乏任何英雄崇拜。他以为，一个不知崇拜英雄的民族，一定是文化堕落的民族，若人人都自以为天才，人人都不佩服别人的天才，人人都想取得领导的地位，人人都没有领导的能力，无疑会造成仇恨嫉妒与争权夺利的局面，终会导致团体生活趋于涣散，到了这种局面，即便有英雄出来，也不能挽回世运。这与20世纪20年代晚期余家菊对国内人人领袖欲的充斥的观察相似。

西方意志学说早在清末时就被引介到国内，但在抗战期间却蔚为潮流，与当时中日战争形势有很大的关系。究其原因，其实与阳明学

---

① 林同济：《廿年来思想转变与综合》，参见《文化形态史观·时代之波》1940年影印版，《民国丛书》第一编44，上海：上海书店，第299页。

② 陈铨：《论英雄崇拜》，参见《文化形态史观·时代之波》1940年影印版，《民国丛书》第一编44，上海：上海书店，第143页。

说在晚清时畅行中国一样，险恶的战争环境需要发扬人的勇气与意志。只不过，余家菊对意志的强调比较谨慎，他把意志与儒家思想联系起来，使意志的功用尽可能限制在仁心之内，否则，便流为法家的狠毒与兵家的残忍。

（二）实现仁的途径

孔学是立仁之学，如何实现仁呢？余家菊撷取了儒家内思孟学派的“尽性”、荀子的“礼”与朱子的“博文”，构成其“仁学”的实现路径。“尽性”就是尽人之自性，“约礼”就是遵守客观的礼法，“博文”就是追求知识。

1. “尽性”

余家菊认为，孔子之学，实基于性而发于仁，性为仁所依，仁为性之质，然性与仁，皆备于己，其主体为人，故孔学是为己之学，亦是尽性之学。

在孔子时代，由于民风相对比较淳朴，性并未成为时代一瞩目问题，在《论语》中，孔子很少谈到性，也未明确揭示性的善恶归宿，只是肯定人与人之间的本性本来是互相接近的，即所谓“性相近也，习相远也”（《论语·阳货篇》）。到孟子时，人性始成为时代问题，孟子明确标举性善之说。孟子直接从“不忍人之心的道德”本心确认人的本性的道德性，从而明确主张“性善论”。他说：“水信无分于东西，无分于上下乎？人性之善也，犹水之就下也；人无有不善，水无有不下。今夫水，搏而跃之，可使过颡；激而行之，可使在山。是岂水之性哉？其势则然也。人之可使为不善，其性亦犹是也。”（《孟子·告子章句上》）其实，从孔子和孟子之间也就是孔子的弟子和再传弟子时，性已逐渐成为一公共话语。如被认为属于公孙尼子或世子一派的在《性自命出》篇就指出："性自命出，命自天降，道始于情，情生于性。"①而子思一派的《中庸》不仅多次谈及性，而且已论及"尽性"。《中庸》说："唯天下真诚，为能尽其性；能尽其性，则能尽人之性；能尽人之性，则能尽物之性；能尽物之性，则可以赞天地之化育。"以上两派儒者通过性为孔子的仁学提供了形而上的基础。

近代中国，明确主张"尽性"说的是梁启超。梁氏在20世纪20年代指出："这尽性主义是要把各人的天赋良能发挥到十分圆满。就私人而论，必须如此，才不至成为天地间一赘疣；人人可以自立，不必累人，也不必仰人鼻息。就社会国家而论，必须如此，然后人人各用其所长，自动的创造进化，合起来便成强固的国家进步的社会。……今日第一要紧的，是人人抱定这尽性主义，如陆象山所谓'总要还我堂堂地做个人'，将自己的天才(不论大小，人人总有些)尽量发挥，不必存一毫瞻顾，更不可带一分矫揉，这便是个人自立的第一义，也是国家生存的第一义。"②

余家菊的"尽性"说未必受梁氏的影响，实来自孟子。童蒙受教时，老师布置的两个作文题——"人皆可以为尧舜""若夫豪杰之士，虽无文王犹兴"，均为孟子原话。十六七岁时，又读康有为刊行《不忍》杂志，内面有《孟子微》一书，其中说：舜，人也；我亦人也；舜可为法于天下后世，我犹未免为乡人也。他说，读过这一段书，而还不奋发努力，那便是麻木不仁的人了。孟子的这句话通过康有为对余

---

① 冯达文、郭齐勇主编：《新编中国哲学史》(上册)，北京：人民出版社，2004年版，第83页。

② 梁启超：《欧游心影录》，参见吴松点校：《饮冰室文集点校》第6集，昆明：云南教育出版社，2001年版，第3488—3489页。

家菊发生了不小的刺激作用。

同时，他也受美国人本主义心理学家马斯洛思想的影响。他明确指出："尽性大似西洋所谓自我实现说者。自我实现者，完成一切才行，践履一切伦常之谓也。"[①]他在30年代中期将孟子的思想主旨归结为"尽性"，主要是反对英国功利主义哲学给中国带来的危害。他看到，英国功利主义哲学，以最大多数之最大幸福为目的，对于英国国政民事之改造颇有贡献，然其传入我国之后，则个人之幸福必置于最大多数之幸福之前，功利主义尽成私利主义，故以孟子的尽性说来救济功利说之失。

要明了余家菊所说的"尽性"，首先当考察他的人性论。自孟子提出性善说后，荀子明确主张性恶。他说："人之性恶，其善者伪也。"到了汉代，董仲舒提出性三品说，他说："圣人之性，不可以名性；斗筲之性，不可以名性；性者，中明之性。"（《春秋繁露·实性篇》）东汉王充提出性善性不善之说，王氏指出："论人之性，定有善有恶，其善者固自善矣，其恶者故可教告率勉使之为善。"（《论衡·率性篇》）这是说性之善恶虽人而异。扬雄则提出性善恶混说，他说："人之性也，善恶混。修其善，则为善人，修其恶，则为恶人。"（《法言》）这是指人之性兼具善恶也。宋儒又分性为气质之性与义理之性。不过，荀子之后的中国性说，其实只是性善说与性恶说的变种而已，故中国人性说主要分为性善论与性恶论两种。

近代中国思想界中，梁启超、章太炎、王国维、胡适、傅斯年等人对人性皆有论述。梁启超既主张"尽性"说，自然认同性善说，但他并

---

① 余家菊：《孟子教育学说》，参见余家菊：《余家菊景陶先生论著专辑》第一辑，教育（一），台北：慧炬出版社，1984年版，第366页。

未从正面论述过性之何以为善。章太炎认为性有“审善”“审恶”与“伪善”“伪恶”之分[①]，即主张性有善有恶论。王国维认为，人性问题根本就是一个玄学问题，他既不同意性善说也反对性恶论。他认为，人性属于先天的知识，从根本上是超乎人的知识之外的。他说：“今试问性之为物，果得从先天中或后天中知之乎？先天中所能知者，知识之形式，而不及于知识之材质，而性固一知识之材质也，若谓于后天中知之，则所知者又非性。何则？吾人经验上所知之性，其受遗传与外部之影响者不少，则其非性之本来面目，固已久矣。”他从根本上认为性为一不可捉摸之物，性既超乎人的知识之外，如非要论性，则不驰于空想，就不得不从经验上推论，于是善恶二元论起。然善恶属于经验上反对之事实，不能由其一说明，又其为积极之事实，也不能举其一而遗其他。故从经验上论性，只能回到善恶两元论的圈子，但人类又不满足于二元论，非要有一个确定的答案，于是有性善论、性恶论及超绝的一元论（即性无善无不善说和可以为善可以为不善说）。他认为，性之善恶两元论及超绝的一元论虽非性之本来面目，但尚能自圆其说。至于持性善说与性恶说之一元论，如回到经验上会矛盾百出，很难自圆其说。他要求世人“勿徒为此无益之议论也”[②]。

余家菊早年是以教育家名世，在英国留学时又曾一度潜心于心理学，对人的心性颇为关注。心理学认为，人生而具有种种性向，于一定的情境下发为一定的心思行动，性向决定动作的方向。在20世纪30年代，余家菊对于当时中国社会改造论者多从经济及制度上着眼这一

① 章太炎：《辨性》，参见章太炎：《国故论衡》，上海：上海古籍出版社，2003年版，第134—141页。

② 王国维：《论性》，参见王国维著，傅杰编校：《王国维论学集》，北京：中国社会科学出版社，1997年版，第221—230页。

现象颇为不满，他认为，社会改造应从人的心性。

起初，他从教育学原理出发，从进化论的观点考察人性，认为人性乃千万年间演化之结果，人为生存计，其行动固不得不适于生存，但并无为善的必然性。而且从经验层面看，恶者经常善报，善者又常遭恶报，可见，适于生存者之不必为善者是人生常态。他主张：人之进步不在顺从生性之自然，而在指导之、纠正之、改进之，若强谓为善，则唯有此力求改进之心为能符合之，亦因其有此改进之心，故虽其生性与习尚颇有不合于理不宜于事者，亦无妨目之为善。使无此求善之心，则教育为不可能，使生而为善，则教育又无所用之，故他认为，人性的本质当从“可以为善可以为不善”之说①。

不过，20 世纪 30 年代之后，随着对儒家思想研究的深入，余家菊对儒家的人性论有了明确的看法，逐渐认同孟子的性善说。他注意到：孔子时，人性问题并未彰明，俟孟子时，性之善恶已是异说纷纭，其中关键造因在当时的实际政治，如为政者以为性善，则将听人民之自由发展而民有欢娱之象，为政者以为性恶，则将钳束人民使其强就驰驱而民有愁苦之情，即性之善恶有关王道与霸道的分别。他是信奉儒家的仁政说，故其在人性论上一改 20 年代“可以为善可以为不善”说，而明确认同孟子的性善说。

但如何解释荀子的性恶论？他认为，孟子的性善说与荀子的性恶说并不矛盾，因两人对性的内涵界定不同。他要人们特别注意孟子所说的“性之可以为善”一句中的“可以为”三字，而荀子持论，恰恰相反，于“学”“事”“为”一概划出于性之范围之外。然人之肯学、肯

---

① 余家菊：《教育原理》，参见余家菊：《余家菊景陶先生论著专辑》第一辑，教育(一)，台北：慧炬出版社，1984 年版，第 134 页。

事、肯为毕竟系发于人性之自然，故孟子之说终较荀子之说为最优。余家菊说："荀子言性，必去乎人为之事。孟子言性，必即乎人为之功。二人心目中之所谓性，根本不同，故无比较之可能。……孟子言性，系就其'可以为'者而言之；荀子言性，系就其'不可事'者而言之。"但这只能说明孟子的性善说与荀子的性恶说本质上并无不同，并不能正面证明人性本善。

人性究竟是善是恶？余家菊认为，人类比其他动物之所以能独存至今，盖其能适于生存，而其所以能适应生存，在其有能群之性。但凡有害群之举，便为人所不容。人类之所以能群，缘于其先天的保群种性。据此，他认为所谓善，不外人群同存同荣之道。他说："今人生而能群，故可断言人性为善。彼不能合群之人种必已早为天演所淘汰，而不能存留迄今。"[①]这依然是从进化论的思路进行申论，但他没有看到由于资源的有限，人类之间为生存也可能残害同类，故用进化论很难说明人之性善。

既然人性善，何以人多恶行？他指出，性善而不能使人必归于善，心之好善与否，性也；为之而果善与否，则有赖于学。事理不明，不足成善；操术不精，亦不足以成善。言外之意，人只要接受教育，完全可以返回本心，而人之本心究在于人有向上之心。余家菊认为，向上之心是性善的最终来源，但人的向上之心从何而来呢？他说："向上之心，乃是一种自然现象。所以完成法则（Law of Completeness）是有生界的极有势力的法则。各个生物都不能不自己去追求自己的完成。生活的丰富是生活的标的。无论是身体的或精神的欲求，其要求圆满，

---

① 余家菊：《荀子教育学说》，参见余家菊：《余家菊景陶先生论著专辑》第一辑，教育（一），台北：慧炬出版社，1984 年版，第 448—449 页。

都极亘久。在未能达到时，就发生缺憾之感。这完成法则，显现在生理界，就是健康；显现在道德界，就是成德；显现在宗教界，就是神圣；显现在心理界，就是自我实现。”[①]但生物界的自我完成未必完成的是道德上的善，他所说的人心向上的“上”也并非一定是善。

几年之后，他针对宋儒将人性分为气质之性和义理之性进行批驳。他认为，宋儒的问题是将人性割裂来看。他说：“人性是整个的，是不可分割的。人性之全体，其构成之各部分，是互相调节的。保持调节，便全是善，失了调节，便产生恶。”[②]这显然是受《中庸》的影响。《中庸》说：“喜怒哀乐之未发谓之中，发而皆中节谓之和。”“中”是均衡，“和”是谐和，只有使人的天性保持中和的状态，即为善。之所以恶，是因为未达到中和的状态。

到 40 年代初，余家菊的人性论渐趋成熟。他认为，性者，其第一义为不学而能，即与生俱来；其第二义为同类莫不皆能，即人所共有。合起来看，人性即为人类生而具有的，即所谓天命之性。从纵向看，人性来源于天，宇宙演化，人性亦随之锤炼。在宇宙演化之中，有无数层级的精神表现，而其最高之表现则寄于人类身上，故人为宇宙灵气所钟，亦为宇宙生机所系。人类既秉宇宙之灵性，宇宙生生不息，人性亦自强不已。在宇宙演化的历程中，人性各元素，有凝成在前者，有凝成在后者。其凝成于前之元素，因时间较久，及今发育亦较早，故其势力雄厚。其凝成较后之元素，因时间较短，及今发育亦较迟，故其势力较弱。高尚之元素，大抵皆发育较迟，如无私的利他，抽象

---

① 余家菊：《理想与训育》，参见余家菊：《余家菊（景陶）先生教育论文集》（下），台北：慧炬出版社，1997 年版，第 571 页。

② 余家菊：《人生对话》，参见余家菊：《余家菊景陶先生论著专辑》第二辑，人文，台北：慧炬出版社，1986 年版，第 291 页。

的理性。然而发育早而在前者，亦并非卑劣鄙陋，如食色性色，只因其发育进程每达一阶段遂不复向前，或着于一定对象之上，或囿于一定范围之中，遂使人或觉其卑劣鄙陋，其实非其本质之果。然卑劣鄙陋也，乃因其发育未能充类至尽也。余家菊所说的凝成于前的人性实际上是人的物质性或生物性，此后，人性各元素依次逐渐发展为社会性、精神性。他说："人性各元素之发育，依时序先后为物质、社会、精神我。物质我最先，社会我次之，而精神我最后。"①他的思路既有中国天人合一的世界观渊源，也受德国黑格尔、倭铿等唯心哲学的影响。从横向看，他又回到《中庸》说的老路，以中和说来解释性善，以失调说解释性恶。

后来，他读魏庄渠学案时，悟到阴阳动静，如迷则恶，其复则善，其所以能复者，则善性常恒不灭。然善性何故不灭？他只能认同"理该得如此，而不能自如此；其能如此，皆气为之也。气能如此，而不尽如此，滞于有迹，运复不齐也"②。

余家菊一度曾用自由意志说来解释人性，认为人性之根底究在于人的意志，他说："观察人性，当察之于人之行动。一种行动，在不同的时代中，在各异之环境中，不经教导而发现于人人之身者，即出于人性之自然者。人性之发展，遵循一定轨道，故自然又即必然。自然者，基于自性而然者；必然者，依于定律而然也。基于自性而然，是为意志自由，依于定律而然，是为定命。"但自由意志既可能使人性趋善，又可能使人性趋恶，他看到了趋善的一面，而没有看到或者说他

① 余家菊：《教育哲学》，参见余家菊：《余家菊景陶先生论著第七辑——余家菊先生日记手稿》，台北：慧炬出版社，2008年版，第534页。

② 余家菊：《临汝日记》，参见余家菊：《余家菊景陶先生论著第七辑——余家菊先生日记手稿》，台北：慧炬出版社，2008年版，第202页。

根本不愿看到人性趋恶的一面，作为教育家和服膺儒家仁政说的余家菊无论如何都不可能承认人性本恶的一面。西方哲学史上对人性探讨比较深刻的当是康德，康德把人性归结为自由意志，使人性成为一个不可把握的东西，既有可能向善，又有可能为恶，全凭自己如何创造自己，故人必须随时警惕自己意志趋恶的可能。也许正因如此，西方后来走上了用法治来防范人为恶的道路。前述王国维实已接触到康德的自由意志说，然王氏并未向前再走一步，他和余家菊等近代许多儒者一样，实不愿去面对人性恶的残酷事实。

其实从根本上说，对于儒家的性善论不能仅由经验的层面来理解。余家菊从来没有否认人在现实中可以为恶的可能性，他只是要指出善端同样是经验上的事实，由恻隐之心的呈现指向超越的良知，这是人行善的根据。故真正的道德行为绝不只是对于现存的社会的行为规范的一致，而是由于良知的发用有一种内在的要求，行为的实践乃必须合乎义理。他之所以屡屡强调应从行为上观察人性，更大程度上是其信念大于理念。他说孔子性论（性相近，习相远）的两大含义一是“习”，二是“远”。“习”强调行为，“远”则注重过程。他是从人类发展的长远过程和人类整体的理性实践上最终相信人性善。

人性既善，故人当将其善性发扬光大，如何充分发挥人性，他认为可分为两点，一为组织上的尽性，一为程度上的尽性。组织上的尽性，是说要把各种天性，使其平均谐和地发展，不可偏枯。如仁爱也，须有正义的调剂，则正当，否则为姑息之爱。又如正义也，如无仁爱的调剂，则陷之冷酷，皆失其正常。程度上的尽性，是说要尽量地发展天性，尽最大的力量，做自己所能做的事。在本身的能力范围以内，则仰不愧天，俯不怍人。[①]

儒家的“尽性说”起源于思孟学派，到宋代理学时，逐渐成为儒家思想传统的主流。严格来说，它只是一种内向超越，它“使人与宇宙有机地融合在一起——人性参与永恒与超越的天道，因此，天道可在‘尽性’中由‘心’契悟与体会。换言之，‘超越’可经由内向的途径由‘心’来接融与理解，进而体现之，‘内在超越’的观念导致人与‘超越’衔接与沟通的特殊方式：不假外求，直接诉诸生命中人性的实践。‘道心’不是由‘启示’得来，它是从‘尽性’与‘践仁’的实践生命过程中，由‘人心’内省、体会与契悟而得。”而“内向超越”往往会遇到外在现实环境的限制。正如林毓生先生指出的：“它只能使人看到理想与现实的矛盾，因为它的超越是内向的，只能反求诸己，使用它所界定的人的内在精神与思想资源，努力达到传统所界定的理想，而不能提供一个更为超越的‘杠杆’来转化理想本身。”[②]故仅有内向超越显然是不够的，还须外在超越，即知识上的“博文”和行为上的“约礼”。

2. 博文

立仁需要“尽性”，尽人之善性。但人生活于相对世界之中，因此，人不一定随时随地都能发挥人之善性，故尽性之外，还需明理。如何明理？显然非博文即追求知识不可。

近代以来，由于国难的刺激，中国读书人偏于早熟。不少青年学子在学力未济、思想未成熟时便投身政治，尤其在五四运动之后，越

---

① 余家菊：《人类的尊严·自我的认识》，参见余家菊：《余家菊景陶先生论著专辑》第二辑，人文，台北：慧炬出版社，1986年版，第99页。

② 林毓生：《中国传统的创造性转化》（增订本），北京：生活·读书·新知三联书店，2011年版，第577页。

来越多的青年人开始从事实际政治。如恽代英就对当时的学生说："你们是中学生，就是社会中坚，只需工作学习，不必求学，不必升学，也不必留学等。"①少年时代，余家菊一度受阳明说的影响，阳明的致良知和知行合一，使人发扬蹈厉，颇有志士风范，可以助长革命勇气。随着涉世渐深，余家菊看到许多朋友因阳明说的影响，在乱世之中，一个一个倒在血泊之中，渐悟出朱子教人穷搜圣贤之遗意，即物穷理之用心。后来他在纪念恽代英的诗中明白道出了对阳明说的看法，诗云："知行合一误斯人，倒峡雄文倚马就，献身有意泰山重，假使殚精广学问。"②多年的社会阅历使他意识到：率性而行，其行为未必中正，卤莽灭裂与误出歧途的现象经常发生，故对于行为方针，要使其正当，只有有求安全于智慧之中。他在20年代初于北京高等师范研究科受业于杜威时，杜氏曾教他：知以导行，行以致知，求知须验事之说。杜氏持说实与朱子即物穷理论有其近似处，即注重理智的作用。他后来说："后经艰危，目睹友朋以践履良知而遽殒其躯，国事鼎沸，参与者亦多动机纯洁，乃悟朱子教人穷搜圣贤之遗意，博讨历代之典章，其功不在禹下；因恍然于博文之要。"③

博文就是追求知识，近代以来，培根的"知识即权力"风靡中国。知识的价值在于指导人们的行为，故知行关系是自古以来学人们普遍关注的问题。余家菊对阳明说的不满主要就集中在其知行合一说上。他对中国思想史上关于知行关系的四种说法即知易行难、知难行易、

① 余家菊：《我的学习生活》，参见余家菊：《余家菊景陶先生论著第六辑》(一)，台北：慧炬出版社，2001年版，第58页。

② 余家菊：《念恽子一君》，参见余家菊：《余家菊(景陶)先生教育论文集》(上)扉页，台北：慧炬出版社，1997年版。

③ 余家菊：《大学通解·序》，参见余家菊：《余家菊景陶先生论著专辑》第二辑，人文，台北：慧炬出版社，1986年版，第682页。

知难行亦不易、知易行亦不难均有评述。他指出：知难行易之说，可使人努力求新知以革除故态；知易行难之说，可使人戒浮谈而重实行，在近代中国，就国人之惮于改革而言，宜提倡知难行易说，就国人之空疏脆弱言，又宜于提倡知易行难说；而第三说有第二说之长而亦不易使人轻视易行，第四说有第一说之长而亦不使人怯于力行。但他认为，上述四说其实太简单疏阔，就真理之本身言，知行各有不同的种类，其难其易，不可一概而论。

他从心理学与教育学原理出发，认为知行并不自然合一。他指出，一般在最初的阶段上，知行多是同起的，有什么样的知，即有什么样的行。在最初阶段以后，有时运用繁复的理智活动，等情况认识明悉，计划拟制完成，然后再继续活动，在这种情况，行动的主要部分，延缓了若干时间，而倾心于认识的活动，这是人类生活的起点。行动愈复杂，则行动之延迟愈久。在实行以后，有时又停止行动，而从事于前此行动之检讨。行动之检讨，是未来行动的准备，而其性质则是知识的活动。所以就知行的发展过程说，知行的自然不必是始终合一的。

他把知行进一步细分，就知的性质说，最少可分为“(一)感觉之知；(二)记认之知；(三)理解之知；(四)创悟之知”数种；就行的性质言之，最少可分为“(一)反射之行(本能之行)；(二)习惯之行；(三)决意之行；(四)经纶之行”数种。就感觉之知、记认之知、反射之行、习惯之行而言，知行往往是合一的；就理解之知、创悟之知、决意之行、经纶之行而言，知行的自然现象是显然分立的。余家菊对知行关系的认识在近代中国思想史上应是比较精细的，他看到了知行往往很难合一，虽在形式上仍然认可知行合一说，不过在内容上，与王阳明的知行合一说有区别。他说："知行合一的用意，是教人知了便行，或者行如所知，不要欺蒙自己的良知；另一方面是教人行其所知，不要不知而行，以免盲行。对于喜事玩索的人，应当告以知了便行；对于敢于实行的人，应当告以行其所知。言各有当，因人而施。惟是即知即行的共同范围则都以关涉个己的言行为限。所须提倡躬行实践的，也是以此为范围。至于社会国家，事态纷纭，我们所知的已愈来愈多。知行合一，应当限于个己本分范围之内。"

就求知本身而言，余家菊认为一般要经历"明义""探由"和"组织"三个阶段。"明义是去虚心体会，探由是审判论断，组织是综合建设。"这三个阶段或工夫缺一不可，用功的次序应按照循序渐进的原则，由"明义"到"探由"，最后到"组织"，不能越次。"明义"的工夫，第一是"体验"，即要用自己的经验去体会一种理论；第二是"分析"，即对于一个命题，必须将其打碎，看它由几个重要的因素，逐一咀嚼，然后又将其看作以整体重新审视一番。"探由"的方法，第一是"追"，即"鸡蛋内问出碎骨来"；第二是"敲"，从正反两个方面推敲，即"自己和自己抬杠"。"组织"是将各种意思组合在一个系统之内，它有三个特点，第一要"涵盖"，即主旨要能够笼罩所有论理；第二是"紧凑"，即前后意旨之间要有紧密的逻辑关联；第三是"条贯"，即前后意旨之间不能矛盾。他从自身求学的过程中总结出做学问的一般路径：一是"守一家之言"，二是"出入于各家之说"，三是"成一家之言"[①]。余家菊对问学门径的看法主要是自己多年求学的心得，有较强的参考价值。晚年，又用孔子的"学思并重""叩两端"和

① 余家菊：《人生对话》，参见余家菊：《余家菊景陶先生论著专辑》第二辑，人文，台北：慧炬出版社，1986 年版，第 297—305 页。

“一贯”之法来探讨问学的原理，这与抗战期间他的问学心得有明显的继承性。

从阳明说的流弊使他认可程朱的即物穷理说。他认为，在方法上，程朱理学自然赶不上西方的科学，但在精神上却与西方的科学有相通之处，程朱认定天下之物莫不有理，人心之灵莫不有知，即其所知之理而益穷之，以求至乎其极，自有豁然贯通之日。科学虽主要就实际现象为研究对象，但科学家在其研究的初步阶段不曾废书不读。他把程朱一再强调的“主敬”释为不自欺，即不持偏见和不掺杂情感尤其与西方科学精神相通。余英时先生也认为中国传统中只有程朱一系的理学与近代西方科学精神最近。①

他眼中的西方科学精神，主要有两个方面的特点：一是科学精神，对于事理，必确见其真，始承认其为真，对于任何论题，若无充足理由，或未经严密检讨，即不立任何论断。二是人的行为必须以真理或科学为基础，凡科学知识必须付诸行为，这是在强调科学对行为的指导作用。因为第一个特点，故科学可以成为学术的基础；因为第二点，科学可成为人生观的基础。他在科学与人生观的认识上，与新文化运动中的胡适、丁文江等人相似，而不同于张君劢等“玄学派”。

在20世纪20年代末，他提出科学有说明科学与轨范科学之分。说明科学“以说明必然的理法为其职志”，必然的理法，是自然而然，人们只能顺势利用，而不能改变。轨范科学“以树立当然的标准为其目的”，它是基于人们的价值观念而产生的学科，包括伦理学、论理学和审美学，即追求善美的学科。30年代，他又指出，科学可分为自然科

① 余英时：《环绕着“李约瑟问题”的反思：陈方正〈继承与叛逆〉序》，参见余英时：《中国文化通释》，北京：生活·读书·新知三联书店，2012年版，第174页。

学和社会科学，这其实就是之前的说明科学和轨范科学。他认为研究社会科学的先决条件：①须知社会科学比自然科学更为重要，因其直接关乎人类社会。②社会方案的拟制，须先了解社会法则，不能只问应不应，还当问其能不能，这就是说，人们探究社会既要有必要的价值观念，又要顾及其事实可能性。他有时认为构成社会发展的动力有人性、历史、环境(温度、雨量)、数量(人众)，有时又提出社会发展的动力是生物性、人类性及国民性。③须有社会责任心。④须排除感情，如不能因为家庭不幸就主张毁掉家庭。⑤须理解各种机构之功能。⑥不要以抽象理论法笼罩一切，应根据事实寻求方法的不同。[①] 余家菊对社会科学的看法有明显的西方实验科学的痕迹，但从实验科学出发很可能导致唯物的倾向，在关于社会发展动力的思考中他对生物性的犹豫与取舍可以看出他尽可能与唯物论区别开来的企图。

总体上看，余家菊对博文的看法主要立足于西方实验科学这个层次，这是他那一代学人在追求知识层面所能达到的顶峰。他显然意识到儒家思想重视人文关怀，肯定人类的道德价值，有克服社会转型期人文价值失落的危机的长处；同时也意识到儒家思想在知识方面的短处，他把科学往往和事实或“能不能”联系起来，这依然是儒家理性的发展偏向于“实用理性”或“实践理性”的传统思路，他对儒家不大重视知性自身的反省与演化的短处估计不足。如果说近代西方文化面临的是在知识世界中如何安顿价值，而中国文化则面临的问题是如何在价值世界中发展和丰富知识。由于余家菊那一代学人在知识世界中

---

① 余家菊：《严肃雍容》，参见余家菊：《余家菊景陶先生论著第七辑——余家菊先生日记手稿》，台北：慧炬出版社，2008年版，第52页。

亦步亦趋地跟在西方后面，故在博文方面，还有待于进一步提高。

3. 约礼

尽性和博文是从积极方面通达“仁”的途径，在消极方面，余家菊认为，立仁还须约礼。约礼来源于《论语》中“博学于文，约之以礼，亦可以弗畔矣夫”！在余家菊看来，博文与尽性其实都是发挥人的主体性，博文是发挥人在追求智慧方面的自主性，尽性则是发挥人的道德自主性，约礼是指人的主体性的发挥还需遵守外在世界的客观规律。

在先秦儒学中，古人在追求道德理想方面存在两个方向相反的程序，一个是以仁为中心的由内向外的道德自主性倾向，另一个是以礼为中心的由外及内的规范化倾向。后一倾向，要求人们怀着对既定的仪则和人伦规范的敬仰之情，通过“约礼”的途径去践仁。孔子之所以把礼视为实现仁所不可缺少的重要手段和途径，是因为礼具有引发、护持节制仁的功用。由于每个人的气质、能力及修养有别，人们在尽性时的潜能与境界差别较大，加之，尽性的标准难以把握，对于一般人而言似乎约礼比较实际和安全，故作为教育家的余家菊对约礼的强调亦良有以也。一些论者认为余家菊的儒学具有一定的实用性在很大程度上就在于其对约礼的重视。

大体上说，中国传统的礼包括三部分内容：一是有关制度层面的礼(如典章、制度等)，指国家、社会、家族等的组织和规范；二是关于仪节方面的礼仪(仪文、节式)，指婚冠丧祭等特定典礼的仪式；三是有关义理方面的礼仪(价值、道德)，指在制度仪文之上的伦理准则和价值取向。

新文化运动时期，主张西化的非国粹派人士抱持“道与世更”的原则，认为儒家学说不适应现代生活，他们以西方的民主和科学为旗帜和参考系统，对孔子的伦理思想和政治学说进行全面的批判，尤其对儒家的礼教极尽攻击之能事。陈独秀说：“伦理思想，影响于政治，各国皆然，吾华尤甚。儒者三纲之说，为吾伦理政治之大原，共同条贯，莫可偏废。三纲之根本义，阶级制度是也。所谓名教，所谓礼教，皆以拥护此别尊卑、明贵贱制度者也。”他断言：“伦理的觉悟，为吾人最后觉悟之最后觉悟。”①吴虞指出孔子倡言礼教，是因“礼为霸者时君所须，可以使贵贱有差、长幼有差、贫贱轻重皆有称，意在趋时阿世。故曰君使臣以礼，又曰礼让为国”②。但到后来，“孔二先生的礼教讲到极点，就非杀人吃人不成功，真是惨酷极了！一部历史里面，讲道德说仁义的人，时机一到，他就直接间接的都会吃起人肉来了”③。

余家菊从小生活在理学气息较浓的家庭氛围之中，规行矩步小心翼翼。10 岁时，一次在自家店铺玩耍，账房先生拿出纸笔索字，意在相难，小家菊不假思索写下“非礼勿动”四个字，这几乎是本能的反应。他后来回忆说：“如果按照无意中流露出来的，才是真性格所表现这个道理看来，则‘非礼勿动’四个字对他的支配力，恐怕是最大的。”④此后，他曾一度受阳明学说的影响，敢于力行其心之所是，这既受当时的时代氛围所感染，也与年轻人青春期的逆反心理有关。弱冠后，受业于杜威，从杜氏处知道应用理智指导行为。同时，罗素的

① 陈独秀：《吾人最后之觉悟》，《青年杂志》第 1 卷第 6 号。
② 吴虞：《礼论》，《新青年》第 3 卷第 3 号。
③ 吴虞：《吃人与礼教》，《新青年》第 6 卷第 6 号。
④ 余家菊：《五十回忆录》，参见余家菊：《余家菊景陶先生回忆录》，台北：慧炬出版社，1994 年版，第 93 页。

《社会改造原理》又教他适当释放自己的本能与冲动。但以上这些只是他个人思想未成熟时的被动吸收，且主要是从个人立言制行角度出发，在中心思想上仍无切实的原则指导。

留学英国的经历显然加深了他对中国传统的同情。他观察到，英国是一个尊重传统的国家，英人对传统的维护体现在生活的各个方面。这给心思细腻的余家菊留下了“英人可谓善保守者”[①]的印象。1922年春夏之交，他到伦敦斯垂三市立女子中学考察道尔顿教学法时，校长室内的“不要批判，且去了解(Don't judge, try to understand.)”[②]的条幅给他留下了深刻的印象。从对英国的观察，对照国内，余家菊不无隐忧。此时国内，新文化运动正如火如荼地开展，他的感觉却是：“最近所谓的新思潮风起云涌，夹泥沙而俱下。什么自由恋爱哟，爱情神圣哟，主情主义哟，盛极一时，结果除却为少数无行之徒所利用外，更使全国青年颠倒于男女问题。”[③]他认为，自辛亥之后，国民道德呈现普遍的堕落，这显然与传统的崩解不无关系。

回国之后，余家菊对国中无“礼”的现象愈益不满。他说：“吾国为政，素尚宽大。士子习尚，更以蔑视礼法为能。近年自由平等之说大作，青年学子不辨底蕴，妄以自由为无规则，平等为无管束。纵性任情，毁法乱纪，无所不至其极。偶有一二贤明师长，思有以纳于轨物而略加干涉，辄复加以侮辱人格之名而叫嚣喧扰，非使良心不昧者皆噤若寒蝉不止也。循是以往，各从其所尚，而无共守之秩序，势必流于

① 余家菊：《五十回忆录》，参见余家菊：《余家菊景陶先生回忆录》，台北：慧炬出版社，1994年版，第229页。

② 余家菊：《五十回忆录》，参见余家菊：《余家菊景陶先生回忆录》，台北：慧炬出版社，1994年版，第71页。

③ 余家菊：《国庆日之教育》(1923年)，参见余家菊：《余家菊(景陶)先生教育论文集》(上)，台北：慧炬出版社，1997年版，第196页。

人皆相砍也。外国舟车上下，皆鱼贯而行，虽有千数百人之众，虽事出意外（如失火）之时，绝无纷扰现象之发生。回视吾国各地车站，买票必挤，上车必争，少壮犹可奋力撑持，老弱则有破头折臂之虞。”①

随着国内政争日益激烈化，余家菊和他的青年党在北伐后开始走上了颠沛流离的征程。1928 年夏季，他在沈阳遇到王晋卿，王氏告诉他：“持身治国，还是礼重要。”②后又读芬赖的《社会教育》一书，该书指出，一般人接受一种思想，大多是消极的接受，不起批评的作用，批评是很容易的，但要批评得有法则是不容易的，政治上最重要的事情是建立公共的行为标准，人们有所遵守那就够了。至于人们在接受标准的时候，是否有所批评的活动，那是无关紧要的。由是察觉了解理论之艰难，认识之不易，而共同行动又不可缺乏，进而认同王氏的见解，始明约礼的价值。余家菊在 30 岁以前，思想主要受书本的影响，自 30 岁左右起，正视事实，知识与阅历使其获有种种实际的见解，遇见王晋卿应是他思想历程中的一个关节点。

20 世纪 30 年代中期，在《荀子教育学说》中，余家菊指出，礼是一个民族知识的结晶，其功能在于为人们的行动提供规范。他按照荀子对礼的界定，认为“礼之功用，就客观言之，在为人己之间，树立共守之界限，使各不相侵，各得其求；就主观言之，使欲不过度，物不为欲所屈，个人由礼而安，社会由礼而定”③。这显然是针对新文化运动以来，一切是非标准以理性为尚的风气而言。当时国人受新文化运动

① 余家菊：《学校军事教育问题发端》，《醒狮》第 30 号，1925 年 5 月 2 日。

② 余家菊：《五十回忆录》，参见余家菊：《余家菊景陶先生回忆录》，台北：慧炬出版社，1994 年版，第 149 页。

③ 余家菊：《荀子教育学说》，参见余家菊：《余家菊景陶先生论著专辑》第一辑，教育（一），台北：慧炬出版社，1984 年版，第 477 页。

中科学主义思潮的影响，普遍持有：理性认为是，虽礼与师皆谓为非，吾必以为是；理性认为非，虽礼与师皆认为是，吾必以为非的倾向。他以为，此说用之成人则可，用之儿童不可；用之少数人则可，用之众人不可，因独立判断而不失正鹄的仅极少数人能做到。他指出，荀子礼论，是就大众教育以立言。在他看来，礼作为人类行为准则，使情笃者俯而就之，使情薄者仰而及之，它能使薄者不流于刻毒，使厚者不流于沉溺的作用；反过来说，人们若不用礼约束自己，于其所厚者薄，其流弊则为无所不用其薄。正是在这种意义上，他认为儒家讲的孝悌不能仅以家族道德视之，因其立足于社会本位，如孝与忠，孝是亲亲，忠于国家，则为尊尊，论其发育之次序，则亲亲之心先于尊尊之心，事亲须节制自我，甚或牺牲自我，有此控制自我之性格，始能为国家服务，有此牺牲自我之性格，始可以为国家牺牲。厉行博爱，其根本在孝悌，孝悌可以培养爱人敬人之性格，于人所首先遭遇之环境中——家庭，就人所最易爱敬之对象——父母，而培养其爱敬性格，及其年长而负担社会责任时，自不至于凌蔑长上，或破坏秩序。在他看来，新文化运动之后，随着儒家礼教的崩毁，今人对父母已多习于轻侮傲慢，欲其对人谦恭和悦已难，遑论忠于国家。不过，此时他认为，对荀子礼论不可高看，因其为功利主义的解释，而功利主义能使人讲求道德于平时，不能使人秉礼守义于非常之际。他显然还是欣赏孟子的仁义礼智的内发路径。

20 世纪 40 年代，抗日成为国人最为迫切的任务，而凝聚一切力量为抗战服务成为每个公民责无旁贷的责任，故遵守国家礼法就显得更为必要。战争需要整个国家确立一个统一意志，而统一意志需要通过国家的礼法来贯彻。在这一背景下，余家菊对“礼”格外重视。只不过，有时他把“约礼”称为“知止”。“止”就是礼，有时他又把礼称为“信仰”。他认为，《大学》一书以知止为核心。“止也者，非止而不前之谓，乃依一定轨道以行进之谓。”①知止即人的活动要遵循一定的轨道。他从认识论和生活常识出发，认为人之所以为人者，与其说在于知识之明达，毋宁说在于行为之合节。今人大多不喜言信仰而乐道知识，殊不知人们的日常行动，十之八九受支配于信仰，其受支配于知识者不足十之一二。人生处境繁杂，所需知识既广又多，而环境又时刻变化，往往需决策于顷刻之内，此时，知识显然不能相待。要缩短知识的获取过程，节省其获取时间，以应人生之急需，于是信仰不可废弃，信仰者实为获取知识之捷径，其必要尤甚于纯正知识，无纯正知识，人生不过无从进步，无信仰则人生将无法维持。而且，就个人来说，所知少而所信多，就众人来说，能知者少而能信者多。故信仰确属必要。晚年，他说：“大学的精义，在知止二字，止就是规律，就是礼法。”②

针对新文化运动中打倒礼教之说他不以为然。他认为，礼法之中，诚然有些具有时代性，时代情况变化，礼的形式便须改革；礼的作用，诚然有点拘束人，但人之所以为人，即在用人类所认识的正道，控制人类的卑劣冲动；如果不加控制，听任卑劣冲动横决，定将退入野蛮时代，人类的文明必无从进展。所以礼法可改革，而不可打倒。可改革的，是形式；不可打倒的，是实质。今人习于自我伸张，宁争而不肯让，所以乖戾之气布满人间，天天提倡精诚团结，而到底不

① 余家菊：《教育与人生》，参见余家菊：《余家菊景陶先生论著专辑》第一辑，教育(一)，台北：慧炬出版社，1984年版，第551页。

② 余家菊：《四书思想要义》，参见余家菊：《余家菊景陶先生论著第六辑》(一)，台北：慧炬出版社，2001年版，第20页。

和，乃是因为不明礼的本质是正秩序、定权界。在他看来，正是新文化运动以来的礼崩乐坏造成此后民族凝聚力的损耗。

余家菊关于礼的看法在今天不无现实意义。西方文化基于自由的模式无疑能将人的主体性发挥到极致，但往往会造成对自由的滥用，以至会对社会秩序造成一定的危害，而儒家以秩序为中心的礼文化则可对自由形成一种平衡作用。事实证明，仅靠法律和民主尚不足以建立一个有序和谐的社会。如果我们拓宽视野，以开放的心灵，将古今中外人类的各种思想资源放在视线之内，把中国儒家的礼的精神、结构、气质、原则、范式提炼出来，对其进行现代转换，以之提高我们的精神品质，发扬道德价值，指导我们的人生方向，或不失一种可选择的路径。现代新儒家的代表人杜维明指出："现代社会特别注重社会资本和文化能力，不仅是经济资本和科技能力。任何一个社会，如果用法来治理，可以得到社会的安定，但不能成为一个动力比较高、人与人之间交往比较厚的社会。那么，礼作为社会中非正式的人际关系必须依据的、有时又不能量化的一种行为规则，就可以成为建构在法律的基础上向上提升的一种社会资本和文化能力。"①

4. 中庸

中的思想起源甚早，《尚书》中已有作稽中德、允执厥中之类的说法，只是在孔子之前，古人把中当作一种不偏不倚的方法。"中庸"一词最早见于《论语》，孔子说："中庸之为德也，其至矣乎！"（《论语·雍也》）可见，孔子将中庸提高到至德的地位，其具体表现是"无过无不及"，这显然是继承了《尚书》的精义。之后，《中庸》继承和发展

---

①［美］杜维明著，彭国翔编译：《儒家传统与文明对话》，石家庄：河北人民出版社，2006 年版，第 216 页。

了孔子的中庸之道，一方面肯定中的方法论意义，把非中的“过之”和“不及”看作是“道之不行”的主要原因；另一方面，又把作为价值理念的“中”赋予本体论的意义，认为“中也者，天下之大本也；和也者，天下之达道也。致中和，天下位焉，万物育焉”。从而构建了一个来自天道趋向人道“诚至中和”的思想体系。

余家菊自小受儒家礼法思想的教训，在性格方面偏于矜持一途。成年之后，受阳明学说的影响，不免有时放松自己。1920 年，他翻译了罗素的《社会改造原理》，从中知道：对于任何冲动不要束缚太过，要让它相当发泄，否则压制太过，终有反常之一日，就不可收拾了。他认为，罗素此说与中国的中庸主义一致，对于理学家之严肃主义，不失为一种救济。他说：“我自此以后，也间或骂人，偶然吵架，稍微说点笑话，都是发泄之意。”[①]留学期间，得知一战中精神病患者高发，遂纵览此类书籍，知其要领在精神病之酿成在冲动有受压制而不得与全盘性格相和谐者，与中国致中和之说相接近，反之于自身又确有见于意志之宜发展而不宜遏抑。1924 年 1 月 21 日晚，余家菊在巴黎李璜处与曾琦辩论教育方针时，曾琦认为中国现处非常时代，宜造就应变之人才，不可以中庸之德教人，使学子流于乡愿。余家菊则不以为然，谓中庸为我国之最高伦理，不可丧失。[②]曾琦的意思是中国为弱国，宜努力进取，人人当有狂者气象，但余家菊认为还是儒家的中庸为中正之道。

全面抗战爆发以后，他读到霍布豪斯的《理性善论》（即《合乎理

① 余家菊：《五十回忆录》，参见余家菊：《余家菊景陶先生回忆录》，台北：慧炬出版社，1994 年版，第 140—141 页。

② 曾琦：《曾慕韩（琦）先生日记选》，台北：文海出版社，1966 年版，第 84—85 页。

性的善》)，该书以内外和谐为善，以发展为工具，他将霍氏的观点归结为发展中的谐和，并认为这与儒家的中庸相近①。这显然是心中有神，则神无处不在。

随着抗战期间对儒家文化研究的进展，余家菊对中国文化的看法趋于成熟。他认为中国文化特点是："寓大同于国本，寓和平于正义(夹谷之会，墨子非攻)，寓中庸于刚健，寓民权于民本，寓政刑于教化，寓生产于均富，寓智略于忠信，寓逸趣于勤奋，寓文润于节约，寓旷达于现实，寓自由于纪律，寓权利于义务，寓博爱于孝悌，寓自成于定分。"②这完全是用中庸的观点来概括中国文化的特点。

30 年代末期，他明确指出，我国文化与其他民族文化相比，唯一的伟大特点即中庸。他说："国人性尚持中，不喜偏激，实际而旷达，奋进而雍容，重利而贱苟得，多情而有分际，尊己而不抑人，好名而不亏义。"③这是针对新文化运动以来，学界背离了儒家传统的中庸之道，以翻案文章而立异鸣高的偏颇学风。他是深信学风必会引导世风之人，在他看来，近代以来学风的不良使得国人群趋偏激，从而怪僻之行弥漫国中。因此，欲力挽狂澜，只有恢复孔子倡导的蹈中履正之道。客观地说，作为方法论的中庸，因其不走极端，故其包容性强，中国文化自古以来之所以长期以开放为主流，与中庸的方法不无关系。但中庸的问题是常常会磨灭人的个性和棱角。1920 年的梁启超就持这种看法，他说："凡两种事物调和，一定各各把他原有的性质，绳削了

① 余家菊：《丁丑日记》，参见余家菊：《余家菊景陶先生论著第七辑——余家菊先生日记手稿》，台北：慧炬出版社，2008 年版，第 146 页。

② 余家菊：《侨西日记》，参见余家菊：《余家菊景陶先生论著第七辑——余家菊先生日记手稿》，台北：慧炬出版社，2008 年版，第 183—184 页。

③ 余家菊：《教育与人生》，参见余家菊：《余家菊景陶先生论著专辑》第一辑，教育(一)，台北：慧炬出版社，1984 年版，第 58 页。

一部分去，这就是把他个性损坏了。专重调和的结果，一定把社会事务轮廓，弄得囫囵不分明。流弊所及，可以把社会上千千万万人，都像一个模型里铸出来，社会变成死的不是活的了。”①梁氏的看法得到一些在华外国人的印证。抗战期间，有外国人指出：“在西方社会里，每每可遇见各种各色反常或例外的人士——弄情派，浪漫派，狂信派，讽刺派，等等。在中国好像大家都‘求同于众’，都要谨守社会规矩，群众的道德观。中国之所以为中国人，大半都是我们所谓‘布尔乔亚’派头，没有反俗的思想，没有反俗的行为。大家都小心检点。偶尔有一二人思想反常，行为不羁，社会上一般人必定群起指摘，是是非非。”在这位外国人眼中，中国人尤其是中国的知识界始终“脱不了平平中流的气味”。②外国人认为中国人太“中庸”，而余家菊则以为时人不够中庸。但外国人只是初来乍到浮光掠影的观察，他则是对其时社会风气的深刻洞察。

余家菊指出：“何谓中庸？庸者用也。中庸者，中而可用之道也。”这不同于朱熹把“庸”解为“平常”，他将庸解释为“用”。这应是凸显中道的迫切性和必要性。他认为，观察中庸的含义，不能局限于“不偏不易”，这只是形式上的把握；关键是从实质上看，即当从主观、客观分别察之，主观方面为人之心情，即“喜怒哀乐之未发”，这是强调心在静时之均衡状态；客观方面为所遭事势，即要“发而皆中节”。在事实上怎样做到“发而皆中节”？第一是对象当，喜怒哀乐皆要当其事；第二是程度当，喜怒哀乐要当其量。他是将中庸作为人

① 梁启超：《孔子》，参见梁启超：《儒家哲学》，上海：世纪出版集团 上海人民出版社，2009年版，第183页。

② E. R：《我看中国人》，参见：《时代之波》，1944年版(影印)，《民国丛书》第一编44，上海：上海书店，第29—31页。

生哲学来看待，如做到中庸，可使人的生活在精神上谐和而刚健，在治事上能心物平施和察理周密，既智且仁，何不乐哉？

当然，中庸在余家菊那里不仅仅停留在人生层面。他实际上是将其贯穿在政治、经济、哲学等各个方面，既具有本体论的意义，又有方法论上的参考价值。晚年，他将“执中”作为中国传统政治思想的一个优点，以之反对暴力革命，他甚至认为民主政治的少数服从多数的原则亦不如中庸高明。在他看来，中道并不是对折的意思，而是就一个整体的情形，从各方面加以观察，以求得到一个高层的观点，能够综合各方面的观点。但他所理想的中庸之道在技术层面如何实现却存在很大的问题。无论怎样说，以他之见，中庸是仁者最理想的境界。

四、问及佛学

抗战期间，随着佛学修养的增强，余家菊开始对宗教的态度有所变化。他对宗教态度的变化是从北伐战争后期对佛教的体验开始的。大学时代，他曾读过一门印度哲学《大乘起信论》，但没有什么心得。1929 年，他随孙传芳的军队撤至沈阳，湖北宜昌的陈圆白感于余家菊当时颠沛流离的处境遂寄送一份真言宗的密咒，叫他每日早晚各念 108 遍以耐孤苦。余家菊此后照陈氏的话去做，发现于精神的安定确属有益。

20 世纪 30 年代初，余家菊在北平与陈圆白过从较多，受其影响，开始有意识地接触佛教知识。不过，此时他对儒学的理解显然属于初级的“格义”层次，认为佛家的三心即大悲心、大智心、大愿心类似儒家之知、仁、勇，而五誓即愿度众生、愿集福智、愿学佛法、愿事如来、愿成正觉与儒家以博施济众为中心的“仁”相近。又把悲华经中“一心愿取种种庄严诸佛世界，亦为调伏一切众生”与儒家三月无君则吊之义等同。他还把佛家的忍辱婆罗密，与儒者反己之理相比拟。

1933年初夏，班禅国师在杭州开时轮金刚法会，余家菊受邀参加。时轮金刚属于密宗，他对其义理并无多少了解，只是按照陈圆白的教导将其作为修身养性的一种手段。他在30岁以后，逐渐知道人们的认识受支配于性格，性格不中正，认识难正确，要陶冶性格必须把心境打扫空空洞洞，而念咒的功能与儒家理学主静颇类似。他体会道：“(念咒)使此心专注在不起复杂联想的单纯声音之上，对于澄思静虑是有助益的。在无思无虑的情况下，我们的好性格就可萌动。况且声音是心境的表现，又可以陶冶心境，大哲所制的各种咒语，各代表一种高超的心境，将表现此种心境的声音提供到耳根，由耳入心，由心制行，确实是很合理的。”[①]时轮金刚经的四个咒语使他受益匪浅。不过，这个时期，余家菊在内心深处未将佛教作为信仰看待，只是将其作为修身的一种手段或工具而已。如一日读唐裴休发菩提心文，“顿觉清醒，从来为己之意澌灭，而为人之意猖獗，可耻”[②]。在日记中他一再指出：“佛门有修习大威德之说，予当仅志之。”[③]又如：“所谓大慈悲心者，乃是舍弃一身，供养万人之谓也。我犹恨恶人之相欺、相凌，是犹未免我见也，宜力祛之。”几日后，他又在日记中记下：“少慕张子房纳履而不以为辱之义，长知佛家忍辱婆罗密，与夫儒者反己

① 余家菊：《五十回忆录》，参见余家菊：《余家菊景陶先生回忆录》，台北：慧炬出版社，1994年版，第164—165页。

② 余家菊：《观物斋日记》，参见余家菊：《余家菊景陶先生论著第七辑——余家菊先生日记手稿》，台北：慧炬出版社，2008年版，第10页。

③ 余家菊：《观物斋日记》，参见余家菊：《余家菊景陶先生论著第七辑——余家菊先生日记手稿》，台北：慧炬出版社，2008年版，第17页。

之理，顾计较是非之心，终不得尽。今后当发誓，纵截我肢体，毁我名望，亦当忍受。”[①]此时，他对佛教活动的介入只是参加其理智所许可的部分，但理智的认识即便为真，尚而养之以使其纯，否则终不能深入自得之境，故修持工夫有其必要。在余家菊看来，宗教中的一些方法如祈祷、默念等，就有其功用。总体上，30 年代，余家菊认为信仰须建立于理智之上，但在修持方法上他一反 20 年代对宗教的方案，而认可宗教的修养功能。他说：“宗教家的特别修养法，是依恃外力的挟持、鼓励和慰藉。如忏悔、祈祷，都是此意。而宗教家又常常举行群集礼拜与宣道，用集团的暗示和音乐仪式以警策身心，也都是有效的方法。我不是宣教师，我亦不是任何严格意义下的宗教徒，我不过实行过宗教的修养法，具有若干的宗教经验。”[②]他还参酌宗教哲理，拟定仪轨如下：“念词。祈请至大天尊洪惠加身，启予灵性，助予刚正，成就艰巨，利济群生。念前、后，俯首，两手合作双十结。每次念七遍，以一字为一小逗，每句曳尾声。”[③]不过，对佛教初步的了解多少使他对宗教的看法有了微妙的变化，至少使他对宗教逐渐产生了一定的兴趣。抗战期间，余家菊在学术方面主要从事儒家文化的阐释，在社会活动方面主要是参政议政，尚无暇问及佛学。

30 年代之后，余家菊从对佛教修行的体验中，逐渐对宗教的价值进行肯定，因之对基督教的态度发生了一定的变化。以前，他站在国家主义的立场上反对基督教，现在则发现国民宗教也有统一的作用。

---

① 余家菊：《观物斋日记》，参见余家菊：《余家菊景陶先生论著第七辑——余家菊先生日记手稿》，台北：慧炬出版社，2008 年版，第 21 页。

② 余家菊：《人生对话》，参见余家菊：《余家菊景陶先生论著专辑》第二辑，人文，台北：慧炬出版社，1986 年版，第 324 页。

③ 余家菊：《严肃雍容》，参见余家菊：《余家菊景陶先生论著第七辑——余家菊先生日记手稿》，台北：慧炬出版社，2008 年版，第 96—97 页。

他说："西洋中古时代，宗教情感结合了各地的基督徒掀起了亘古未有的宗教战争——十字军役。便是现代的犹太民族散处世界各地，依靠著他们共信的犹太教，依然能保持其民族的团结！这些都可以证明宗教的统一作用。"①而中国人素来宗教意识淡薄，虽然流行若干宗教，但超个己利害的热烈信仰不甚兴盛，公共集团的教义也不甚流行，能震荡国民共同情操的，很欠力量，再加以宗教的分歧和知识阶级的漠视，中国的宗教实在不足以振奋国人。

他还从耶稣基督的精神中发现了比儒家思想的高明之处。以前他感到，人生受理智指导较为安全，像孔子之老安少怀，孟子之人溺己溺，佛之布施，都是服务之意，但这需要靠深思明之，故只有极少数人能做到；而耶稣基督代人赎罪，最能表现服务精神，且其得之于信仰，有信仰者，宜善为执持，故无高等宗教之国民，其精神必感苦闷扰攘。他以为，为学做事，皆须有做人的精神，而做人的标准则在服务，耶稣基督的牺牲精神，正为吾人所宜效法，做事时当宜用宗教的方法，以增加勇气。这与梁漱溟曾说的做事要有宗教家的精神相同。余家菊这是从道德角度认识宗教的价值，他没有清楚地意识到宗教信仰和宗教道德有所不同，而同时期的新儒家代表人贺麟就比他认识深刻，贺麟说："又宗教与道德皆同为善的价值之表现。但宗教所追求者为神圣之善，道德所追求者为人体之善，宗教以调整人与天的关系为目的，道德以调整人与人的关系为目的。"②

抗战结束以后，他得以有暇从事佛学研究，开始了解宗教对于社

---

① 余家菊：《中国的统一因素》，原载《国论》1卷5期，1935年11月20日。参见余家菊：《余家菊景陶先生回忆录》，台北：慧炬出版社，1994年版，第295页。

② 贺麟著，宋志明编：《儒家思想的新开展——贺麟新儒学论著辑要》，北京：中国广播电视出版社，1995年版，第8—9页。

会的重要性，进而用佛学义理来分析中国社会情势。他指出，中国社会之患在巧言、大言、诳语和妄语，纠结不可爬梳，而又人心执迷，非言语所能启示，故言之无益。他建议，根本之道当从因上致力，如从结果上计较则徒滋纷扰，时人今后言行当秉种因不论果五字①。他读般若纲要，发现所言与《般若婆罗密多心经》相类，皆发扬色不异空、空不异色、色即是空、空即是色之说，其教人在以无所得而为方便，具体表现在布施、忍辱，皆当以不着意之态度出之，一旦着意则重心落在着意之上，而非为善而行善，所以自我宣传与夸张之类，皆当摈弃。这显然与儒家的尽性说相类。对于证道歌中的前四句——寂学无为闲道人，不除妄想不求真，无明实性即佛性，幻化空身即法身，他认为这与儒家理学中太极生万有的说法有相似之处，同是祛玄虚、不务实、偏执不圆融之病。在他看来，佛的觉悟境界是普照圆明、含摄万有、绝言说、离思议，故佛教只能建立于信仰之上；佛性即真如实性，其慈恩与伟力无边，人如求之，必摒除妄念，只要有信心，人即可达佛的境界。

五、政治关怀

抗战时期，余家菊在政治方面，积极参政议政，为抗战奔走呐喊。在具体政治取向方面，由于这个阶段民族危急的加深，他在国家主义与自由主义之间显然更倾向国家主义，这表现在他对国民党、共

① 佛涅槃时，阿难三问曰：恶性之人，如何处治？佛言以默摈治。其第二问为一切比丘依何为师？佛言依戒为师。余家菊：《默盦日记(二)》，参见余家菊：《余家菊景陶先生论著第七辑——余家菊先生日记手稿》，台北：慧炬出版社，2008 年版，第 437 页。

产党及其他政治势力的具体政治态度上。另一方面，他本着其儒家信仰，阐发儒家在政治文化上的良法美意，以使其与现代民主政治相融通，为中国实现现代民主政治立言。

（一）国家主义理想的践履

青年党的国家主义与国民党的民族主义，英文都是 Nationalism。至少从理论上来看，两党的政纲实质上没有多大区别，青年党内不少人就持这种看法。余家菊在北伐前后对国民党的批评主要着眼于其“容共”这点上。国民党于 1927 年清党之后，余家菊对国民党的态度有所缓和。当时青年党内陈启天等人曾主张解散青年党，大家一起加入国民党，但因国民党实行一党专政，曾琦坚决反对。余家菊的意见介于陈曾两人之间，主张国青两党互不攻击。早在 1925 年冬，他在上海拜谒北平高师时的老师陈宝泉时，希望陈出面缓和国家主义派和国民党之间的敌对关系。在他看来，毕竟国民党是中华民国的合法代表，故作为服膺国家主义的他必须要考虑到这层关系。

“九一八”事变后不久，南京国民政府设置国难会议，余家菊被邀请参会。次年 4 月初，南京国民政府在洛阳正式召开国难会议，当时汪精卫主持中央政治，汪氏对欲参会的会员熊希龄说：“国民党的政权是由革命得来的，你们要想取得政权去革命好了。”余家菊感于国民政府缺乏诚意，拒绝赴会。随着日本的步步紧逼，国民党在政治上有所松动。1934 年秋，国民党政府宣告政治集团只要不搞军事活动，政府当保证其合法存在，于是国青两党之间的关系得以缓和。

1936 年年初，蒋介石陆续邀请青年党要员会商国是。2 月 14 日，余家菊应邀赴南京。陈布雷受蒋氏所遣，与余家菊商谈国民党与青年党合并之事，陈氏提出不必有此事实，但无妨加以研究。余家菊则以为国民党是在朝党，而青年党是在野党，如果合并，不是投机便是投降了。

1938 年 3 月，国民政府迁都武汉，并召开临时全国代表大会，制定《抗战建国纲领》，根据《纲领》规定成立了国民参政会。7 月初，第一届国民参政会在汉口展开，余家菊作为青年党代表，被选为国民参政会参政员。会后，曾琦鼓吹组织国防内阁，由各党共同负担责任。余家菊认为，国民党仍旧抱着训政观念，怎肯和各党共同负责，国防内阁不可能实现，不要自找没趣。曾琦不听，后来国民政府拒绝接受。余家菊在英国所受的自由主义政治思想熏陶使其不可能支持国民党的训政纲领，但国难亟深及其国家主义信仰又使他不能不支持国民党政府。是年夏，青年党与国民党互换书信，国民党正式承认青年党的合法席位。由蒋介石署名的国民党给青年党的复函中提到两党“亲善至极，融为一体”，余家菊认为国民党的企图终究是欲消灭青年党。是年夏末，青年党在汉口召开第九次全国代表大会，宣称“国家高于一切的信仰，今后再没有一个中国国民肯忍心昧理出去反对”，青年党“愿意放弃一切关于枝节问题的意见，诚心诚意拥护政府抗战，以争取最后的胜利”。

对于中共，抗战期间余家菊的态度有所缓和，然一直存有疑虑。自 1935 年年底中共提出建立抗日民族统一战线政策后，青年党对中共停止了猛烈攻击的态度。1937 年 4 月 21 日，他在当天日记中指出，近来反政府论调甚为繁多，虽国难当前，有目共睹，谅不至遽生他变，究为国家之殷忧。几天之后，当阅读到毛泽东与史沫特莱的谈话，得知中共政策转变，却又担心“其将来是否确守诺言”，又说“惟在西安事变中，似尚能持大体者”。他赞同国共合作抗日，但终究对中共不信任。

1938 年 9 月 15 日，国民参政会在重庆召开，中共代表王明因青年党左舜生谈及对日本的和平谈判时质问青年党的态度，余家菊起身应对：“青年党的抗日是无目的的、无企图的、无条件的，蒋委员长说战，我们便战；蒋委员长说和，我们便和。”①这是基于其固有的国家主义立场。

对于国共之外的民主政团，余家菊则经历了一个由合到离的过程。1939 年 11 月 23 日，由主张抗日的党派领导和部分社会贤达发起组织的“统一建国同志会”在重庆召开成立大会。参加会议的有中华民族解放行动委员会的章伯钧等，国家社会党的罗隆基、罗文干等，救国会的沈钧儒、张申府等，中华职业教育社的黄炎培，乡村建设协会的梁漱溟，社会贤达张澜等，青年党的曾琦、左舜生等。会议推举黄炎培为主席，该会“以巩固统一，积极建国为职志”。

1941 年 3 月，梁漱溟从延安归来，拟在国共之间建立第三种政团，作为国共两党的缓冲。之后，该政团定名为“民主政团同盟”，并于是年秋在重庆特园召开成立大会，主持人张澜为壮大势力提出凡愿意参加的都可以进来，余家菊认为如人品太杂，恐难收步骤齐一的效果，他预料到民盟前途难测。后来由于民盟与政府矛盾激化，渐而左转。1945 年秋，民盟在重庆召开全国代表大会，在余家菊看来，民盟的一切理论和做法都共产化了。当时，罗隆基本着其自由主义政治理念在会上提出国家工具说，矛头直接指向国民党政府，认为国家只是

① 余家菊：《西侨日记》，参见余家菊：《余家菊景陶先生论著第七辑——余家菊先生日记手稿》，台北：慧炬出版社，2008 年版，第 175 页。

人类创设的一个工具。余家菊当场反驳："如果国家是工具，那就等于乌龟的背壳对于乌龟的生命相同，背壳是乌龟的工具也是乌龟的生命。"由于志不同道不合，青年党人随后退出了民盟。

余家菊等青年党人与民盟之合在于两点：一个是抗战这一大目标；二是双方对民主政治的看法基本相似。双方最后分道扬镳主要基于对国共两党的态度歧异。在青年党看来，抗战的现实需要和其国家主义的根本主张使他们不得不支持代表国家象征的国民党政权；加之，蒋介石对青年党几位领导人的接见多少获得了他们对蒋本人的好感。此外在对中国传统文化的态度上蒋氏与青年党有共通之处，从而使青年党对国民党政府抱有一定的希望，期望在国民党政府的主导下按照孙中山规定的从训政到宪政的步骤实现他们心目中的民主政治。1945 年冬，国民党与青年党举行合作谈判，双方签署两党合作协定，确立以建立自由民主统一的中国为目标，青年党对于国民党得做善意的批评，可派员参加国民党各级政府，并在财政上接受政府的支持。这实际上等于国民政府采取收编的办法，将青年党笼络在体制之内，而丝毫没有改变国民党政权的性质。中共与民盟则坚持在各党与国民党平等的基础上，以组建民主联合政府为目的，要求改变国民党政权的性质。

(二)儒家民本政治

20 世纪 30 年代之前，余家菊虽受儒家思想的熏陶，但更多的是体验，在立言方面对其并未有自己独立的见解。30 年代之后，他开始对儒家思想进行研究。在最初有关儒家教育思想的探究中，他看到了儒家在政治方面的良法美意。

以孔孟为代表的先秦儒家的政治理想，主要是希望通过培养一批有“君子之行”的士人以化民为俗，用风俗礼仪来范围民心，改善世风，它注重以道德和教育为政治的工具。以儒家的立场来看，政治乃最有力量之教育，政治家乃最有力量之教育家，故儒家历来强调政教合一。梁启超说：“儒家之言政治，其唯一目的与唯一手段，不外将国民人格提高。以目的言，则政治即道德，道德即政治。以手段言，则政治即教育，教育即政治。”[①]余家菊对此颇为赞赏。他说：“孔子之政治思想，以化民为政治之终鹄，以德教为政治之工具。不能化民，是为俗吏；徒用刑威，是为酷吏；皆孔子思想所不许者。故孔子思想，可称为德化主义。”针对时人所持孔子助长帝王专制的说法，余家菊视其为诬枉之言。他认为孔子的德化主义首先强调当国者自正其身，然后化下，而助长帝王专制气焰者，实为法家以威势而驱民之说，并非儒家所为。值得注意的是，他认为孔子政治思想是建立在社会本位的基础之上。他说：“孔子之意，以为孝亲等行为亦具有政治影响，不必从政，始为为政。以今语释之，则为社会活动莫不各有其政治的效果，社会的清浊，足以决定政治的治乱。”[②]其实，孔子何尝不知道，从政是改善社会的捷径且是有力途径，但权力资源的稀缺性和排他性使得从政历来是可遇而不可求之事，在执政无望的情况下，他退而求其次，收徒讲学，希望通过教育来改善社会，这在孔子实有不得已的苦衷。余家菊本以教育家的身份自居，对于从政似无孔子那样的热衷，他之教育救国主张完全是从积极意义上的主动而为，然其效果似乎与

① 梁启超：《先秦儒家政治哲学》，参见梁启超：《儒家哲学》，上海：世纪出版集团 上海人民出版社，2009 年版，第 263 页。

② 余家菊：《孔子教育学说》，参见余家菊：《余家菊景陶先生论著专辑》第一辑，教育(一)，台北：慧炬出版社，1984 年版，第 353—360 页。

孔子一样都不大理想。

孔子的德化主义到孟子时发展为比较完备的仁政民本说，这是余家菊政治思想的一个主要来源。此时，他对政治制度并不关注，而是立足于为中国建立一种现代政治文化，这种政治文化主要是以中国儒家思想为基础。他认为，政治制度以政治思想为基础，而政治思想又以人生思想为凭借，言政治制度若追根溯源则必言及人生思想。他指出，中国传统政治风尚来源于三种人生观念：一是造化生生，即政治以生长为最高义，凡妨害人民生长者皆为恶，而儒家的仁政即为促成人民生长的政治，它比西方将政治制度建立在权利与义务两相对称的观念上用心纯正。二为行人类爱，于国内发扬同胞爱，于国外则以文化融合众族而不煽种族之恨。三为民主自决，他以儒家的民本思想为论据，如所谓“民之所好好之，民之所恶恶之”及“因民之所欲而欲之，因民之所利而利之”等。[①]就第一点来看，他视儒家的仁政说在层次上高于西方的民权说，其原因是先秦儒家倡导“为仁由己”的道德自主精神，充满着强烈的社会使命感和义务感，而西方的民主政治实建立于个人权利意识之上，有着十足的功利主义色彩，这从理论上似乎言之成理，但在现实上真正能够达到这一境界的人毕竟是少数，而西方基于个人权利意识的政治文化似乎比儒家更能落在实处。就第二点来看，余家菊所说的人类爱实指中国传统的文化国家观念，可见他虽一直宣传国家主义，但世界主义的梦想仍潜在。在他看来，中国儒家文化的长处即在此，这在近代得到了不少学人的认可。吕思勉在抗战时期就指出：“只有中国人对待异民族最为合理，自古以来，就没有

① 余家菊：《民主政治与生生原理》，原载《民宪》1卷12期，1945年6月10日。参见余家菊：《余家菊景陶先生回忆录》，台北：慧炬出版社，1994年版，第369—375页。

压制榨取异民族的事……只是把自己的文化陈列在他们面前，而从否听其自择。所谓‘君子引而不发，跃如也，中道而立，能者从之’。而他人卒亦未尝不从我。人心是好向反面想的。不强迫他时，他愿意服从的事，一强迫，他倒要固执起来了。这就是中国人同化异族所以成功的原因。我国幅员的开展，不是靠政治的占领，而是靠民族的同化。政治的占领是假的，政治之力一解纽，即将叛离而去。”①近代是竞争之世，这样的文化显然不合时宜。就第三点来看，他将中国儒家的民本政治与西方的民主政治混为一谈，有拔高儒家文化之嫌。民本政治充其量只是统治者对百姓实行比较宽松的统治而已，它是产生于人治政治文化之中的一种理想的统治模式。而民主政治则是人民掌握一定的主权，它是建立在法治政治文化之中的一种政治模式，两者根本不是一回事，余家菊对儒家仁政的看法有一定的理想化色彩。

其实，儒家的德化主义或仁政说主要是建立在人性善这一预设之上。余家菊说：“儒家之政治观，建于性善说上，故以感化为重而济之以赏罚，盖人类至不齐一，感化每每不济也。惟赏罚当出之以善意而行之以公，所谓如得其情，则哀矜而勿喜者，是用心处之准则。”②他与自古以来的儒家一样，在经验层面虽看到人之不齐，但终究还是相信人性善或人性最终趋善。儒家由于对人性的过分乐观，进而从性善论推出德治，一方面相信一般老百姓会“导之以德”，另一方面又相信统治者会“为政以德”。西方政治文化则与此相反，西方文化从主流上一直对人性持悲观态度，如基督教认为人的罪恶是根深蒂固的，人类

---

① 吕思勉：《中国民族精神发展之我见》，参见吕思勉：《吕思勉论学丛稿》，上海：上海古籍出版社，2006 年版，第 353 页。

② 余家菊：《严肃雍容》，参见余家菊：《余家菊景陶先生论著第七辑——余家菊先生日记手稿》，台北：慧炬出版社，2008 年版，第 80 页。

不能自救，人只有通过神的帮助才能得救。正是在对人性悲观的审视中，西方文化导出法治观念，希望通过法治来限制人作恶的可能性。儒家文化坚信天理必会战胜人欲，因而始终难以突破人治的政治格局。

当然，我们不能简单地对儒家的仁政说与西方注重法治的政治文化进行价值判断，因为双方都是基于各自文化传统、生活环境等多种因素由历史一步一步发展而来，何况中国传统之中也有以人性恶导出的法家文化，所以不能笼统地说谁好谁坏。客观地看，儒家的政治思想是从积极意义出发，以彰扬人的主体性为主，而西方的法治思想是从消极意义出发，以克服人的劣根性为主。对一个社会来说，人治与法治其实都是必要的。正如前述余家菊所说，儒家以感化为主，但也不放弃纲纪与法律的约束。不过，在社会发展的具体过程中，一般应该将法治放在第一位，通过外在的强制逐渐养成人们守法的习惯，然后在秩序鼎然的社会贯彻德治。像近代中国那样的乱世，仅靠德治，无异于与虎谋皮。所以，余家菊对儒家政治思想的彰扬在近代中国这样一个过渡时代失败是可想而知的。

当时对儒家政治思想批评最为深刻的是抗战时期的战国策派代表人物林同济。他说："所谓德感主义者，并不是仅仅主张我们'应当'以德感人，乃是进一步的肯定，相信德'必定'感人。把'应当有'的(What ought to be)武断地认为'必定有'(What is)。中国人的思维习惯，通常都犯有这毛病。……道德头脑的倾向都是要拿我们主观所定的'应当有'与'不应当有'来观察、评量，解释宇宙间的'有'与'不有'。结果所及，乃发生两种逻辑上的错误，其为害实多方面而无穷的。(一)把主观的价值，引申到纯客观的事实里。——一个纯客观的现象，本无所谓善，无所谓恶，而我们却必定拿着道德的眼光来评定个‘应当有’与‘不应当有’。(二)把主观的价值，即当作客观的存在。——不管客观上是果‘有’与否，但若主观的理性或情感认为‘应当有’或‘不应当有’，我们便相信事实上是‘必有’或‘必无’。前者的结果是错解真相，后者的结果是失丢现实。道德头脑，太注重了主观的价值，势是要向‘反现实’的路径上走的。儒家的德感主义，就是这个反现实的道德头脑的表现。”根据当时的形势他进而呼唤“力的宇宙观”。[①]抗战期间，由于战争拼的是双方的综合国力，林氏对力的强调重在对外，而余家菊的儒家仁政说重在调整国内的社会秩序，其着眼点显然是对内，双方对外实际上都强调意志，而民族的意志其实也是一个国家综合国力的表现，因而对外敌来说，双方都是一致的。

---

① 林同济：《力》，参见《文化形态史观·战国策》1940年影印版，《民国丛书》第一编44，上海：上海书店，第56—60页。

第五章　国共内战期间对中西文化的检讨

抗战胜利后不久，国共矛盾迅速激烈化，内战爆发。与此同时，中国社会的各种危机也全面爆发。余家菊观察道："徐蚌会战前后，中国的整个崩溃，完全表面化。政治组织、军事组织、社会组织、经济组织、政党组织，无一不彻底瓦解。所有的高贵名词，都被人抛弃，彻底的短浅的自私主义，弥漫全国。无所谓道德，无所谓信义，无所谓自制，无所谓廉耻，无所谓智慧。只要可以拿到手，便拼命争夺，不但不问该不该，而且不问后果何如。如此人群，简直是一群野兽了。如此社会，真是天翻地覆。"[①]在他看来，中国社会不仅是政权瓦解的问题，而且是处于文明存灭的"亡天下"的关头。他认为，造成这种状况的根源应从近代以来的思潮、风气、制度、学说上探寻，尤其是要从近代以来中国接受的西方文化上寻找病因，对于中西文化的利弊他从整

---

① 余家菊：《中国人文检论》，参见余家菊：《余家菊景陶先生论著专辑》第二辑，人文，台北：慧炬出版社，1986年版，第11页。

体上进行了全面检讨。

一、对西方文化的拒迎

余家菊对中西文化的认识是从新文化运动期间有关中西文明比较的讨论开始的。在新文化运动期间，非国粹主义者普遍对中国传统丧失信心，进而全面拥抱西方文明。陈独秀指出，东西文明根本思想的差异在于：(一)西洋民族以战争为本位，东洋民族以安息为本位；(二)西洋民族以个人为本位，东洋民族以家庭为本位；(三)西洋民族以法治为本位，以实利为本位；东洋民族以感情为本位，以虚文为本位。[①]陈氏一边倒地站在西方文化这一边。李大钊在文化看法上不像陈独秀那样激烈，他认为东西文明是两种根本不同的文明：即东洋文明主静，西洋文明主动；两者的具体区别：一为自然的，一为人为的；一为安息的，一为战争的；一为消极的，一为积极的；一为依赖的，一为独立的；一为苟安的，一为突进的；一为因袭的，一为创造的；一为保守的，一为进步的；一为直觉的，一为理智的；一为空想的，一为体验的；一为艺术的，一为科学的；一为精神的，一为物质的；一为灵的，一为肉的；一为向天的，一为立地的；一为自然支配人间的，一为人间征服自然的。他认为东西文明各有所长，不宜妄为轩轾于其间，西方文明的问题是“日在物质的机械的生活之中，纷忙竞争，创作发明，孜孜不倦，延人生于无限争夺之域，从而不暇思及人类灵魂之最深问题”。他同时又指出“今日立于东洋文明之地位观之，吾人之静的

① 陈独秀：《东西民族根本思想之差异》，《青年杂志》第1卷第4号，1915年12月15日。

文明，精神的生活，已处于屈败之势。彼西洋之动的文明，物质的生活，虽就其自身之重累而言，不无趋于自杀之倾向，而以临于吾侪，则实居优越之域”①。故主张只有彻底觉悟，将中国静止的文明根本扫荡，采纳西洋动的世界观，与物质生活适应。李、陈两位对中西文明或民族精神的概括有客观、合理的部分，整体态度上是扬西抑中。

余家菊的国家主义同仁之中，在中西文明的态度上大多数人与非国粹主义派的态度相类。曾琦虽肯定中华民族兼具英人偏智识、法人重感情和德人重意志三者之长，但在整体上亦是扬西抑中。他在1923年1月11日的《旅欧日记》中写道：人类本绝对无欲望，西人主顺欲，印度主禁欲，中国主节欲，三者比较，要以西人为合理。禁欲既非人情所能，节欲亦难以语欲常人，惟顺欲斯可以望进步。他又总结了中西思想的四点异同：（一）党同伐异；（二）好大喜功；（三）厌故喜新；（四）奇技淫巧。他认为，这四点在中国文化传统中历来被视为恶德，但却是西方走上富国强兵道路的真谛。他说：“国人以树党与营私为不可分离之事，西洋人则以政党为运用政治之方法；中国人以党同伐异为恶德，西洋人以党同伐异为当然，盖已结为一党，则对于同党，未有不加赞成；对于他党，未有不持反对者，特其反对恒诉诸政党之理论，而不出以卑劣之手段耳；中国人以好大喜功为政治家之罪恶，故虽秦皇汉武，史家亦无恕词，盖以宗法黄老，政尚无为，不扰民者，斯为极则也。西洋人则以好大喜功为政治家之道德，凡能开疆辟地，建功立业者，无论其为英雄或枭杰，皆一律崇拜之，此其国家之所以日趋强盛也；西人科学之所以日有发明，纯由厌故喜新之一念为

① 李大钊：《东西文明根本之异点》，参见《李大钊全集》第2卷，北京：人民出版社，2013年版，第211—212页。

之；中国人则以守旧为道德，此所以科学家永无发明也。西人物质之所以发达，纯由社会上争尚奇技淫巧之所致，中国人则以此为大戒，是以物质文明远逊西方也。”①

余家菊的态度不同，他虽抱着学习西方民主与科学真相的愿望赴英留学，但从一开始就对西方文化颇有微词。在乘船赴英途中，当目睹船上西人对子女的粗暴态度，他感觉：“大概西人是尽情发挥的，华人是执中持平的；西人是听从本能的，华人是服从理性的；西人是冲动的(impulsive)，华人是有节的。”他以夫妻关系为例，认为中国人在处理夫妻关系上比西人要好，中国人讲究相敬如宾，而西人成天的爱和亲，不免过度，然一旦反目，不为仇人，即为路人。而中国“有知识的人，何至于彼此咒诅？无知识的人，亦不过是互相打骂，两相隐忍，事过境迁，也就爱好如初。总之，西人是走极端的，华人是持中的”②。

到英国之后，他在日常生活与英人的接触之中，看到了英国人在道德方面若干伟大的表现，如负责、尽职、乐于助人等，但总体上给予否定。1923年3月30日，他在给李璜的信中说“西方之所有，只是报复。我从电影中，常看见三个大字，‘money’，‘power’，‘revenge’。我觉得以这三个字做西人精神之写真，是再好也没有的。由这种精神所结成的社会，那里还有一点人味之可言”③。上述对西人的看法只是余家菊从对西人日常生活细节中一种观感而已。

回国之后，余家菊明确指出，中国文化是一种相爱性的文明，而

---

① 曾琦：《曾慕韩(琦)先生日记选》，台北：文海出版社，1966年版，第76页。

② 余家菊：《海行日记》，参见余家菊：《余家菊(景陶)先生教育论文集》(下)，台北：慧炬出版社，1997年版，第638—639页。

③《少年中国》(会员通信)第4卷第5期，第7页。

西方文明则是一种征服性文明。他一再申述中西民族性的不同，认为西方民族性主要表现在：(一)重争。他说："西方民族，战争之民族也。国与国间，人与人间，无处不用其争。不争之于武力，即争之于法庭。不争之于拓地开疆，即争之于跑马赛球。甚至型为学说，则一见之于超人哲学，再见之于阶级争斗，而归宿于争斗为进化之母一语。西人无处不争，争之不已。乃各划一范围圈以自固。故西洋社会之理想，在各方各得其平。平为在外的，故得以警察及法律维持之。此西洋之所以必为法治国也。"(二)重责人。由于西人重争，"故与人冲突时，辄吹毛求疵，唯恐争斗之口实难得"。他还把欧战爆发的原因归咎于西人重争的民族性和"喜责人之天性"。(三)重力。重争，故以势力为解决纠纷的工具。他说："人民相争，在西洋辄诉之于肉搏，或手枪。在中国则多调解于茶楼酒肆。国际相争，在中国则用怀柔宾服之法。偶有喜事征伐之君相，亦常为清议所不容。在西洋则诉之潜艇飞机之力。即有倡导和平如罗素其人者，亦惟有劝告弱国臣服强国，而俯首低心贡献强国以其所能力夺之种种利权。"(四)重权利。余家菊认为，与华人重义务相反，"西人重权利，视一切劳力皆为报酬之代价。是故西人私人间计较锱铢，不爽秋毫。国际间，讲求互惠，不肯独当其难。'不付薪，不作工'(No Pay No Work)之口号，盖其文化精神之具体的表现也"①。与新文化运动中的非国粹主义者相反，彼辈看到的优点恰恰是余家菊所拒斥的，而他们眼中中国国民性的劣根性则往往是余家菊所赞扬的。对于近代以来中国趋新知识分子所接受的从进化论到马克思主义都是余家菊所反对的，其反对的依据实际上是中国传

① 余家菊：《国魂篇》，《醒狮》第47号，1925年8月29日。

统的儒家思想。不过，二三十年代，无论是在社会改造问题还是在中西民族性的看法上，余家菊特别强调心性的作用，他把近代以来西人对弱小民族与国家的侵略的根源归结为西人的心性。他认为西人与中国人相反，以武力征伐为荣，西人的国民精神实包含穷兵黩武的根性。他说："吾人对于欧美人须留意察其性格，以及由其性格所表现之平素行为。西人之习性确为侵略的，其思想确以侵略为能事。只知有己而不知有人，崇拜强权而不尊重公理。……此种侵略的性根便是帝国主义的源泉。"①对西方文化持这种看法的在当时国家主义派中不独余家菊一人，如灵光也认为："若是文明的定义为人类爱的表现，人类因为要发挥他的仁爱心，而用科学的方法去发明互助之工具，以谋人类同胞的幸福，其表现即是文明。那么，我敢断言，今日的世界，去文明之期尚远！若是文明的定义，为人类发挥其兽性的表现，人类因为要发挥其兽性，而用科学的方法，去发明种种戕害同胞的工具，以达其弱肉强食的目的，其表现即是文明。那么，我又敢断言，今日西洋的文明恰足以当此。"②他认为西人富于兽性而乏于仁心，外君子而内小人，发明科学而不知善用，他也以达尔文的生存竞争说到马克思的阶级斗争说一系列的言说来印证西洋文明的本质是——杀人的文明。不过，这种将中西文化不同的原因归结到中西民族心性的不同，其实没有多大说服力。西方历史上也不乏和平主义者和世界主义者，五四后中国思想界中既有主张阶级斗争的马克思主义，也有克鲁泡特金主张的互助合作论。故近代以来世界范围内战争不断的原因与西人的民族习性关系不大，可能还得从资本主义的扩张中去寻找。

---

① 余家菊：《国家主义概论》，北京：新国家杂志社，1927年版，第72页。

② 灵光：《中国的国家抵抗及其步骤》，参见少年中国学会编：《国家主义论文集》第一辑，第101页。

抗战爆发之后，余家菊为鼓励国人抗战，开始用极大的精力阐释儒家文化，以尽书生报国的责任。在彰扬儒家文化的同时，力主对西方文化进行有选择的吸收，比如其科学、工业、组织及教育，并将这四项的成绩上升到国家存亡的地步。

抗战胜利之后，1946 年 10 月，余家菊以青年党代表的身份参加重庆政治协商会议，积极投身于和平建国运动。他指出，抗战后中国不能统一的原因在于："一、无信；二、不尊人；三、自我伸张过度。"①其中第三点矛头直接针对近人所接受的西方文化。而国内的社会氛围在他看来莫过于攻讦、营私，抹杀他人，浮言流语、权谋术数，而且治乱之势已成定局。他认为中国患了"时代病"，其病因与近代以来国人所接受的西方文化有直接的关系。他认为，西方文化主要有以下几个特征：

第一，"自我伸张"。余家菊认为，西方民族尚处在少壮期，西人注重自我伸张，即肯定自己的要求，发展自己的力量，扩大自己的支配欲，其态度是向前的、进取的、侵略的。而中国传统文化倡导的是自我节制、自我检束，其本质为一种和平文化。这与 20 年代初梁漱溟的《东西文化及其哲学》的观点相似。他还按照伸张性的大小分析了西方诸民族的民族性，如他认为斯拉夫民族最年少，"其阴骘、险狠、专制、斗争、残暴，正是自我伸张的极端表现"②。这明显是对社会主义苏联抱有偏见。

西方文化既以自我伸张为圭臬，故争取自我的权利，便为人生立

---

① 余家菊：《知非日记》，参见余家菊：《余家菊景陶先生论著第七辑——余家菊先生日记手稿》，台北：慧炬出版社，2008 年版，第 268 页。

② 余家菊：《中国人文检论》，参见余家菊：《余家菊景陶先生论著专辑》第二辑，人文，台北：慧炬出版社，1986 年版，第 14 页。

身处世的第一义谛，故西人崇尚权利第一。他认为，西人的权利思想，重在辨别人我之别，其本质是伸张自我，将自我置于首位；至于西方所谓不侵犯他人权利之说，只是为自我伸张树立一个界限，或以不侵犯他人为手段以求得他人之不侵犯自我，这在内心深处，原无尊重他人之真意，实因利害计算之结果，不侵犯他人，乃是最为聪明之策略。既以享受权利为先，在内心上既无履行义务之必然要求，故其履行义务只是出于利害之计算，以履行义务为其最聪明之策略，故权利观念，在其本身虽与自私自利不同，而在实际上，则与自私自利无二。在他看来，权利第一的文化，难脱庸俗卑劣的气味，带有强烈的功利主义色彩，是一种典型的"现实主义"文化。他所谓的现实主义是指"于诸种并行目的追求中，遇有阻碍时，宁取其浅近的实利的，而放弃其远大的高尚的"，这表现在西人在整体上尊崇实力、重视实务的价值及成功。在他看来，崇尚权利的文化与中国传统儒家的仁义思想相距甚远。

他承认一定程度上的自我伸张是必要的，因其本为人类的普遍习性，他也注意到西方文化中基督教的博爱精神与近代的服务精神，但以他的观察，基督教在西方只是少数人实践，多数人崇拜，在实际的表现上，西方文化大体上都是实践自我伸张的。自我伸张在西方文化的表现可以说是一以贯之，从西方文化的源头古希腊罗马的权利思想、文艺复兴后的人文主义、经济上的自由竞争、生物学上的进化论、德国的意志哲学等都是自我伸张的体现。问题是，近代中国在接受西方文化时，只是单纯地吸收了西方文化自我伸张的一面，对其中基督教的自我牺牲精神予以摈斥，复抛弃了中国儒家注重节制的优良传统，结果西方思想输入中土之后，人人强调自己的权利，自私自利，人人皆以现实的成功为最高目标，故其他的问题只是技术问题，只需方法巧妙，能够实现其目的，而根本不问其方法的正当性。国人受此观念支配，“先之以竞争，继之以斗争，不但争夺事件加多，而争夺观念亦被认为正当无邪，人皆悍然争夺而绝无愧色”。他认为，自我伸张在实际行为上的表现是“强进”“把持包办”“龃龉不安”，此为中国近代大乱的根源。

第二，“主智主义”。余家菊认为，西方文化是一种“主智主义”文化，这种文化属于控制物力之学，其好处是有富国强民、改善社会和推进物质文明的效果，这是近代中国不少学人的共识。但他指出，这种“主智主义”文化由于过分注重知识，凡事均要经过自己的独立判断，会造成理智的专制主义和无政府主义。他说：“以个己意想强加于人，是为理智的专制主义，自行其是，则为理智的无政府主义，两者皆主智主义之必然结果，而且相偕以俱起。”其带来的后果是人民迷惘、涣散，而且无力，从而削弱民族凝聚力，这对中国抵抗西方侵略和内部的统一不无消极影响。

他还认为，就理智本身而言，其获得过程往往十分艰难，人们真正需要时，又特别急迫，不容从容考量，在一发千钧之际，要当机立断，马上应付，难上加难。再加上近代以来，中国面临的形势一直紧张，国民心态持续焦虑，单纯的理智主义实在是缓不济急。他言外之意是，在理智之外，尚需信仰，而这就为传统的存在留下了空间。

对于近代学人津津乐道的西人为知识而知识的传统，余家菊认为，“(其)意在避免急功好利，用意未始不善，然而摒弃人世关系之纯理智活动，其作用不宏伟，其支持难长久。近代科学之发达，以系得力于纯理智活动；其实在广大的外围气氛上，尚有征服自然之热心，巩固国防之需要，改进民生之愿望等等心情以相支持”①。

对于二三十年代他一度推重的近代西方科学思维方法，此时他的态度有所变化。他认为，西人论学往往逻辑的推论多于直觉的判断，中国人则恰好相反。此时，他认为，直觉之修养当重于逻辑之训练，盖逻辑者实属奢侈的游戏品，逻辑法本为自然法则，然人们接受他人思想时，常常是由于心悦其言论之合理，实未必考虑其推论之合乎逻辑。因此，控导人们思想之运行者，为客观事理之当然，而非抽象的逻辑法则，逻辑学发达之民族，是为好辩之民族，以熟练批判技巧以为攻隙抵瑕之工具，因之，长于逻辑者，未必长于思想，其所擅长者为制胜于讲坛或法庭之争辩，故逻辑不发达思想学术即不能发达，并非确论。平心而论，中国传统文化，尤其是儒家思想，多为古人从实际人生中体验的结晶，与西方文化由思辨而出相异趣，故西方文化在论学时一般注重逻辑结构，其优点是精确、有条理，然其弊端是思辨愈精，离人生实际却常常较远。中国传统思想，一般出于人生实际与生活体验，学人需靠反求诸已方有所得，由体验而出的中国传统思想，表面上条理不清、系统不明，其实之间有内在的关联，与西方所重的逻辑并不矛盾，问题只是在理论结构和表述方式上尚需雕琢。

第三，“良心命令”。他认为，西洋自文艺复兴以后，其思想主流在于个性之觉醒与良心之复活，表现在自由学说的风行。这其实是伸张自我权利与主智主义的必然结果。表面上看，“良心命令”与“主智主义”相反，其实不然。由于人人自认良心所命令的皆为理智考量的结果，故敢于径情直行，其中的关键还是理智的获得是相当的艰难。

① 余家菊：《中国人文检论》，参见余家菊：《余家菊景陶先生论著专辑》第二辑，人文，台北：慧炬出版社，1986年版，第18—40页。

他注意到，自西方自由学说输入近代中国后，与中国固有的阳明学说相激相荡、因缘为用，国人大率凭恃其良心之纯善，果敢践行，结果是非颠倒于内，祸国殃民于外，以救国心行祸国事，以爱民心而殃民政，此皆由于昧于良知易陷错误以及事理之必须周密研讨。在他看来，良心命令的弊端与阳明学说相似，其问题在于武断、鲁莽、痛快、简捷。他的意思是，在革命时代，目标明确，事重破坏，其说可行，然在建设时代，经纬万端，须周密不可，能力往往重要，仅靠果敢不能济事，因良心经常为妄念。在他眼中，中国革命维新既四五十年，而所维之新已多，而所革之命未成，人民陷于水深火热之中，社会中充斥着混乱、涣散、自私、残暴、冷酷、邪恶等各项罪恶。

以上所述似乎西方文化进入中国后，中国只受其害，不见其利。其实不然。余家菊对西方文化的态度除过拒斥之外，还有吸收的一面，只不过他主张有选择地吸收。

他一再申述西方文明侵略的本性，但这只是立足于价值层面。现实则是近代以来中国一再遭受西方的侵略，而中国传统文化在抵御外侮方面的乏力自甲午海战后事实上已成为国人的共识，即便是最保守的中国士人也主张中国必须向西方学习。余家菊本身就是抱着直接了解西方科学和民主真相的愿望负笈英伦的，在英国留学短暂的两年时间内，除主攻心理学、教育学之外，又广泛涉猎社会学、哲学、政治学等各种西学知识。此后，他以教育家名世，而他在教育学方面的基本学术训练是在英国完成的，故他对西学完全是开放的，他虽对西方文化不无批评，但并不妨碍他在知识方面充分吸收西学。

早在 1928 年 10 月，余家菊在《中国教育史要》一书中，对比了晚清自民国三十年来中国新、旧教育的功效。其中指出新教育在开发民智、利用物质、女子教育、国民体质方面的成功之处。不过，他最初对西学的定位是限定在“用”的辅助层面。他认为中国历史上曾成功地吸收消化了印度的佛教和西洋科学，其关键原因是以我为主、以人为辅，取人之长以补己之短的正确态度，故他赞成张之洞提出的“中学为体，西学为用”的原则。

1937 年 5 月，他在为湖北省政府主席黄绍竑代拟的讲稿中指出：“竞争为向上心之表现，亦即不肯落后之表现，人间进步，有赖于竞争者甚大，顾国人之相竞争也，每流于意气，其甚焉者，且相倾相仇，是以巧于涉世者，每每执持不争之说，而实行知雄守雌之义，此于今日进取之时代甚不相宜也，不可以为训。尝见西人之争于讲坛或争于运动场也，当其相争之际，各显能力，攻瑕抵隙，绝不相让，及至争论已了，或比赛已终，则握手言欢，友好如故。有以竞争之激烈而牵动感情者，必为众人所不齿，盖其竞争风尚，一轨于正，虽相争而不怀恶意，庶几乎孔子所谓之‘其争也君子矣’！”①可见，他并不反对竞争，只是认为竞争应在理性的范围之内。

他指出，近百年来，中国一直处于生死存亡的挣扎中，其造因或由于贫，或由于散，根本原因还是由于文化之不振。要重振中国文化，必须学习西方文化的长处。全面抗战后，中国人爱国热情的高涨使余家菊深受鼓舞。他把抗战看作一个新时代的来临，一方面是他一直倡导的国家主义理念实现的大好契机，同时也是中国文化复兴的关键所在。他说：“我民族是否为优秀民族，我固有文化所熏陶的国民性格是否足以保证今后国家之生存”，关键决定于中国在科学、工业、组

① 余家菊：《严肃雍容》，参见余家菊：《余家菊景陶先生论著第七辑——余家菊先生日记手稿》，台北：慧炬出版社，2008 年版，第 83—84 页。

织、教育四者的成就如何。他说："现代之科学态度，使人类知识正确；现代之工业发达，使人类生活改观；现代之组织精密，使人生行为有效；现代之教育普及，使国民活动凝固。"[1]而现代的科学、工业、组织及教育四者，余家菊虽认为它们是现代文明之共有物，言外之意这四者非独西方所有，乃为人类之共有物，但事实上它们的确是西方文化的长处而中国传统的短处所在。综观抗战期间余家菊对文化的定义和分析就可以看出，对于西方文化他并非一味地攻瑕抵隙，而是持开放的态度。

到国共内战期间，余家菊在批评近代中国接受的西方文化带来的"时代病"时，也意识到，西方文化的自我伸张、主智主义、良心命令三种特点如果独立来看，自有其价值所在。如自我伸张与良心命令有可能发展为自我牺牲，主智主义如与高尚远大的目的结合起来显然有益人类，只是三者结合在一起，以自我为中心，权利为前提，目光集中于现实的利害上，又以良心命令推波助澜，则国民唯有坠入自私卑劣、涣散冲突之境地，而一切组织乃告瓦解，一切道义乃告沦丧。不幸的是，近代中国恰好将西方文化的上述三种特质全盘吸收，故社会崩解亦良有以也。但他注意到，给中国近代社会造成病症的西方文化在西方社会却非如此。事实上，他似乎也了解到西方人在生活中表现的文明素质并不差。在其日记中，他记载了一名叫明甘东的军官自美受训归来后的观感。明氏说："美侈言礼义廉耻，不知中国房屋不敢低开窗户，美国反是，礼孰优？美人坐电车，男人必让妇女，中国反是，义孰优？廉则美国摊贩在货品上写明价格，虽无人照看而买者付价取

① 余家菊：《教育与人生》，参见余家菊：《余家菊景陶先生论著专辑》第一辑，教育(一)，台北：慧炬出版社，1984年版，第579—580页。

货，绝无差忒。耻则美人之所耻，随在可见。”[1]他自己坦承，西方文明到近代实已造成光辉灿烂的成就，何况其给中国带来的不仅是问题，也有成果，主要表现在：科学的输入、教育的变质与普及、司法独立、敏捷的新闻报道、管理组织能力加强、新式机械的实用。他所观察到的中国受惠于西方文化之处主要集中在“用”的层面，然他还注意到西方文化中也有其价值理性所在，比如宗教。

第四，耶教的合理性。国共内战期间，随着对西方文化的通盘整理，余家菊从西方耶稣教中发现了良法美意。耶教包括基督教和天主教，基督教在中国一般被称为新教，他要求时人谈西洋文化，不要忘记基督教。他甚至认为，基督教倡导的舍己救世精神甚至有超越中国儒家的美德。他看到，正是由于西方基督教的博爱观念制约了其来自罗马法的权利观念，从而铸就了现代西方文明。其实，制约西人权利伸张过度的不光是基督教，还有注重法治的观念，只是法治观念与权利观念来自一个源头。

他认为，基督教重良知，与孟子学说及陆王心学气息相通，适合于中国人习气，故甚为流行，其对中国人的最大启示为服务活动，用实际服务活动表现其博爱精神，其活动涉及教堂、学校、医院、农村等；而天主教为典型的尊重客观权威的宗教，其教义解释之最高权握于教皇之手，个人不得用良知之名妄加判断，教皇的产生必经过严格的程序，经具有一定优良资格者依严密的检讨后选举而来。他指出，天主教的气味与中国荀子一派的“隆圣崇礼”相似。余家菊认为，近代国人病在人各自信其心，各行其是，从而导致是非难定、团结不

---

① 余家菊：《闻政日记》(二)，参见余家菊：《余家菊景陶先生论著第七辑——余家菊先生日记手稿》，台北：慧炬出版社，2008 年版，第 333—334 页。

强，而天主教重权威尚组织，故在基督教与天主教之间，他觉得中国需要的是天主教。他说："新教是尊重个人的良心，对于是非善恶由个人独立判断，以保持良心的自由；旧教不许个人自己判断是非善恶，必须接受传统的说法以及教皇的指示。个人的判断容易错误，客观的说法比较安全；中国的孟子一派接近新教，荀子一派尊圣崇礼，近似旧教，到宋代学者提出天理两字，颇能崇尚客观的真理，一般人的气息尊重良心自由者多，崇尚客观真理者少，所以此亦一是非，彼亦一是非，莫衷一是，为救济中国人的弱点起见，我宁愿选择天主教。"① 之后的甘地被刺事件使其更认同天主教。在1948年1月30日，甘地被印度教青年蓝姆刺杀后，他指出："常人以为敬神之人，虔敬笃实，不至作恶，不知神意之认识，须通过一己之判断。自己之判断不能无误，即所认为神意所在者，不能无讹。神乎！神乎！多少罪恶假汝之名以行。尊重神意而欲无过，必须德性纯熟，藉其性格之健全，使其良知能辨神意之所以异于魔鬼声音者安在！不具清纯的宗教修养，徒求神之启示，每易转为魔鬼之俘虏。以宗教徒而杀甘地其人，是诚人类之悲哀！"②这愈发使他相信，天主教和中国儒家文化交融之后，必将产生一个新结果。

尽管在对宗教内涵的界定上，他仍然坚持神道设教的固有立场，但在分类上，他把宗教分为个人宗教和制度宗教。他认为，中国人的宗教生活是个人生活，未尝制度化；在宗教效力之发挥上，个人宗教不及制度宗教之富于策励性与规律性，而个人的自由与意识真纯，则

---

① 余家菊：《六三回忆录》，参见余家菊：《余家菊景陶先生回忆录》，台北：慧炬出版社，1994年版，第60页。

② 余家菊：《闸政日记》(四)，参见余家菊：《余家菊景陶先生论著第七辑——余家菊先生日记手稿》，台北：慧炬出版社，2008年版，第391页。

较能保持。在制度宗教下，信徒以集体活动的方式，为遵依规律的行动，因为是集体组织，故能以群众的暗示力、相互的同情心，提高信心，振作勇气，发挥宗教信仰的威力；因为遵循固定的规律，启发熏陶，较为周密，亦较为永恒，可无须继续地注意，而获得所需的效果。此二者为制度宗教之所长，亦即中国人在修养上之所短。他以为，中国人的修养，柔弱无力，凌乱不周密，乃个人修养之必然现象。他显然希望通过制度化的宗教弥补儒家学说的不足。

二、对中国传统文化的反省

余家菊认为西方文化有自我伸张、现实主义、主智主义、良心命令等特点，这无疑是以中国传统儒家文化为参照系的，也就是说，中国传统儒家有与西方相对应的自我节制、重义务、德化主义等特点，这些特点余家菊在内战前已有论述，此处不再赘述。需要指出的是，在这个阶段，余家菊从社会形态、政治制度、经济思想等方面对中国传统文化的利弊进行了一定的反省。

在社会形态上，当时有人以马克思所说的生产方式将中西社会分为传统农业社会和现代工商业社会，这其实是对马克思主义的误解，马克思主义是以生产方式将人类社会分为五大形态。余家菊不同意用生产方式来区分社会形态，他认为生产方式着眼于人和物的关系。他另辟蹊径，以社会生活中人与人的关系为主线，把人类社会分为隶属社会、独立社会及依存社会三种形态。他所说的隶属社会，其特征为有严格的阶级制度，下层人民受到上层严格的管制和支配，上层对下层有生杀予夺之权，如古代的奴隶社会和现代的极权社会便属于这种社会。他说的独立社会指以英法为主的西欧各国，独立社会内，人人独立自主，有职务之服从，而无身份之隶属，权利与义务对等，自由平等为独立社会的特征。中国传统社会在他眼中则属于依存社会，其特征为弱者、贫者依强者、富者生存，而依存者在依存他人时，仍保持其独立平等的人格，强者、富者有受人依存的义务，弱者与贫者有依存他人之权利。他认为，独立社会中的人活泼、进取、积极向上，然其问题为竞争激烈、生活紧张，其流弊为疯狂、冷酷、斗争；而依存社会，"人人有独立生活权，人人皆得发挥其意志，但是个人的任务不得以独善其身而自足，须得兼善天下，须得仰视父母，蓄养妻子，须得中养不足，才养不才。其能力愈重则其责任愈重"。他甚至认为，中国传统的这种依存社会与今世社会主义者所标榜的各尽所能、各取所需的理想社会相似。

余家菊对中国传统社会的描绘实际上完全是儒者的想象。中国传统社会中，虽不乏若干悲天悯人的圣贤，然将其作为整个社会的基本景象并不符合实情。在儒家政治理想最有可能实现的两宋社会，朱熹曾就感叹"尧舜二王周公孔子所传之道，未尝一日得行于天地之间"（朱熹《答陈同甫书》），更何况政治生态日趋严紧与僵硬的后世。余家菊其实是以理想取代现实，信念大于理念，他心目中的依存社会实际上只是他自己的理想社会罢了。就其以人与人的关系来作为社会形态分类的思路而言，其合理性赶不上马克思主义以生产方式界分社会形态，因为它不能回答为何西方近代社会在人与人之间的关系为独立，而中国传统社会人与人之间的关系为依存。相反，从人与物质世界的关系来考察中西社会的异同则有可能找到比较适当的理据，何况生产方式中的生产关系指的就是人与人之间的关系。从他将依存社会的情形比作社会主义者的理想社会来看，他虽反对马克思主义与中共，但对马克思主义者给人类描绘的理想社会有一定的认同，问题只是在于双方所走的路径不同而已。

在政治层面，余家菊承认中国传统政治确实是专制政治，比现代西方政治确实落后，然其中颇有可资借鉴之处。中国传统政治中的民本政治、言官制度、考试制度、文官制度、地方自治等有其积极作用。他认为，中国传统政治“以政简刑清为美，以少所为为急务”，虽谈不上民有民治，然有民享之义。尽管上述中国传统政治中的价值观念与制度设计在传统社会中到底起多大的实际作用是个疑问，但他对传统政治合理性的发掘大致不错，他也看到这些优点其实并非统治者有意为之的结果，实为统治者统治策略的需要。他指出：“诚以民主思想既已久发育于本土，而民主制度又有西洋一套可以搬来。”可见，他的真正目的是要将中国传统政治中的若干理念与近代西方的民主制度结合起来，但他这一想法真正能否实现实在让人怀疑。因中国传统民本政治仅仅只能证明其与近代西方现代民主政治不悖，至于两者是否能有机结合在一起进而发挥实际作用很可能只是余家菊及近代中国为数不少的现代儒家的一厢情愿。正如他自己分析的那样，西方现代民主政治是植根于个人权利伸张的文化背景之下，而中国传统民本政治是建立在重视义务的儒家德化主义的背景之下，双方文化背景不同，西方民主政治制度如何真正能在中国社会落地生根就很成问题。

在经济方面，余家菊承认中国经济落后，然其在观念和制度层面仍有可取之处。在观念层面，中国传统社会重均平，即强调分配，与近代西方重开发的经济思想不同。在制度层面，他尤其强调中国传统社会采行自由放任政策的积极意义。这些确为见道之言。需要注意的是，对于近代西方对中国的经济影响与中共倡导的土地革命，他的看法与时人有所不同。他指出，人们对于国际资本帝国主义对中国的经济侵略有过于恶意的解释。依他的观察，“万事皆有罪恶攀援而生，通商何能例外。除窃夺外，凡有所取者，必有所与。西人从吾人有所取，固必有所与……而西洋通商实已改变吾民生活之全貌，虽然带来种种问题，而我国受益之大，究属不可言喻”①。这俨然属于典型的以君子之腹度小人之心。余家菊明显低估了近代西方资本主义经济扩张的严重性。

在宗教方面，20 世纪 30 年代余家菊对佛教修行工夫体验逐渐加深，抗战期间因忙于政事和儒学研究，无暇顾及。抗战结束以后，他才得以有暇从事佛学研究，开始了解宗教对于社会的重要性，并且用佛学义理来分析中国社会情势。国共内战期间，他开始从西方耶教中发现其价值所在，因而一改 20 年代佛教不是宗教的看法，承认佛教是由信而解的宗教。他看到佛教义理之中与我国传统思想有相通的成分，如其清静无为与老子接近，慈悲救世与孔子接近，明心见性与儒家率性复性接近，世界无常、实相不灭之谛与周易消息盈虚、否泰损益之理接近。当然，他之理解只是从思想倾向上进行大体的把握。他更在意的是佛教教义有补益中国文化之处，他认为，佛教中的小乘教之福报说可弥补中土之尽其在我不计利害的弊端；其侍奉天神之观念及行为可弥补儒家过于理性的作风；佛教“定能生慧”的修养方法比之哲学家专事智慧要高明。

对于佛教中的各个宗派他以儒家的视角而褒贬不一。对于禅宗他

① 余家菊：《中国人文检论》，参见余家菊：《余家菊景陶先生论著专辑》第二辑，台北：慧炬出版社，1986 年版，第 62—84 页。

就颇不满意。他说，禅宗的特点是不立文字，直指心源，优点是方便易行，省去许多名言障碍；但禅宗犹如阳明学说，暗中摸索，真伪难辨，可能带来灭顶之凶，故其事甚难、甚危。他说："野狐禅瞽言坏法，狂禅更妄行破律。瞽言颠倒是非，妄行冲决藩篱，而犹谓明心见性，亲证正果。其影响诚非浅鲜。今人不耐冷苦，厌弃细密，偏好禅宗，此亦一弊风也。"他比较欣赏的是净土宗和密宗，尤其是密宗，这依然是从修行角度立论。净土宗的特点是不说教义，唯皈依三宝，奉念阿弥陀佛，故其在中国较为流行。依他自身的体验，念佛可以习定，心定则德慧双增，其庄严相随德慧而俱增。由于世间名言各有其粘连之意象，念佛则有种种美妙意象偕之俱生，加上教内环境的熏染，使人一闻佛号即生种种庄严意象，由此种种庄严意象以滋养其心灵。净土宗通过创立种种妙胜环境而滋养人的心意，确为切要的修养法之一种。余家菊对净土宗的欣赏实有针对"今人蔑视心情的控道，只知注重外表的行动，致令茅塞满心，妄念充脑"[①]这一现象而言。

密宗则专念咒语，与净土宗的念佛在根本原理上相近，不同的是咒语更为精密。有各种佛法就有各种咒语。佛及大菩萨以各种因缘，将其心情通过表现此种心境的声音语调发抒出来，即为咒语。念咒者可借此声音语调引起近似的心境，而激发其相应的行为，由此相应的行为以获得相应的果报。在余家菊看来，念咒并非迷信，它与念佛一样，同依外力以进修。密宗与净土宗在仪式环境上也特别重视客观庄严环境的安排，其法会之举行，一般创立妙胜环境以永留意象，从而对信徒之主观环境，长起滋润作用，离环境之滋润，念咒之力大减。

① 余家菊：《中国人文检论》，参见余家菊：《余家菊景陶先生论著专辑》第二辑，台北：慧炬出版社，1986年版，第50—60页。

其实，念咒与净土宗对于余家菊来说都有一种“定”的作用，远比禅宗简蔑形象、轻视文物的习气要纯净严正。

余家菊认为，佛教要净化国民精神，必须进行改革。一是严肃僧侣生活，提高其学识修养。二是建立佛教协会。由于佛教有僧侣而无宗教的行政组织，故其法力有限。他建议应吸收西方制度性宗教的组织特点，比如效仿基督教的协会办法建立佛教协会。三是要适当转换佛教教义的重点，注重实际业务中的修行，即佛教要主动走向社会。他认为，佛教要像六度婆罗密的布施、忍辱那样，不要把工夫多半耗费在念经静坐的功课之中，要在社会上从事实际的服务。佛教徒进修一般都要耗费一段工夫破除自心之烦恼，他认为，与其从心念上擒心中贼，不如从行动上去表现菩提心，以表现作进修，要转换其厌弃无常之心以追求常于无常之中。

对于道教和回教，他以西方宗教来反思其缺点。他指出，道教是中国本土所产生的唯一制度化的宗教，但其教义缺乏条贯，不能给人以明确的生活方式，其首领为精神领袖，不似天主教教皇为组织系统上之首长而实行统制其世界。回教的正义精神超过其慈爱精神，其适应力不及其保守力之坚强，法律观念似重于良心观念，重视客观威权，个人良心的斟酌处置权力，不若重视良心权威之教派所许可者之博大。

由于孔教无僧侣阶级、无主教、无固定的宗教活动如祷告之类，从制度层面来看，他认为孔教非制度宗教。但从宗教作为一种个人意识而言，他又说孔教是宗教，因儒家有祭天之说。他说：“祭天之本意在使人自知其所从来，并知大众之共出于一源，于是联结天人，提高个人的关涉，结合人群，扩大同类意识。”也就是说，儒家在追本思源、扩大同类的情感方面是具有宗教意识的。这同他 20 世纪 20 年代将感情之发泄划出宗教的说法显然不一致。

此时，余家菊对宗教的态度已彻底改变。他认为宗教的价值表现在以下各个方面：第一，宗教可以提高人生之心境。人生日常关心者为鸡虫得失，胸襟局促如辕下驹。信教之后，祈求与神同在，以神的意旨为意旨，心境高越广大，足减卑小狭隘之固陋。若将人之生存联系到神的身上，人生的凭依增强，意义加大。第二，宗教可使人生纯净笃实。神徒行善，只求神知，而且自信神必深知，故不计利害毁誉，安然行善，不敢因外在的利诱威胁而欺神背教。因此，在宗教虔敬精神的影响之下，可减少国民轻巧谲诈之习气。第三，宗教可以维持国民道德。每一种宗教皆有其一定的道德信条，信徒遵守不渝。近代盛倡道德与宗教分离之说，实则分离之后，道德训条疲软无策动力，缺少无拘束力，而且道德训练失其统纪，散漫凌乱，东投西抹，不似宗教的道德训练，有主眼，有条理，有程序。第四，宗教对于社会为一种安定力。前两点，他是就宗教作为一种个人的信仰而言，人作为一个有限的个体，总期望与无限的天或全知全能的上帝合二为一的境界，正如林同济在抗战期间所说："什么是宗教的纯净核心意义呢？就是人的'自我'对'无穷'的一种整体互契或合一的体验与其表示。……我觉得目前中国人日常生活中最缺乏的，就是至大之感！换句话说，我们大大需要在我们生活中切切实实地建立一个体验自我对无穷互契或合一的机会。"①后两点是就宗教作为一种道德的社会功能立论。

由于对宗教的态度大变，余家菊对于神的观念就不再像 20 年代那

---

① 林同济：《民族宗教生活的革创》，参见《文化形态史观·战国策》1940 年影印版，《民国丛书》第一编 44，上海：上海书店，第 100—103 页。

样理性。1949 年 6 月 6 日上午 9 时左右，当他在重庆国民饭店的旅馆中休息之时，恍惚之中看到一个金身的神出现在他面前两三分钟。当时他随国民政府正处在颠沛流离时期，在心情最坏的时候“神”出现了。他说：“在那个时候，国事败坏，前路茫茫，毫无去处，我颇有离去人世之意，他的出现大概是要安定我的心思。”[①]有了此种亲身的经验，他完全向宗教屈服。

这个阶段，余家菊对待中西文化的态度是有拒有迎，总体上看，他拒斥的是西方文化的价值理性，迎纳的是其工具理性，他撷取的是中国传统的价值理性，放弃的是其工具理性。他是要将中国文化的价值理性和西方文化的工具理性结合在一起，走一条中西互补的中华文化复兴之路。他以为，工具理性属于技术层面，是第二位的，而价值理性属于根本信仰层面，是第一位的。他对杜威思想认识的转变就说明了这一点。杜威主张以理智指导生活，起初他受用几年，后来觉得理智指导是一个第二级的原理，决定人生的第一级原理还是情意的认定。比如博爱，一个人的行为怎样才合于博爱，这是第二级的原理，至于为什么要实行博爱，则不能用理智来说明，只是出于情感的需要。他认为，这一点关系很重大，一个人若无慈爱的性格是不懂得为什么要博爱的。据此，他指出，西方从柏拉图的哲人王到杜威的用理智指导生活，都是同一路线，在事实上接受理智指导的都是技术问题，至于最高的决策则受支配于有权者的感情意愿；感情仁慈则施行所谓王道，感情强烈的人们则进行所谓霸道，理智只是提供最好的技术而已。他之所以坚信儒家，就在于儒家的仁政说属于第一级原理。

---

① 余家菊：《六三回忆录》，参见余家菊：《余家菊景陶先生回忆录》，台北：慧炬出版社，1994 年版，第 62 页。

第六章 “艰难年代”中的言论归依

1949 年年底，余家菊从海口飞往台湾，进入了其一生中最后的“艰难年代”。在台湾期间，他大部分时间主要致力于“立言”。这个时期，他在言论方面的主要建树是在两个方面：一是政论方面的“民主建国论”，二是关于中国文化要义的总结。

一、“民主建国论”

余家菊一生以复兴中国文化为职志，同时本着一名儒者的情怀又不得不参政问政，然其最终目的是要为中国建立一个文明与民主的现代国家，这就决定了他的国家观念不仅具有文化性，还具有现代民族国家的政治性，即他的国家观具有双重性。

（一）余家菊的国家观

早在 20 世纪 20 年代，余家菊就指出，一个国家对于世界应有自己的贡献，中国的贡献是发扬我们的国光，即中国固有的民族文化。他说："我们应当发扬我们的国光，把我们的精神——我们中国固有的文化发扬出去，发扬到全世界，使全世界都知道我们国民固有的精神，使全世界都重视我们的文化，拿这种文化来补充一切残缺不完的文化。"[①]在他看来，中国的国光是主张四海一家的和平主义精神，而西方的残缺是穷兵黩武的侵略主义。抗战期间，他又宣称，中国文化之所以比西方古代犹太、希腊、罗马三种文化长存的原因在于中华文化为多方面而和谐的发展，而西方古代文化皆为特殊的单方发展，之间的优劣是"特殊的发展，虽足灿烂一时，究不足以绵延久远。中庸的发展，在一时的紧急应付上，虽每觉微弱无力，而在长久的挣扎中，则常能挺过难关而生气不绝"[②]。不过，直到此时，余家菊对中国文化的态度更多是信念大于理念，因其尚未对中国传统文化进行细致的研究，也未对西方文化进行系统的了解，故其更多是出于振奋国人心气的一种手段而已。

经过抗战后期对中西文化系统的研究，他对中国儒家文化的信心大增。来台之后，其对国家主义思想的发展与完善显然继承了以往的思路，即从文化视域申论。

他认为，中国自孔子以来就有一个传统观念，即文化国家。文化国家是与民族国家相对应，民族国家以主权为根本因素，以民族为基本的构成单元，而文化国家是以文化的统一为区分国别的标准。文化国家观念主要体现在春秋时期中国的夷夏观，即诸夏用夷礼则夷狄视之，夷狄用华礼则以中华视之。孔子进一步发挥为："夷狄之有君，不

① 余家菊：《国家主义释疑》，《醒狮》第51号，1925年9月26日。
② 余家菊：《个己与国家》，《国论》复刊第14期，1940年8月5日。

如诸夏之亡也。”(《论语·八佾》)余家菊认为，这种文化国家观念最利于国际的合作与融合，它是一个不具民族比例的国家观念，是人类走向大同的一条有效路径，比之用政治、军事及经济力量的渗透与支配要强得多。但这种文化国家观念显然只对文化发达的国家有利，事实上西方文化相比其他民族文化的优势地位于20世纪初在绝大多数世人心目中就已经确立。余家菊的原则是“假使自己的文化低劣，那是早应同化于文化优胜的国家的。假使自己的文化有相当的优越处，是不会完全被人同化的。而且可用自己的文化优越处，贡献到世界的大变化中，而使其成为一种新文化”①。中国文化的优劣与否在他那儿显然是不成问题的。

从文化视域申论国家主义只是余家菊国家观的一个面向，他还基于国际正义的原则反对近代以来的不干涉内政原则。他认为，作为一个现代国家，不能只是一种事实上的存在，还有其存在的价值，即要对于人类幸福与文明有所贡献。除过文化之外的贡献之外，还应主持国际正义。他说：“近代有所谓不干涉内政的说法，当然这是基于尊重各国国民自由的原则。但是这种自由只能自由为善，不得自由为恶。”他主张若有一个国家暴虐其民，其他国家不能采取隔岸观火的政策，而应积极干涉。

余家菊本其自由主义立场，以国家和个人的关系为标准提出了中西各有三种不同的国家观。他指出，西方的三种国家观念是国家超越论、国家工具说、国家主义。国家超越论是指国家超越个人之上，只有国家才有意志与价值，个人只有给国家做工具。这显然是指二战期

① 余家菊：《国家主义简释》，原载《新中国评论》第3卷第1期，1952年1月，参见余家菊：《余家菊景陶先生论著第六辑》(二)，台北：慧炬出版社，2001年版，第140—150页。

间的德意法西斯国家以及实行“极权政治”的苏联。国家工具说是指国家并无意志与价值，只有个人才有意志有价值，因而国家是个人的工具。这是指近代西方古典自由主义国家观和抗战后期民盟人士的国家观。他自己赞成的是第三种即国家主义，国家主义中，国家与个人是相依为命的关系，国家离不开个人，个人也离不开国家，个人意志与国家意志融为一体，个人意志来推动国家意志，国家与个人为一体，这是一最理想的境界。他把中国自古以来的国家观分为法家的、道家的、正统的三种观念。在他看来，法家国家观近于西方的国家超越论，道家的国家观念与西方的国家工具说相近。他所赞成的正统国家观念自然与英美为主的西方民主国家等同，其特点有：“国家的天下性、国家的文化性、国家的历史性、国家的互惠性、国家的分权性、国家的民主性、国家的伦理性。”①从其描绘的国家特点来看，他之国家观既有传统儒家的文化国家色彩，也有近代西方民族国家的政治性。

立足于国家内部来看，他的国家观念有六个方面的内容：国民生活是自由的，政府的技能是服务的，经济成果是共享的，国与国间是平等互惠的，国家是全民所有的，国际国内行为标准一元化②。他认为，这种国家观是时间上的至善主义，即其要求是正义的，其实现是有可能的，只是时间迟早的问题。

（二）如何建立民主政治？

在政治上，余家菊既是一名国家主义者，也是一名自由主义者，

---

① 余家菊：《中国国家观念》，原载《新中国评论》第4卷第1期，1953年1月，参见余家菊：《余家菊景陶先生论著第六辑》（二），台北：慧炬出版社，2001年版，第121—122页。

② 余家菊：《国家主义简释》，原载《新中国评论》第3卷第1期，1952年1月，参见余家菊：《余家菊景陶先生论著第六辑》（二），台北：慧炬出版社，2001年版，第144页。

这从他的国家主义观可以看出。在一般人看来，国家主义与自由主义之间存在一定的紧张和冲突，但他却顽固地坚信这二者完全可以并存。他一生在国家主义和自由主义之间徘徊。早年，他对孙中山的三民主义进行过批判，国民党政府成立后，又始终不满意国民党政府的独裁政策。抗战期间，在重庆的课堂上他公开反对“思想专制”的党化教育，亦反对国民党提出的“一个政党，一个主义，一个领袖”的口号。但又多次在公众场合和关键时刻明确支持蒋介石政府及本人。这一方面可能缘于蒋对其个人的礼遇[①]，但更大程度上还是其一生念兹在兹的国家主义观念。

余家菊虽受英美现代自由主义政治思想的影响，然其关于民主思想的政论其实也是多年参政议政实践中的体会心得，在思想来源上既与英美自由主义思想有瓜葛，也受儒家思想的影响。晚年在台期间的政论文字主要是关于如何建立民主政治的论述。

余家菊承认民主制度中国迄今并未建立，但儒家的民本思想早已预植根基，即中国儒家文化与西方民主政治有一定的相通性。他乐观地以为，只要把儒家的民本思想和西方的民主制度结合起来，中国终将步入民主时代。他虽没有明确区分民本和民主两个概念的差别，但他认为民主必含法治主义，“法治主义，认定统治者当依法行动，不得任意作为，一与受治者等”[②]。民主政治又必含众治主义，故民主政治当培养民力。

针对五四运动时的民主，他总结道：“说到德先生，就要尊重个

① 抗战时期蒋介石曾多次邀请其参与国是商讨，并面赐余家菊“国宝”之誉，还不时在生活方面嘘寒问暖。大体可以说，蒋对余家菊礼遇有加。

② 余家菊：《民主论》，参见余家菊：《余家菊景陶先生论著第六辑》（二），台北：慧炬出版社，2001年版，第199页。

性，慎重保留；尊重个性，所以要自由；慎重保留，不要遇事一气呵成，加速进行。民主就是个别发展而不发生冲突。就是让人人遇事保留几分，不要强使别人和我一样。在民主之下，真理是多元的。”①他所说的“尊重个性”是就民主的内涵来说，而“慎重保留”则是就建立民主的方法或程序而言，如不注重方法或程序，则会形成民主的独裁。

众所周知，民主政治的实现需要一定的经济基础，但不能机械地说社会经济发展状况决定民主的实现程度，否则就很难解释古希腊政治中的直接民主，也很难理解二战以后一些实行威权政治的国家却保持了较高的经济发展水平。但我们不能否认，经济因素对民主政治的确立和发展确实重要。余家菊原则性地指出，政治民主是经济民主的前提，在政治民主不成熟的国家，谈经济民主是幻想。他当然知道仓廪实而知礼节的道理，也明白经济建设对民主建设的意义。其针对的是近代中国政治上不了轨道，则难言经济建设的事实。他曾对民生公司的创办人卢作孚说：“你的事业很好，但是抵不住人家的一炮。”②他指出，关于经济与民主的关系可根据不同的时代采取分段实施或同时并进的策略。即在社会尚有秩序的情况下，经济建设应该先于民主政治的建设，政治家当先谋经济发展，用经济发展的成果来消弭人民的怨恨心情，然后徐图民主政治的建设；在社会失序、经济建设无从进行的情况下，民主政治的建立应与经济建设同时并进，要将两者看作国民生活的两个方面，而不能看作两事，更不能分为先后两个时期。

---

① 余家菊：《我的学习生活》，参见余家菊：《余家菊景陶先生论著第六辑》(一)，台北：慧炬出版社，2001 年版，第 60—61 页。

② 余家菊：《六三回忆录》，参见余家菊：《余家菊景陶先生回忆录》，台北：慧炬出版社，1994 年版，第 63 页。

民主政治的建立需要一定的教育文化基础。余家菊青年时期曾怀着了解“德先生”的愿望赴英留学，自然对英国的政治颇多关注。他曾光顾过海德公园和西敏寺的国会，也实际观摩过英国的各种选举。他发现英国民主的真正训练是通过演讲、表决、协商讨论等手段实现。他认为，民主政治的发动力导源于人们的自利心情，其运行建立在人人肯定其自身权利的基础之上，但这往往会导致民主即是“我主”，“民治、民有、民享”即是“我治、我有、我享”，故需用智慧来规范和节制人们的自利思想。加之，民主的实现需要公民具有守法的习惯、独立的判断能力等。所有这些显然都需要通过教育来养成。故他主张教育的目标应与民主精神相符合。他说：“民主的基础在教育，民主社会的教育尤须使其教育旨趣合于民主生活的要求，如果教育旨趣与民主精神不符合，则民主制度无法确立。”①民主政治的实现需要法制为基础。民主的法制基础，首先是指民主制度要靠法律来保护。余家菊特别讨厌法家，其对法制和法治均不大强调。他认为法律只是消极意义上的禁恶，只能约束人的外表行为。他尤其反感曾琦提出的“治乱世用重典”，因乱世之中，人民难得教育，社会又无一定的是非标准，人们的行动往往进退失据，如用重典，其结果只能是适得其反。他的意见是：“政治的做法，应当随着世运的好坏而不同，世运愈进步，执法愈周到，世运愈恶劣，执法愈宽简。”②他指出，在近代中国应用刑宽简，除过叛国者死及害人贪污治罪外，其他一切从宽。但为维持秩序计，他认为还需法纪，只不过立法要本乎人情，用法当出

① 余家菊：《民主与教育》，原载《新中国评论》第2卷第4期，1951年9月，参见余家菊：《余家菊景陶先生论著第六辑》(二)，台北：慧炬出版社，2001年版，第83页。

② 余家菊：《谈法治》，原载《议会》杂志第21期，1958年12月，参见余家菊：《余家菊景陶先生论著第六辑》(一)，台北：慧炬出版社，2001年版，第124页。

于同情，恶法总比无法好。

另一方面，民主的法制基础是指民主所依赖的平等原则和自由原则都蕴含在法律之中。一般所谓的平等主要是指政治上的平等参政和法律面前人人平等，这是一种权利意义上的平等。余家菊认为民主政治就是平等政治，但这种平等是表现平等，即人人都有平等表现的机会，表现平等是机会平等而不是成就平等或结果平等。他还提出了关于平等原则成立的依据即人身价值的平等，就是说平等原则的成立，必须建立在价值平等的前提之上，实际上是说根据每个人对社会的贡献大小社会给予相应的待遇。

一般来说，平等是自由的前提，在一个讲究特权的专制社会，不可能有真正的自由和民主。余家菊的思路则不同，他认为，平等的精义正在于自由，离开自由即无所谓平等，也就是说自由要比平等更优先。在他看来，自由是中国固有的传统，故其容易把握，而平等则是精神上和理论上的平等，不平等是人间的实相。这从他对自由和守法关系的理解上可以说明。他说："在中国传统思想上，自由与守法是同等重视的；但在实际上，中国人重视守法不及重视自由，这是因为重视自由对于保持国民精神，比较重视守法重要些。当丧乱之时，法纪荡然，教人守法无从做起，不如教人宝贵自由，容易得到着手之处；因为实际的进步，必须有灵性的光辉在前，所以重视自由超过重视守法，也未可厚非。"[①]自由与平等的关系正如自由与守法的关系。

自由的含义有多种。余家菊认为，自由的根本含义在排除外界的压力，按照本人的良知而发为一定的言行；其价值在培养国民的担当

---

① 余家菊：《自由与守法》，原载《议会》杂志第49期，1961年4月，参见余家菊：《余家菊景陶先生论著第六辑》(一)，台北：慧炬出版社，2001年版，第81—82页。

力、保持国民精神的纯真以及开启社会进步的机运。他反对“个人的自由应当为集体(国家或党)的自由而牺牲”。其一是因为没有自由的个人，也就没有自由的集体，一个由甘愿放弃自己良心的个人组成的集体，绝不会珍惜自由；其二是因为自由是整个的，有即全有，无即全无，不能分割。这明显与其一直提倡的国家主义相矛盾。自由可能带来社会失序及低效两个方面的问题。就前者来说，他认为建国需要确立中心信仰，但国民共信的确立最好采用自由的方式，如此才会被真心接受。就后者而言，“所谓效率问题者，仅有关于技术的活动或行政的事项；在此等方面，当然无人要求自由活动，因为此等技术或行政的措施，皆须依据既定的决策或法令，以求其得有最好的贯彻，所以只有信托经过选拔的贤能专家。至于决策之本身，则正是从容商量，善善从长的范围。其效率的大小，决无关于决定的迟速。”①

自由在种类上主要包括政治自由和言论自由。言论自由主要表现为提出建议的自由和提出不同意见的自由。余家菊在言论自由方面比较看重后者，即批评自由。他说：“民主政治之存亡，决于反面批评之是否存在。因为反面的批评是言论自由的标记，而言论自由则又是民主政治的标记。”只有反面的批评才可对执政者的政策起到纠错和补缺作用。他所说的批评不仅限于决策前，而且贯穿于决策、执行的整个过程。他认为未做决定前的批评，往往意义不大。他说：“须知批评之必要，正无分事前事后。事前，即令少数人有先知之明，说来每每听者藐藐，批评多半白费。唯有在既经施行以后，事情的真相渐次显露，大众的体认真切，批评的效能正可发挥于此时。且如不许批评，则一错

① 余家菊：《自由与随顺》，原载《新中国评论》第1卷第3期，1951年1月，参见余家菊：《余家菊景陶先生论著第六辑》(二)，台北：慧炬出版社，2001年版，第28页。

到底，如何纠正?”①当然，批评要采取求真、求全、求平的原则。

自由的实现需要法律来做保障。余家菊认为，人们在处理法律与自由之间存在或可能有四种态度：推翻法律以维护自由，改造法律以实现自由，随顺法律而节制自我，合同法律而忘却自我。他认为，为自由而推翻法律即革命，为暴政中之最大暴政；为自由而改造法律应依法定程序，可以改法而不可违法，法在改造中仍有不可侵犯性；随顺法律是勉强抑制自己而遵守法律，与法律性质相近的风俗，只要无害于大义，不妨从俗；合同法律，是主观愿望与客观规律合同一致，为真正自由的实现，此不但需有优美的人格，而且需有合理的社会。

民主政治的建立还须有赖于社会组织的发展。美国政治学家达尔说：“独立的社会组织在一个民主制中是非常值得需要的东西，至少在大型的民主制中是如此。一旦民主的过程在诸如民族—国家这样大的范围内被运用，那么自主的社会组织就必定会出现。而且，这种社会组织的出现，不仅仅是民族—国家统治过程民主化的一个直接结果，也是为民主过程本身运作所必需的，其功能在于使政府的强制最小化，保障政治自由，改善人的生活。”②社会组织的价值，在于提供一种相互控制的机制，从而有效抵制国家权力无限的扩张。余家菊一贯恪守儒家传统，对民主的进行持社会本位的立场。在儒家看来，人能从政当然好，虽不能从政，但每个人的活动都具有政治功能。他认为，救国必兴民，民主要成功，必须人人先检点自己，约束自己，不要把所有注意力注射到政治运动之上，民主运动当从社会展开，这就需

① 余家菊：《民主与批评》，原载《新中国评论》第1卷第5期，1951年3月，参见余家菊：《余家菊景陶先生论著第六辑》(二)，台北：慧炬出版社，2001年版，第46—47页。

② [美]罗伯特·达尔：《多元主义民主的困境》，转引自杨光斌主编：《政治学导论》(第2版)，北京：中国人民大学出版社，2006年版，第304页。

要各种社会组织存在的必要。

民主需要各种组织，但在组织本身是否民主时人们一般存在着争议。不少人认为，为了实现民主这个大目标，现阶段在组织上不一定非得民主，因为民主往往是涣散的代名词，组织要有力，必须要集权，如辛亥革命后的孙中山和青年党领导人曾琦都持这种看法。余家菊的民主则贯彻到底，更强调组织的民主性。他认为，民主组织的特征首先表现在它是基于志愿的组合。由于志愿的组合不一定人人愉快，故民主组织的第二特征为坦白，既不能隐瞒组织的真相，也不能不经公开的程序而取消组织中的某一部分，否则会造成组织内有名无权和有权无名两种势力；民主组织的第三特征为公平，即以能力指派任务，但人人皆自以为贤能，因此不妨采取“所用当所学”或“人当各执一业”或“随经历之久暂而变易其任务之难易”等比较实际的办法，他实际上是要求按照专业、职业、资历来安排任务；民主组织的第四特征为内发组织，即该组织活动之发动，决定于组织之内，而非来自组织之外，亦非来自组织之上，这与行政上的层层节制不同；民主组织的第五个特征，是依据机能的组织，即组织内各部分之分化及各层级的划分，皆以一定的机能为其分化或划分的理由，如此，则人人独立行使其机能，完成其任务，只要不越权、不违法，即便他的上级也不得加以干涉，这样既保证了组织简单，从而行政效率强，又保证了政治决策时的审慎；民主组织的第六特征，是其组织的单一性，即一个组织是为一个目的而建立，这样可以克服全能组织那种“组织高于一切”的弊端；民主组织的第七特征，是组织的制衡性，而不像极权组织富有滑翔性，制衡性是指一个机关在行使其权力时，须受另一机关的牵制，以审查其权力行使的合法，而极权组织的滑翔性是有纵无横，从最高处一直到最低级的执行者。①

与组织相关但有区别的是政党，政党是现代政治中必不可少的一个政治行为主体，是一个国家政治体系中必要的组成部分。余家菊认为，中国已进入民主建国时代，故政党当以民主政党为主。民主政党注重公开与协商，但更重要的是健全的制度为政党生命之所系。民主政党，应实行制衡原则，于机构的统一中，保持立法与执法的互相控制，使执行机关不流于独裁，使立法机关不形成横暴。具体地说，①党的决策机关必须受到立法或审议等其他机关的限制；②决策机关与执行机关必须分立；③执行机关不负决策责任，只是纯粹的行政机关。②这显然是西方政治制度中分权原则的体现。

余家菊在文化上是儒家，儒家从本质上是调整社会秩序的学说，故他在强调民主之外，同时亦相当关注秩序的重要性。他认为，自由与秩序无论从理论上还是事实上都不能分离，近代中国革命五六十年，人人习闻通过革命以求自由，视打破秩序为当然，反动所至，另有一班人过度重视秩序而厌弃自由，两种思潮相激相荡，结果在思想与时尚上都呈不安状态，这两种思潮对于建国都不利。他说："我们闹革命五六十年了，假使革命的意义是日新又新，我们应当高喊革命万岁；假使革命的意义是打破秩序，我们应当将革命收拾起来，不要再谈了。"因当前所急需的是"秩序、纪律、法治"。

如何建立秩序？他认为，建立秩序应依据"尊重人权""亲爱""自由""平等""进步""贤能"等原则。秩序建立之后，要保持秩序，必

① 余家菊：《民主与组织》，原载《新中国评论》第1卷第6期，1951年4月，参见余家菊：《余家菊景陶先生论著第六辑》(二)，台北：慧炬出版社，2001年版，第56—61页。

② 余家菊：《民主与政党》，原载《新中国评论》第2卷第3期，1951年8月，参见余家菊：《余家菊景陶先生论著第六辑》(二)，台北：慧炬出版社，2001年版，第76—80页。

须“确立秩序第一的观念”“保持立法的尊严”“人人有为秩序而受冤抑的素养”①。就近代中国社会的实际来看，余家菊显然更重视秩序的重要性。他虽多次申述民主、自由与权利，更多是立足于长远考虑和前景展望下的建言，而秩序的失调对他来说则是切身之痛，是一位过来人就近代中国半个世纪以来社会风气观察的肺腑之言。由于强调秩序和传统的价值，故他一贯反对剧烈的社会变革，他的自由主义思想带有一定的保守主义色彩。

二、学术与风气

在文化方面，余家菊晚年致力于中国文化要义的总结和阐释。从内容上看，他之中国文化不仅有中国传统的儒家与佛教文化，还包括西方的科学与宗教。从动机而言，他从儒家固有的学术影响世风的思路出发，希望通过融贯中西之学来改变世运，故学术与世风的关系成为他晚年最主要的关怀。

儒家向来强调政教合一，主张通过教育以提升人的道德良知，从而化民成俗，形成良好的社会风气，进而改善政治和世运。在儒家看来，制度往往是消极意义上的接受，而风气才是积极的感化，其作用较为长远，故自古以来的儒家都肯定风气是统治社会的一个重要的力量。孔子就曾说过：“君子之德风，小人之德草。草上之风，必偃。”(《论语·颜渊》)朱子也曾说：“今世有二弊，法弊时弊。法弊但一切更改之，却甚易。时弊则皆在人。人皆以私心为之，如何变得？嘉祐

---

① 余家菊：《自由与秩序》，原载《新中国评论》第8卷第2期，1955年2月，参见余家菊：《余家菊景陶先生论著第六辑》(一)，台北：慧炬出版社，2001年版，第210—214页。

间法，可谓弊矣，王荆公未几尽变之，又别起得许多弊，以人难变故也。法弊易变，时弊在人。人之难变，以其心术本领之不易变，如此则仍须回复到理学家所讲之义理。”①朱子用义理之学来改善“时弊”的实质，说到底还是希望通过提高人的素质来改善社会风气。

在余家菊看来，近代中国更重要的问题是“时弊”，故其思路是用学术改善风气，用风气改变“时弊”。他说：“学术与风气是互为因果的。学术可助长风气，风气依赖学术之支持。风气如能得理性之支持，将更有益于社会。学术与风气，均为时代意识之产物。学术纵有价值，如不为时代意识所容，亦不能发扬光大。风气更不能离开时代意识的范畴。”②

（一）对近代风气与学术的批判

从清季以来，时人对中国的社会风气一直不满。抗战期间，钱穆以风气与人才的关系探讨了自清季以来到抗战期间中国的社会风气。他认为，清季论人以“开通”为标准，民初以来又以“活动”为的，到了抗战期间，则以“漂亮”为准。他说：“这一时代(抗战时期)的风气与人物，渐渐成为一种圆滑轻薄的漂亮风气与漂亮人物。”③钱穆观察到，当时的社会风气颓弊已极，但他不主张采取法家的思路，因其还是“消极的惩塞”，而不是“积极的鼓舞与兴发”，他主张师法儒家。

余家菊的观察与钱穆相似。全面抗战爆发前，他就指出：“今日知

① 朱熹：《论治道》，参见〔宋〕黎靖德编，王星贤点校：《朱子语类》第7册，北京：中华书局，1983年版，第2688页。

② 余家菊：《学术与风气》，参见余家菊：《余家菊景陶先生论著第六辑》(一)，台北：慧炬出版社，2001年版，第246页。

③ 钱穆：《新原才》，原载1942年1月《大公报》，参见钱穆：《文化与教育》，桂林：广西师范大学出版社，2004年版，第98—100页。

识分子之一切恶习，要不得不谓为文人习气之必然表现。”所谓文人的劣习为“浮夸”“脆弱”“卑陋”“褊狭”，而其根源为“偏重文字训练之必然结果”。他认为，救国的根本要途在于国民风度之改革，改革国民风度的切实途径为本行动中心主义，予国民以实际训练。实际活动之方式如贫民服务所、乡村代役团。他要求国民须“晓事”“扛事”“耐事”“共事”，通过必要的事实上的琢磨锤炼，从而改进国民生活之风格习态①。不久，他又说：“从没有坦然倾轧排挤把持包办视为当然，成为风气，有如今日者。”②他所看到的重庆政界是人与人之间猜疑的空气和骄慢凌傲之气。

抗战后期，他对世风的失望达到极点。他说：“今日国人习气，就多数人所表现者而为观察，实属不免于浮薄夸张、蛮悍、谲诈等不良倾向，从而酿为敷衍、倾轧、把持、贪污、欺饰种种习尚。”③不久又指出：民初时士风热烈纯洁，不久，袁氏当国之后人心诡诈倾险，到了近年，“则校门未出，已知奔走钻营之途，世故未深，已工结纳逢迎之术，斩丧未久，已习吹拍棒打之技。虽时有纯洁爱国之声，未见束身自好之行。每一美名，如热心，如负责，无不被人用作自便之口实。热心几即等于热中，负责几即等于把持。由是言语道断，凡以正道教人者无不为人所窃笑，而谓夫子教我以正，夫子未必能正也。世道衰敝，可谓极矣”④。

国共内战期间，他观察到“时人气象，不习于凌厉，即限于阴

① 余家菊：《论国民风度之改革》，《国论》第1卷第8期，1936年2月20日。
② 余家菊：《怎样养成团结力》，《国论》第1卷第10期，1936年4月20日。
③ 余家菊：《论今日习气之由来及其救治法》，《民宪》第1卷第10期，1944年12月。
④ 余家菊：《论建国人才》，《民宪》第1卷第11期，1945年1月15日。

森"[①]，或"习非成是，一切失其公准。攘夺、倾轧、欺骗，皆坦然为之而不知耻，欲以个人之力与之抗衡，决无济也"[②]。又说："当今民气嚣张，人各自是而坚强。"[③]到台湾之后，他又以佛家思想来总结近代以来的中国社会风气，他说："现代的风气，可以佛家语贪、瞋、憎、慢、疑五个字概括之。贪者，贪吃、贪穿、贪色、贪货、贪名、贪利；瞋者，瞋人不信任我，不拥护我，不跟着我走；憎者，憎人家的名利，憎人家的享受，自己最大，自己第一；慢者，唯我独尊，天地万物无一不是为我；疑者，疑人与我不两立，疑人家之所为尽是阴谋。"[④]

他指出，造成上述习气的原因是国人的三种心习，即为实用而歪曲事理、为目的而不择手段、为求知难而自信其心。而养成三种心习的原因为讲学之不慎。这主要表现在近代中国在学术层面受权利思想、阳明学说及今文经学的影响。时人为博取权利，进行奔走、朋比、劫持。阳明学说使人自信其心，予智自雄，轻视一切，敢作敢为，于是蛮悍、狂妄、空疏、武断成为风气。康有为提倡的今文经学，以自己发挥歪曲古人，致使疑古之风盛行，武断治学，恣肆行事。

余家菊还认为，除过以上三种思想或学说之外，还有天演论，此种思想从根本上说也来源于西方权利思想，由英人赫胥黎提出，后被严复在清末译介于国中，其中心思想为"物竞天择，适者生存"以及"优胜劣败"，其由来，一则基于生物界之事实，一则由于英国个人

---

① 余家菊：《闻政日记》（二），参见余家菊：《余家菊景陶先生论著第七辑——余家菊先生日记手稿》，台北：慧炬出版社，2008 年版，第 328 页。

② 余家菊：《闻政日记》（三），参见余家菊：《余家菊景陶先生论著第七辑——余家菊先生日记手稿》，台北：慧炬出版社，2008 年版，第 362 页。

③ 余家菊：《闻政日记》（四），参见余家菊：《余家菊景陶先生论著第七辑——余家菊先生日记手稿》，台北：慧炬出版社，2008 年版，第 398 页。

④ 余家菊：《学术与风气》，参见余家菊：《余家菊景陶先生论著第六辑》（一），台北：慧炬出版社，2001 年版，第 247 页。

主义与利己主义之过度发展。他指出，此种思想扩展的结果，必然是强权即公理，强权之所在即道义之所在。其对近代中国造成的流弊是权力倾轧，智术虞诈，由竞争而斗争，由斗争而残杀。整治的药方，显然是儒家的和善。

（二）个人风格与国民气象

近代中国的世风不尽如人意，那么，怎样改变风气呢？传统儒家一般采取自上而下的思路。像前述孔子主张的君子之风即为代表。近代以来，不少儒者继续坚持此一思路，如曾国藩在《原才》中就指出：“风俗之厚薄奚自乎，自乎一二人心之所向而已矣。”钱穆也表达过类似的见解，他说：“政治事业，虽说应该建基于平民群众，到底政治依然是一种居上临下之事。若政治家无风力，无格度，不能感靡伦类，规检时俗，则政治力量全已失去。”

余家菊是儒家，自然继承了传统儒家的固有思路，认为个人风格可以扭转社会风气。不过，在对个人风格或风度的形成原因上，余家菊与他人的看法则有所不同。钱穆认为，政治家的风度来自政治家之精神与内心①，这显然失之笼统。余家菊从其心理学专业背景出发，指出个人风格的成因主要来自个人的性格。他说：“风格在个人乃其性格之表现。因人之不同而有性格之不同，因性格之不同，其所表现之风格亦不同，故因性格之影响而形成风格之作用。亦即个人风格对内为性格表现，对外为影响所在。”②简言之，要养成人生善良风格，具体

---

① 钱穆：《政治家与政治风度》，原载1942年1月《思想与时代》月刊第10期。

② 余家菊：《人生的风格》，原载《新中国评论》第5卷第1、2期，1953年7、8月，参见余家菊：《余家菊景陶先生论著第六辑》（一），台北：慧炬出版社，2001年版，第135—142页。

入手之处在于养成中正平允的性格。他所说的“笃实”“平易待人”“厚重持身”均是从性格方面立论。他向来认为，左右认识而支配行为的，在个人是自己的性格，在民众是时代的习尚。如抗战后期，他就指出：“国事难关，在当事者之性格及其处境，故方案难立。”又说：“集不同历史之人于一处，而欲与共事于其权力机关，决不可使某一性格之人数太多，致失平衡。”①

就个人而言，个人风格可以扭转社会风气；对于作为群体的国民来说，余家菊认为国民气象对于社会风气的转变相当重要。“气象”一词由北宋二程提出，被用来描述一个人的精神风貌。“气”指内在精神，“象”指人的外在风貌。冯友兰认为，所谓“气象”就是“人的精神境界所表现于外的、是别人所感觉的”一种“气氛”。②冯氏是就个人而言，与钱穆所说的“风度”，余家菊所说的“风格”类同。余家菊认为，国民气象是指“国民的情调、心胸、境界等等易于变动的心理动向”。实际上，气象与风格、风气、风度、气质等概念在内涵上相近，均指一个人或一群人在精神上的一种倾向或特点。

对于国民气象的造因，余家菊继承了传统儒家政教一体的思路，从学术层面立论。但他毕竟不是一位传统儒家，而是一名现代新儒家。他所说的制造国民气象的学术，综合了中西各种学术，既包括西方的科学和耶教，也包含中国的孔学和佛教。

首先，他指出，科学对当今国民气象有重大的影响。它改变整个人生的全貌，使得国民有为；它要求人们服膺真理，使国民生活态度

---

① 余家菊：《临汝日记》，参见余家菊：《余家菊景陶先生论著第七辑——余家菊先生日记手稿》，台北：慧炬出版社，2008 年版，第 227 页。
② 冯友兰：《中国哲学史新编》，第五册，北京：人民出版社，1985 年版，第 122 页。

趋于严谨；科学要求从多方面观察事理的要求及其必具的怀疑精神有利于国民民主风气的形成。另一方面，科学也有局限性，表现在：科学只问自然或必然，而不问当然，其作用是中立而无价值的判断，这往往对人类文明起破坏作用；它往往会使庄严、神圣的人生观念平庸化；科学训练经常使人的行为犹豫迟疑，不足以迅赴时机，发扬担当艰巨的气象。[①]因此，人类仅有科学不行，还需孔学。

余家菊在抗战时期认为孔学即仁学，仁是中国固有文化的精髓，他在对仁的阐释上强调仁在意志方面的功能。晚年，他更强调仁与礼义的关联。他说：“仁爱应当浸润于礼义。仁爱是礼义的精神，礼义是仁爱的表现。”[②]这种看法与朱子释仁为“心之德，爱之理”相同。他以为，仁字出发于心安理得，心安是主观的规律，理得是客观的规律，主观与客观的规律能融合无间才可谓之仁。他说仁体现在效果、心情、行动三个方面。在效果方面，立功之人是仁人，但功效并非仁的必要条件；在心情方面，他说仁就是博爱，但中国人的博爱一般重在强调尊敬他人，谈爱少，谈敬多，而西洋人恰相反，谈爱多，谈敬少，爱的心情流弊多，敬的心情比较有伸缩，有分寸，其流弊较爱为少。这是在说仁具有不疾不徐的中道特点，不像西方人爱起来热烈澎湃，一旦反目，则形同路人。在行动方面，仁即克己复礼，礼即国法、风俗和道理。此外，余家菊认为，仁是一种绝对的心情，其主旨在对于别人有所福利，而在实际有所福利于别人之时，便是涉入了具体的世界，具体的世界是有一个秩序的；在这个秩序之中，各方的关系有

---

① 余家菊：《科学与国民气象》，原载《新中国评论》第5卷第5期，1953年11月，参见余家菊：《余家菊景陶先生论著第六辑》(一)，台北：慧炬出版社，2001年版，第158—165页。

② 余家菊：《中国国民理想》，原载《议会》杂志第1期，1957年4月，参见余家菊：《余家菊景陶先生论著第六辑》(一)，台北：慧炬出版社，2001年版，第259页。

余家菊在台北寓所前

远有近，有亲有疏，也就是有先后缓急轻重的不同，这种先后缓急轻重的不同，就是所谓义。余家菊之所以在此时强调仁与礼义的关联，主要是看到近代中国的乱世之中，传统的人伦法理被破坏殆尽，人各一是非，又人人以其是非标准径情直行，以致革命、战争不绝如缕，给社会造成很大的破坏。1976 年 2 月，在他去世前两个月，余家菊表达了他对孔学的最后看法。他指出，孔子思想里面，仁是唯一的善行根源，仁即爱，爱是一切善行的根本，义礼智信都是仁的表现方式，仁是其他四端的总根源。

在余家菊看来，中国人在精神上本就重视自由而轻视规律，重视个人而轻视组织。近代之后，又接受西方权利思想和阳明学说的影响，复服膺了讲究生存竞争的进化论，因此有种种病象呈现出来。西方人虽也重视自由，但他们用法律和科学节制此种倾向。中国靠什么来节制自由的流弊呢？他觉得应用儒家的伦理来诊治近代中国社会的病症。他说：“伦理就是规律人间关系的法则，既不偏重主观，又不偏重客观；这种措置，实在是平淡极了，而又伟大极了！在平常的状态之下，为人君尽君道，为人臣尽臣道，为人父尽父道，为人子尽子道；在变乱的状态之下，君虽不仁，臣不可不忠，父虽不慈，子不可不孝。为什么呢？拨乱反正，总得有个起点，这个起点在何处？就在自己身上。人人都尽自己应尽的道理，就是各人都尽其在我，而天下平矣。尽其在我，是四通八达的大道理。尊孔，应当发扬这个观念。”[①]余家菊是要用孔学给科学建立正确的价值观念，使其真正服务于人类。

余家菊指出，科学与孔学都是建立在理智之上，而理智又有其局

---

① 余家菊：《尊孔》，原载《议会》杂志第 55 期，1961 年 10 月，参见余家菊：《余家菊景陶先生论著第六辑》(一)，台北：慧炬出版社，2001 年版，第 100 页。

限所在。这表现在：第一，理智活动往往异常艰难，并非每事每人都能做到；第二，理智的结果在数量上，每一个人所能得到的其实很有限，实际上，人生所需要的知识绝大多数是从别人那里得来的，理智主义是不够用的；第三，人们对理智的需要，每每非常迫切，既不容从容考虑，而理智的获得又非常困难，在迫切需要的时刻，理智经常难以应付；第四，有许多理智的结果，是要在行动中领会的，而理智主义常常是先了解后行动；第五，理智要求从容考量，其流弊是徘徊却顾，对于结论悬而不决，其结果是畏怯无勇气，缺乏担当气魄；第六，理智往往以个人的独立判断为基础，这会导致人各一是非，使得整个社会缺乏共信，造成国民的涣散及社会的崩溃；第七，理智经常会对一个问题穷追到底，最终将导致虚无主义。

由于理智存在以上种种问题，故而单纯的理智主义显然不足以造就健全的国民气象，他主张：在一个人的专门研究范围之内，理智可大行其道，在其专门研究之外，运用理智应当谨慎。因此，人生仅有理智还不行，还须信仰即宗教。此时，他完全放弃了早年对宗教的拒斥态度，进而在宗教上给人类寻找安身立命的精神归宿，以完善国民气象。

他认为与科学和孔学建立在理智上不同的是，佛教建立在信仰之上，故有所谓三皈依四信。三皈依是皈依佛、皈依法、皈依僧。四信是信根本、信佛、信法、信僧。佛教在信仰方面又与西方基督教和天主教不同，基督教、天主教是信了便完了，佛教是在信仰之后还要求有所了解。如佛教的三法行一信、二解、三证，“信”指信仰，“解”是了解，“证”是亲身的认识，就是说在信仰之后，还要求了解和证明。信是入道之门，怀疑是佛教的忌讳，这与现代科学注重怀疑的精神格格不入。他以为，怀疑有两种：一种是为怀疑而怀疑，一种是为了解而怀疑。为怀疑而怀疑，其目的在破坏，在推翻，在打倒。佛教并非不许怀疑，只是不许彻头彻尾为怀疑而怀疑。人生的学习，都是始于信仰、终于了解，没有信仰是不会有了解的。

佛教中的佛法僧三宝，在余家菊看来，佛就是在智慧和德行上造诣很高的圣贤，法即真理，僧就是代表真理的人。简言之，信仰佛法僧三宝就是信仰圣贤、信仰真理，即儒家所说的亲亲、尊尊、贤贤，此为人类进步的源泉所在。除过三宝之外，他还指出一般佛教界人士忽略的第四“信”即信根本，“根本”是指宇宙本体。三宝涉及的是人间世，而根本界是指信宇宙本体，它讲的是天界。这是警告世人，与天相比，人类实在渺小，人类不可过于自信，人要服从天道，否则，就会受到惩罚。

佛家最重因果观念，余家菊认为，佛家的因果观念除过自己造因自己受果外，还有别人造因自己受果和自己造因别人受果，这就将人与他人联系起来，人我其实是一体的，故儒家独善其身的说法，事实上行不通。他认为，佛家的因果观念有两个特点：一是三世轮回，即过去、现在、未来三世是互相关联的，由于三世相连，人生则可延至无限，自己的贡献亦可拉长到无限，故失之于昔，可求之于今或将来，人生没有断灭的努力，有一分努力，就会有一分影响，一分耕耘，一分收获；第二个特点是苦观，即人生皆苦，由于种因就是种的苦因，受果也必然是苦果，故佛家每每标榜不造因。他认为，佛家这种说法，是要让人抛弃现实的世界，不要沉湎于物质享受，这对于今人而言，不啻一支清凉剂。

佛家的慈悲心，是要拔救世界上所有的苦恼众生，在这点上佛教与其他宗教相同。余家菊认为，佛家的慈悲心有三个特点：第一，是平等的慈悲心。儒家的慈悲有一个由近及远的先后顺序，但佛家的慈悲则不分亲疏远近恩怨，这无疑将人的责任扩展至无限，自觉"宇宙内事便是己分内事，己分内事即宇宙内事"；第二，慈悲的表现是布施，布施是救治自私自利的良药，佛家的布施重在不住相布施，即布施时不要心存布施的心理；第三，佛家的慈悲还有一大作用，便是慈能生发起人的智慧。佛家教人视人己无二，智慧来自大公无私，如有佛家的大方便智，便能窥及宇宙的深奥，达到种种神界。

余家菊指出，拜佛的最大功用，是减低人类的傲慢心。这显然是针对近代以来的自我伸张的时代潮流而言，由于人人以自我为中心，四处扩张，导致世界持续处于动荡不安的状态。人类若对于千古圣人——佛都不低头，那就只剩斗争、残杀一途了。

但佛教也有它的问题。余家菊认为，世界分为现象界和本体界，现象界有各种各样的差别，但本体界则众生平等；佛家所讲的平等即指本体的平等。佛家接近本体界的方法为利用"休止"来除掉意念，各种意念灭绝之后，即可进入廓然大公的境界，其时则可产生物来而顺应的智慧，这在事实上根本行不通。他主张：应本着寓一本于万殊的原则，用近代科学分析又分析的态度，"就特殊事例之研究，去发挥廓然而大公的精神。如天天瞑目静坐，不求事理之研讨，只求一切休止，即令可能，也不会使人相信的"①。

余家菊指出，佛教的优点是将信仰建立在理智之上，但问题是宗教的根本处往往是人类智力所不及的领域，其实质是非理性的。佛家

① 余家菊：《佛教与国民气象》，原载《新中国评论》第6卷第3期，1954年3月，参见余家菊：《余家菊景陶先生论著第六辑》(一)，台北：慧炬出版社，2001年版，第180—181页。

所称的最后境界是离念境界，离念境界唯证能知，而能证之人，又是成佛之人，所以知此境界之人，毕竟不是平常之人，这多少有点玄虚。他建议，应将佛教与佛学分别对待。

除佛教之外，在近代中国形成气候的还有来自西方的“耶教”。“耶教”和孔学、佛教不同，“耶教”教人信仰上帝和经典是绝对的、无条件的，教徒对于上帝和经典不容怀疑，而孔学则不大轻信天命，对于经典的态度是尊重之中有批判。所以说，孔学是建立在理智的基础之上，而“耶教”是建立在信仰的基础上。余家菊认为：“中国人在理智方面似乎太过分，人各一是非，无从建立共同信念，加以徘徊却顾，无排山倒海之勇气，所以国民涣散，气象卑弱，故需要用信仰作为对治之药。”①他以为，西方的耶教可以弥补中国人的信仰缺失，但单纯的信仰又失之于盲目或拘泥，在事实上，孔学讲究理智的传统也使得国人不大接受那种绝对的或盲目的信仰。在他看来，能巧妙地将信仰与理智联系起来的是耶教中的天主教。

“耶教”包括基督教和天主教，基督教是新教，注重个人良知和独立判断，而天主教只承认教皇有解释《圣经》的权利，不承认个人有凭良知以解释《圣经》的权利。余家菊认为，国人在气象方面的弱点是因较重自由而气象涣散、无力，基督教伸张个人良知的做法与中国传统一致，故不足以补救国人的弱点，只有天主教可以承担此任务。在他看来，天主教中的教皇并非个人，而是一个集团的代表，经过这个集团认可的解释，可说是尽了集思广益之能事。其次，教皇集团，都是经过重重叠叠的选举而来的，尽了选贤与能之能事。最后，教皇

① 余家菊：《耶稣教与国民气象》，原载《新中国评论》第7卷第4期，1954年10月，参见余家菊：《余家菊景陶先生论著第六辑》(一)，台北：慧炬出版社，2001年版，第185—186页。

的解释，不许人用个人良知的名义来违背，教皇的解释是客观的真理，个人良知须当屈服于客观的真理之下。他看中了天主教有用客观的理智以救济主观见解的缺陷的优点。

在他去世前两个月，余家菊在病床上皈依天主教并受洗。他是要将儒家的人道和天主教的天道打成一片，为国人确立合理的信仰，以改善近代以来中国的社会风气。

结语 一名儒者的失败

甲午战争之后，中国传统在应付时局方面愈益困窘，终于在辛亥革命之后，以君主制为中心的传统体制彻底崩溃。那时或稍早，即使是再顽固的中国士人也意识到，中学的辉煌已不再，学习现代西方势在必行。然受过传统教育的中国士人，无论在表面上表现出多么果敢的与传统决裂的态度，但实际上却不能不受传统的制约。因传统犹如血液，已化入其身体的细胞之中，即便想有意识地祛除它，事实上却不可能。主张全盘西化的胡适即是一个典型的例子，何况对传统情有独钟的余家菊。

余家菊一生的思想历程相当的斑斓多姿，几乎受过近代中国各种思潮直接或间接的影响，即就是他不满意的马克思主义，他的“同体对立说”与马克思的“对立统一规律”实际上也没有多大区别。尽管他的思想历程较为复杂，但我们仍然可以从其思想演变的轨迹中找到三条主要线索：一是儒家思想，二是国家主义，三是自由主义。这三种思想在其思想历程中占据了主导地位。儒家思想是贯穿其一生的信仰，国家主义和自由主义是青年时期或留学以后形成的两种思想。当然，朦胧的民族主义与儒家思想中和而不同的一些思想对其服膺的国家主义和自由主义思想起了一定的作用。这三种思想中，常常是儒家与国家主义或儒家与自由主义结合在一起，以至有时同时呈现，而国家主义与自由主义往往很少同时表现出来，尽管余家菊自己认为他的国家主义与自由主义之间并不矛盾，尤其在他心目中的"国家"出现危机时，他的自由主义色彩便黯淡。国共内战时期，他在日记中便多次记有对自由主义者的批评。如他的朋友、民社党人张君劢在淮海战役后敦促蒋介石下野，他便指责张氏"不懂事"。又说："近来自由分子自高身价，鼓吹自由主义甚力，其实，明末王学之弊已见于今日，亟待客观规律之建立，与夫研讨事理风气之提倡，至径情直行之说，则万不可再提作自由主义之批判。"但从其自青年时期开始参与各种社团活动以及参加中青党的实际表现来看，我们又不得不承认他是一位自由主义者。大致可以说，当民主自由遭遇专制政治的侵犯时，他的自由主义的底色便凸显出来；当儒家传统遭遇危机时，他的儒家身份便暴露无遗；当国家处于危难时，他的国家主义色彩又成为主色调。有时候，三种身份重合在一起，但更多的时候，则是儒家与自由主义或儒家与国家主义这两种身份的重合，因为国家主义和自由主义之间的确存在着现实与理想的紧张和冲突。

他对儒家思想提出自己独到的看法是在抗战期间，他把儒家思想中的"仁"与西方心理学中的"意志"联系起来。这显然与其在留学期间接受的西方实验科学尤其是心理学专业的训练有关。晚年，他又把儒家的仁爱思想与西方的民主政治联系起来。他说："爱的文化有三大纲领，就是亲亲、尊尊、贤贤。亲亲是博爱的根本，所谓亲亲而仁民，仁民而爱物，言博爱而不言亲亲，则是无源之水。尊尊是法制之本，不尊服威权则社会无从结合。贤贤是进步之本，不尊重贤能则学术无从昌明，又何来进步。”[①]他甚至指出，中国传统政治不仅是民本政治，而且也是民主政治。他还从《尚书》中发现了所谓的科学精神。以上这些，显然是用西方文化来观照中国传统，只要发现中西文化的若干部分在大体原则上有相通之处，他便混二者为一。在对西方文化的看法上，他又往往以中国传统儒家的价值观念为准则，而对其进行品评。如西方文明是“征服性”文明，西方文化是霸道文化。这样的比附和观照显然是笼统的和肤浅的。

他的国家主义思想，既来自德国费希特等人的思想，也有中国传统的文化国家观念。他的自由主义观念在制度层面的思想资源显然是外来的，但在观念、原则等非制度因素方面却有鲜明的儒家色彩。

因此，余家菊思想历程中的三条主线都是中西或传统与现代互动的结果。他利用现代西方的各种思想资源来充实、丰富中国的儒家传统，运用现代为中国传统正名，又以中国传统的价值理念来审视西方文化。美国汉学家墨子刻曾指出：“西方影响的作用在整个近代中国的思想舞台中是微乎其微的。在他看来，中国知识分子对西方思想的接受，仅限于将其当作实现其承自传统的基本目的和价值的工具。因而，近代中国的思想变迁主要与传统的紧张寻求新的缓解有关。”[②]从余家菊的例子可以看出，墨子刻指出的西学的工具性价值在近代中国

---

① 余家菊：《复兴爱的文化》(一)，参见余家菊：《余家菊景陶先生论著第六辑》(一)，台北：慧炬出版社，2001 年版，第 3 页。

② [美]墨子刻著，颜世安等译：《摆脱困境——新儒学与中国政治文化的演进》，南京：江苏人民出版社，1996 年版，第 215 页。

思想界的确存在①。余家菊临终前虽然以天主教的天道和儒家的人道相配合，他自己也皈依了天主教，但观其对天主教的看法更大程度上是看中了天主教的组织形式和特点，他并不重视天主教的教义内容。

那么，如何看待余家菊思想历程中这三种思想的历史命运呢？儒家思想在近代中国的沉沦是毋庸置疑的事实，其中的关键原因是其在面对西方侵略面前的无力。近代西学从本质上讲是富强之学，它适应于以角力为主的近代竞争之世。而中国传统儒学则是有关做人的文明之学，故儒学很难适应以西方为主导的近代竞争世界。自西汉之后，不少儒者一直怀有内圣外王的理想，《大学》中的八条目即为明显的体现。儒家思想从功能上说主要是一种人生哲学和政治哲学，人生哲学是为其政治理想服务，其基本思路是通过士人的道德力量化民成俗，从而达成德治，这显然是一条自上而下的途径，其间洋溢着浓厚的精英主义气息。民国时，梁启超说："儒家道术，偏重士大夫个人修养。表面看去，范围似窄，其实不然。天下事都是士大夫或领袖人才造出来的，士大夫的行为，关系全国的安危治乱及人民的幸福疾苦最大。孟子说得好，'惟仁者宜在高位。不仁而在高位，是播其恶于众也。'今日中国国事之败坏，哪一件不是由在高位的少数个人造出来？"但孔子早就知道德治的艰难，他说："吾未见好德如好色者也。"（《论语·子罕》）

不能否认，在中国古代，儒家思想对于统治者控制社会起了很大的作用。但儒家思想一般在规模较小、人们的利害关系比较简单的社

---

① 笔者虽同意墨子刻所说的西学在近代中国思想界工具性价值存在这一说法，但不同意西方影响的作用是"微乎其微"，余家菊的例子只是一个个案，他只能代表一部分人，而西学素养较高的人并不符合墨氏这一看法，如陈寅恪。

会共同体内部较为适用，随着社会共同体规模的扩大及其内部人们利益关系的复杂化，其作用便会大打折扣。俟近代之后，西方资本主义体系疯狂的扩张性几乎渗透到全球的各个角落，这无疑会使落后民族和国家内部的利益纠葛更为错综复杂、社会矛盾更为激化，儒家通过内圣以求外王的理想几乎就是幻想。因此，梁启超在同时也指出："儒家道术，外王的大部分，含有时代性的居多。到现在抽出一部分不去研究他也可以。还有内圣的全部，外王的一小部分，绝对不含时代性。如智仁勇三者，为天下之达德。不论在何时何国何派，都是适用的。关于道的方面，可以说含时代的甚少；关于术的方面，虽有一部分含时代性，还有一部分不含时代性。"①梁氏所说的"术"是从儒家的内容来说的，实际上，从思路到内容，儒家思想在近代都遭遇到致命性的危机。梁氏对儒家基本上是站在肯定的立场上，其对儒家乏"术"的批评则相对比较含蓄委婉。

张东荪则继承了他的老师梁启超的思路，但立场相反，且将梁氏没说透的话说透。他认为：孔子的真正主张只是一个政治理论，他有一个理想的社会，达到这个社会的步骤是以自己为出发点，人人都从自己出发，好像一个石子投于湖面上，先是一个小圈儿，后来变成一个大圈儿，再后更变为一个较大的圈儿，一个一个的圈儿连续扩大，但都是从一个中心点推广出来的，儒家所谓的正心诚意修身齐家治国平天下便是这些一层一层的圈儿。由于德是个人所私有的，不能成为社会秩序，于是孔子又主张礼，用礼以培养德。他指出，孔子的思想实际上是个乌托邦，在历史上并未实现过，其最大缺点是不讲政治制

---

① 梁启超：《儒家学说》，参见陈其泰等编：《梁启超论著选粹》，广州：广东人民出版社，1996 年版，第 373—374 页。

度而只讲政治精神，即只讲目的，不讲办法。在他看来，西方思想总是讲办法，用办法以表现宗旨，而东方却总是觉得办法无不可，只需宗旨不错。他说："孔子的德治主义在精神上是对的，而问题乃在于如何实现。换言之，即以修身为本，这是不错的；不过修身以后要齐家，则必有齐家之法，要治国必有治国之术。所以修养是一方面，而方法(即)治术又是一方面。决不能以其一而代替其他。孔子的大失败就在于缺少后一方面。修养是对自己的，而办法是对事物的。二者不可偏废。"①张氏的看法可谓一针见血，指出了儒家在治术方面的无力，这与一些人认为中国古代统治者的治国思路是外儒内法其实是一致的，之所以用"法"是因为儒"术"不济。

不过，针对新文化运动以来时人对中国传统大肆非难的偏颇取向，贺麟在20世纪40年代以中国传统的"五伦"观念为例指出：后人对传统五伦观的批评要根据其本质加以批评，而不能从表面或枝节处立论；也不能仅从实用的观点去批评，认为其效果好就觉得它好，效果不好就觉得它坏；不能说实现五伦观念之方法不好，而说五伦观念本身不好，不能谓实行五伦观念之许多礼节仪文必须改变，而谓五伦观念本身必须改变。这就是不能因噎废食，因末流之弊而废弃本源的意思；不能以经济状况生产方式的变迁，作为推翻五伦说的根据。有意思的是，他从中国旧礼教的核心三纲说中，发现了与西洋传统的伦理思想和近代精神相符合的地方："就三纲说之注重尽忠于永恒的理念或常德，而不是奴役于无常的个人言，包含有柏拉图的思想，就三纲说之注重实践个人的片面的纯道德义务，不顾经验中的偶然情境言，

① 张东荪著，张耀南编：《知识与文化——张东荪文化论著辑要》，北京：中国广播电视出版社，1995年版，第406页。

包含有康德的道德思想，……而耶教伦理思想中的特色，也是认爱为本身目的，尽片面的纯义务，而超出世俗一般相互报酬的交易式的道德，实与三纲说之超出相对的自然往复的伦常关系，而要求一方尽绝对的片面的义务，颇有相同的地方。”他认为，以三纲说为中心的儒家礼教简直是把康德所说的“为义务而尽义务”的伦理学，加以权威化和制度化，从而成为礼教的信条。他说：“我认为要人尽片面之爱，尽片面的纯义务是三纲说的本质。而西洋人之注重纯道德纯爱情的趋势，以及尽职守忠位分之坚毅的精神，举莫不包含有竭尽片面之爱和片面的义务的忠忱在内。”①但贺麟看到了传统三纲的真精神，由于受礼教的桎梏和统治者的强制所掩，以致不是纯粹出于人的自由意志和感情的自然喷发。他寄希望于后来的儒者对此进行弥补。

余家菊似乎知道儒家思想的局限性，在论及民主政治时，他虽然认为中国人并不缺乏民主精神，但要将西方的民主制度拿过来运用。可见，他是承认西方在制度层面的确要比中国高明。观其自抗战爆发以后到临终前对儒家思想的看法，主要是从价值观念这个层面申论儒家的微言大义，其对西方科学和宗教的汲取显然是从术的层面考虑的。应该说，余家菊对儒家思想的坚守是真正发自内心的，他对儒家思想的把握从大方向上说也是不错的。五四时期激烈的反传统主义者胡适、傅斯年等人在他们的晚年均不同程度上向传统回归的这一现象，证明了儒家传统在现代世界并未沦落到列文森所说的“博物院”的境况。

近代西方自工业革命之后，随着人对自然宰制能力的极大提升，

① 贺麟：《五伦新解》，参见贺麟著，宋志明编：《儒家思想的新开展——贺麟新儒学论著辑要》，北京：中国广播电视出版社，1995年版，第125—127页。

人与人之间的关系却无形退步，价值问题逐渐成为西方文化此后长期的一个困扰。实际上，如何在知识化的世界中安顿价值的问题，即如何安排人的理想、需求、目标、意志以及人们所追求的生活意义，这个问题在西方思想史中相对中国传统来说强调不够。西方思想史上，从笛卡尔到康德，从康德到黑格尔，从黑格尔到新康德学派，从新康德学派到逻辑实证论，直到其后英美的科学哲学，大概可以看到一系列知识的突破、知识论的建立、知识系统的更新与扩张及知识的精致化、广大化。但价值问题却往往被视为人的主观性问题，因而重视不够。中国传统儒家在价值层面的良法美意恰好可以有用武之地，余家菊的用心显然就在这里。但问题是，儒家思想在近代屡遭摧残之后如何复兴？

陈寅恪在20世纪20年代后期曾指出："夫纲纪本理想抽象之物，然不能不有所依托，以为具体表现之用；其所依托以表现者，实为有形之社会制度，而经济制度尤其重要者。故所依托者不变易，则依托者亦得因以保存。吾国古来亦尝有悖三纲违六纪无父无君之说，如释迦牟尼外来之教者矣。然佛教流传播衍盛昌于中土，而中土历世遗留纲纪之说，曾不因之以动摇者，其说所依托之社会经济之制度未尝根本变迁，故犹能藉之以为寄命之地也。近数十年来，自道光之季，迄于今日，社会经济制度，以外族之侵迫，致剧疾之变迁；纲纪之说，无所凭依，不待外来学说之掊击，而已销沉沦丧于不知觉之间；虽有人焉，强聒而力持，亦终归于不可救疗之局。"①也就是说，儒家思想存在的基础是各种有形的社会制度，一旦制度载体消亡，则贯穿于制度

① 陈寅恪：《王观堂先生挽词并序》，《学衡》第64期，1928年7月。

中的思想、理念则会最终消逝。事实上，儒家思想依托的各种制度载体在辛亥革命后已全面崩溃，其中的个别价值和观念已从“传统”的系统中游离出来，呈现出一种“死而不亡”的状态。

余英时教授指出：“儒家的价值必求在人伦日用中实现，而不能仅止于成为一套学院式的道德学说或宗教哲学。在这个意义上，儒学在传统中确已体现为中国人的生活方式，而这一生活方式则依附在整套的社会结构上面。二十世纪以来传统的社会结构解体了，生活方式也随之发生了根本的改变。……一方面儒学已越来越成为知识分子的一种论说，另一方面儒家的价值却和现代的‘人伦日用’越来越疏远了。……现在的问题是，现代儒学是否将改变其传统的‘践履’性格，而止于一种‘论说’呢？还是继续已往的传统，在‘人伦日用’方面发挥规范的作用呢？如属前者，则儒学便是以‘游魂’为其现代的命运；如属后者，则怎样在儒家价值和现代社会结构之间重新建立制度性的联系，将是一个不易解决的难题。儒家并不是有组织的宗教，也没有专职的传教人员；而在现代社会中，从家庭到学校，儒家教育都没有寄身之处。一部分知识分子关于现代儒学的论说，即使十分精微高妙，又怎样能够传布到一般人的身上呢？”①余先生对儒学在现代中国社会的命运比较悲观，他的看法与晚年的梁启超相似，认为儒学在现代社会的功能只限于内圣方面。的确，在大家庭、宗族组织、私塾这些传统社会的载体成为历史尘埃之后，儒家的个别观念如何进入新的社会组织并被其吸纳，进而成为人们运思行为时的思想资源之一是一个严峻的课题。比如，在上下辈异地分居的小家庭中如何贯彻孝道？

① 余英时：《现代儒学论》，序，上海：上海人民出版社，2010年版，第5—6页。

在今日以班级制为基本单元的学校体制中如何贯彻师道？没有具体组织承载的思想观念究竟有多大的生命力？这些问题均对现代新儒家们构成直接的挑战。但这在余家菊那里似乎根本不成问题。他认为，只要对孔学多加研究宣传，然后将孔学与西方的科学及天主教结合起来，就能改变国民气象，进而改善社会风气。

首要的问题是，必须先要让人信仰孔学或儒学，其次才谈得到其与西方文化的互动。晚年，余家菊提出复兴中国文化的思路有三点：一、集合对经书有研究学者，编订经书纲领；二、举办经书讲习班，分别召训学校教职员；三、在大学增设经书课程，中学在公民课中，灌输有关经书常识①。他以为，只要通过研究、宣传自然可以复兴儒家文化。但在滚滚而来的西化潮流面前，他的想法究竟能起多大的作用实在让人怀疑。

王汎森在论及宋明理学对近代中国读书人的影响时曾指出："由于思想分子之间原有的有机联络已经破裂，从它们的接榫处散开，所以成为互不相干的一堆东西，这些散开的分子只是材料，形式已经不存在，它们游离并重组，为新的目标服务。由于它们已经脱离了原来的形式，所以分子原来在其有机结构中所受的约束不存在，故分子本身的力量可能被无限放大，产生它们在原来的结构中所无的性质及分量。"②这似乎又证明，即便在经典淡出的年代，如果我们像余家菊提倡的那样，只要多读经典，传统的思想资源依然能够发挥人们意想不到的作用，但那却是在新的社会体制或组织下发挥作用。因此，关键

① 王修明：《余景陶先生八十庆寿序》，参见余家菊：《余家菊景陶先生论著专辑》第二辑，人文，台北：慧炬出版社，1986 年版，第 818 页。

② 王汎森：《中国近代思想中的传统因素》，参见王汎森：《中国近代思想与学术的系谱》，石家庄：河北教育出版社，2001 年版，第 118 页。

的问题是怎样把孔学中的微言大义和现代社会组织结合？余家菊晚年主张将孔学的人道与天主教的天道结合就是想将孔学的观念落实在坚实的组织载体上，以救济孔学在信仰上的不足。

余家菊一生除过儒家这个角色外，他也一直是一位国家主义者。他的国家主义和其文化理想一样，最大的问题是手段或方法问题。林毓生先生指出："民族主义本身的依赖性却很明显，因为它自己提不出如何达成它的目标的方案与策略，它依赖具有建国方案和策略的其他意识形态的支持，在支持的同时，其他意识形态，尤其是代表某种政治利益的意识形态，很容易对之操纵与利用。"①余家菊的国家主义完全像林氏说的民族主义一样，缺乏明确的方案与合理的策略。在20世纪20年代，他主张通过教育、宣传和全民政治来实现其国家主义理想，后期他又希望通过民主政治来实现其建立现代国家的目的。但前期的教育终究抵抗不住武力的压迫，后期的民主建国理想在其有生之年亦未实现。无论是在大陆还是在台湾，他所处的政治环境都难以使他的政治理想实现。

亨廷顿曾指出："各国之间最重要的政治分野，不在于它们政府的形式，而在于它们政府的有效程度。"他认为美国、英国和苏联这三个国家都具备"强大的、能适应的、有内聚力的政治体制"。②套用亨廷顿的话，我们可以说，在近代中国政治舞台上，各党之间最重要的政治分野，不在于它们的政治纲领或意识形态如何，而在于各党的有效程度。国民党、青年党与中国共产党相比，显然中共比之其他两党具

---

① 林毓生：《中国传统的创造性转换》（增订本），北京：生活·读书·新知三联书店，2011年版，第567页。

② [美]塞缪尔·P. 亨廷顿著，王冠华等译：《变化社会中的政治秩序》，上海：上海世纪出版集团，2008年版，第1页。

有更强大、更富适应性、更有内聚力的政党体制。余家菊希望以最小的代价，通过教育和民主政治来实现国家的独立和强盛，这在外患肆虐、教育落后、经济贫穷、人们利益关系错综复杂的近代中国社会内部根本就难达成基本的共识，即就是在他厕身的青年党内部都难以确立基本的共信，如他一直讳言革命，而曾琦等人则长期坚持全民革命。这样一个政党要想在近代中国实际政治中有所作为根本就不可能，其长期沦为政治花瓶也就不难想象。

除过儒家和国家主义者之外，余家菊还是一个自由主义者。他服膺儒家的民本思想和英国的渐进主义自由政治取向，一直反对通过暴力的革命手段解决近代中国的社会问题，其直接的原因是革命不仅对社会有较大的伤害，更长远的忧虑是他看到革命对国民气质和社会风气造成的长远影响。他希望通过教育和民主参与来实现政治的发展，但 20 世纪的中国现实政治环境不可能使其理想实现。

在有生之年，余家菊在文化理想、“国家复兴”，还是民主政治上的各个目标可以说是样样落空。不过，作为儒家的他，对结局的失败已早在料定之中。从历史上看，自先秦时的孔孟到两宋的二程、朱陆，自古以来的儒家绝大多数都以失败告终。只有王阳明和曾国藩在事功方面有较大突破，然两人也以见疑而终。在余家菊看来，儒者出而问政，本来抱着一份沉重的心情，明知“道之不行”，然又由于自心的义务感明知“不可而为之”。他以为，儒家失败的根本原因，一是由于儒者的不妥协精神。儒家以行道为己任，又不愿牺牲道义来换取权力，“枉尺直寻，决然不为；背弃规则，以求诡遇，被目为贱工”。由于不愿牺牲原则，故儒家只能将成败付之气运之中。侥幸得君，始可能行道，但得君行道往往是可遇而不可求，历史给儒者的机会实际上很少。二是儒者“是见几而作，决不留恋，亦不强劫人君，推行己意”。儒者承认人民的革命权，但又不愿夺取政权，因为政权的转移，除非采取和平手段，否则会给人民带来很大的痛苦。这就导致儒者在政治上，实处于十分被动的地位，只能“用之则行，舍之则藏”（《论语》）。他认为，儒家的失败并非真失败，因为“儒者的怀抱不以眼前为极限，而置万古生民的福利于其怀想之中，要‘为斯民立极’——极就是标准。他要为万代生民树立一个适当的标准，使人永远知所怀想仰望，虽然事实上不见得有一日果能整个实现，但在人类的意念上终能流露一线曙光。‘守先王之道，以待后之学者。’（孟子）是儒者苦心孤诣之所在。儒者不忧道之不行，而忧道之不传”①。

从余家菊一生总的思想历程来看，文化、政治是其一生的两大关怀，而这两大关怀的最终目的是建立一个文明与民主的现代中国。在文化方面，他自始至终是一位儒家，西方文化中的科学和宗教在他的思想世界中基本上只具有工具价值。在政治方面，他是一位国家主义者和自由主义者，但他更多的时候主要是以国家主义者自居，而试图与自由主义者保持一定的距离，这显然与近代以来作为政治实体的中国面临持续的民族危机有关，或可以说，他在实际政治中是国家主义者，在理想层面是自由主义者，自由主义的角色随着他心目中的“国家”面临的危机的严峻与缓和而时隐时现。

1998 年，在他去世 22 年后，余家菊的灵骨在其哲嗣们的努力下，最终归葬道明山下的黄陂大余家湾祖茔。我想，如果他泉下有知，一定会感到欣慰。毕竟，魂归故里才应是一名儒者的最终归宿。

① 余家菊：《孔学漫谈》，参见余家菊：《余家菊景陶先生论著专辑》第二辑，人文，台北：慧炬出版社，1986 年版，第 441—445 页。

参考文献

一、报纸杂志

(1)《少年中国》

(2)《中华教育界》

(3)《少年世界》

(4)《近代史研究》

(5)《历史研究》

(6)《国论》

(7)《教育杂志》

(8)《中国青年》

(9)《政府公报》

(10)《新青年》

(11)《青年杂志》

(12)《民国日报》副刊——《觉悟》

(13)《民铎》

(14)《学衡》

(15)《庸言》

(16)《醒狮》

(17)《大公报》

(18)《民宪》

(19)《天府新论》

(20)《国际儒学研究》

(21)《先声周报》

(22)《赤光》

(23)《孤军》

(24)《语丝》

(25)《政艺通报》

二、文集、日记、回忆录

(1)余家菊:《余家菊景陶先生论著专辑》第一辑，教育(一)，台北：慧炬出版社，1984年。

(2)余家菊:《余家菊景陶先生论著专辑》第二辑，人文，台北：慧炬出版社，1986年。

(3)余家菊:《余家菊景陶先生回忆录》，台北：慧炬出版社，1994年。

(4)余家菊:《余家菊(景陶)先生教育论文集》(上)(下)，台北：慧炬出版社，1997年。

(5)余家菊:《余家菊景陶先生论著第五辑》，台北：慧炬出版社，2000年。

(6)余家菊:《余家菊景陶先生论著第六辑》(一)(二)，台北：慧炬出版社，2001 年。

(7)余家菊:《余家菊景陶先生论著第七辑——余家菊先生日记手稿》，台北：慧炬出版社，2008 年。

(8)恽代英:《恽代英日记》，北京：中共中央党校出版社，1981 年。

(9)曾琦:《曾慕韩(琦)先生日记选》，台北：文海出版社，1966 年。沈云龙主编:《近代中国史料丛刊》第 2 辑，台北：文海出版社，1983 年，19 期。

(10)陈启天:《寄园回忆录》，台北：商务印书馆，1965 年。

(11)李璜:《学钝室回忆录》，台北：传记文学出版社，1973 年。

(12)陈正茂:《醒狮精神——青年党人物群像》，台北：秀威资讯科技股份有限公司，2008 年。

(13)余子侠等编:《余家菊年谱简编》，参见章开沅、余子侠《余家菊与近代中国》，武汉：华中师范大学出版社，2007 年。

(14)余英时:《重寻胡适思想历程：胡适生平与思想再认识》，桂林：广西师范大学出版社，2004 年。

(15)王汎森:《中国近代思想与学术的系谱》，石家庄：河北教育出版社，2001 年。

(16)康有为著，姜义华编校:《康有为全集》第 10、11 集，北京：中国人民大学出版社，2006 年。

(17)《孔教十年大事》第 5、7 卷。

(18)中国第二历史档案馆编:《中华民国史档案资料汇编》第三辑，文化，南京：江苏古籍出版社，1994 年。

(19)王栻主编:《严复集》2 册，诗文(下)，北京：中华书局，

1986 年。

（20）洪治纲主编：《辜鸿铭经典文存》，上海：上海大学出版社，2008 年。

（21）丁文江、赵丰田：《梁启超年谱长编》，上海：上海人民出版社，1983 年。

（22）王德峰编选：《国性与民德——梁启超文选》，上海：上海远东出版社，1995 年。

（23）梁启超著，吴松、王文光等点校：《饮冰室文集点校》第 1、6 集，昆明：云南教育出版社，2001 年。

（24）胡明主编：胡适精品集《让大家来照照镜子》，北京：光明日报出版社，1998 年。

（25）张灏：《张灏自选集》，上海：上海教育出版社，2002 年。

（26）广东省社科院历史研究室编：《廖仲恺集》增订本，北京：中华书局，1983 年。

（27）余子侠编著：《教育哲学论稿》，武汉：华中师范大学出版社，2008 年。

（28）傅杰：《王国维论学集》，北京：中国社会科学出版社，1997 年。

（29）李大钊：《李大钊全集》（四卷），北京：人民出版社。

（30）毛泽东：《毛泽东自述》，北京：人民出版社，2008 年。

（31）傅杰编校、章太炎著：《章太炎学术史论集》，北京：中国社会科学出版社，1997 年。

（32）杨光斌主编：《政治学导论》（第 2 版），北京：中国人民大学出版社，2006 年。

(33)少年中国学会编:《国家主义论文集》第一辑，台北：文海出版社。沈云龙主编:《近代中国史料丛刊》第91辑，1983年，902期。

(34)《文化形态史观》1940年影印版,《民国丛书》第一编44，上海：上海书店，1940年。

(35) 蔡乐苏主编:《中国思想史参考资料集晚清至民国卷》下编，北京：清华大学出版社，2005年。

(36)《张文襄公全集》，北京：中国书店，1990年影印本。

(37)姜义华主编:《胡适学术文集》(上册)，北京：中华书局，1991年。

(38)冯友兰:《三松堂全集》第二卷，郑州：河南人民出版社，1998年。

(39)余英时:《中国文化通释》，北京：生活·读书·新知三联书店，2012年。

(40)［美］杜维明著，彭国翔编译:《儒家传统与文明对话》，石家庄：河北人民出版社，2006年。

(41)贺麟著，宋志明编:《儒家思想的新开展——贺麟新儒学论著辑要》，北京：中国广播电视出版社，1995年。

(42)张东荪著，张耀南编:《知识与文化——张东荪文化论著辑要》，北京：中国广播电视出版社，1995年。

(43)阮元:《揅经室集·论语论仁论》，参见《丛书集成初编本》，北京：中华书局，1991年。

(44)林毓生:《中国传统的创造性转换》(增订本)，北京：生活·读书·新知三联书店、2011年。

(45)曾琦著，沈云龙辑:《曾慕韩(琦)先生遗著》，台北：文海出版社。沈云龙主编：《近代中国史料丛刊》第68辑，1983年，674期。

(46)张子柱：《国家主义与世界潮流》，爱文书局，1928年。

(47)黄夏年主编：《章太炎集 杨度集》，北京：中国社会科学出版社，1995年。

(48)李良明、钟德涛主编：《恽代英年谱》，武汉：华中师范大学出版社，2006年。

(49)张允侯等编：《五四时期的社团》(一)，北京：生活·读书·新知三联书店，1979年。

三、相关专著

(1)王汎森著，王晓冰译：《傅斯年：中国近代历史与政治中的个体生命》，北京：生活·读书·新知三联书店，2012年。

(2)雷通群：《西洋教育通史》，北京：商务印书馆，2007年。

(3)梁启超：《论中国学术思想变迁之大势》，上海：上海古籍出版社，2001年。

(4)郑师渠：《晚清国粹派文化思想研究》，北京：北京师范大学出版社，2000年。

(5)罗志田：《国家与学术：清季民初关于“国学”的思想论争》，北京：三联书店，2003年。

(6)余家菊：《国家主义概论》，北京：新国家杂志社，1927年。

(7)余家菊：《国家主义教育学》，上海：中华书局，1925年。

(8)梁漱溟：《东西文化及其哲学》，上海：上海人民出版社，2006年。

(9)李泽厚:《中国思想史论》(下),合肥:安徽文艺出版社,1999年。

(10)郭沫若:《中国古代社会研究》外二种之《十批判书》,石家庄:河北教育出版社,2004年。

(11)钱穆:《中国文化史导论》(修订本),北京:商务印书馆,1994年。

(12)蔡元培:《中国伦理学史》,北京:商务印书馆,2004年。

(13)梁启超:《先秦政治思想史》,北京:东方出版社,1996年。

(14)[美]梯利著,伍德增补,葛力译:《西方哲学史》(增补修订版),北京:商务印书馆,2005年。

(15)[美]狄百瑞著,黄水婴译:《儒家的困境》,北京:北京大学出版社,2009年。

(16)冯达文、郭齐勇主编:《新编中国哲学史》(上册),北京:人民出版社,2004年。

(17)《朱子学提纲》,北京:生活·读书·新知三联书店,2002年。

(18)钱穆:《文化与教育》,桂林:广西师范大学出版社,2004年。

(19)冯友兰:《中国哲学史新编》第五册,北京:人民出版社,1985年。

(20)[美]墨子刻著,颜世安等译:《摆脱困境——新儒学与中国政治文化的演进》,南京:江苏人民出版社,1996年。

(21)余英时:《现代儒学论》,上海:上海人民出版社,2010年。

(22)[德]弗里德里希·梅尼克著,孟钟捷译:《世界主义与民族国家》，上海：上海三联书店，2007 年。

（23）［美］塞缪尔·P. 亨廷顿著，王冠华等译：《变化社会中的政治秩序》，上海：上海世纪出版集团，2008 年。

（24）李永春：《〈少年中国〉与五四时期社会思潮》，长沙：湖南人民出版社，2005 年。

（25）章太炎：《国故论衡》，上海：上海古籍出版社，2003 年。

四、相关论文

（1）邓实：《论国家主义》，《政艺通报》1903 年 1 号。

（2）罗志田：《走向国学与史学的"赛先生"——五四前后中国人心目中的"科学"一例》，《近代史研究》2000 年第 3 期。

（3）敖光旭：《1920—1930 年代国家主义派之内在文化理路》，《近代史研究》2006 年第 2 期。

（4）敖光旭：《国家主义与"联俄与仇俄"之争——五卅运动中北方知识界对俄态度之解析》，《社会科学研究》2008 年第 1 期。

（5）王奇生：《"革命"与"反革命"：一九二〇年代中国三大政党的党际互动》，《历史研究》2004 年第 5 期。

（6）［韩］孙承希：《析国家主义派的"新法家主义"与"生物史观"》，《复旦学报》（社会科学版）2003 年第 3 期。

（7）张少鹏：《民初的国家主义派研究》，华中师范大学博士论文，2005 年。

（8）杨天弘：《趋向政治化的近代中国学术——少年中国学会关于宗教问题的讨论》，《四川大学学报》（哲学社会科学版）2005 年第 4 期。

（9）杨汉麟等：《余家菊留英时期的教育活动与思想》，《安徽师范大学学报》（人文社科版）2010 年第 5 期。

（10）储朝辉：《余家菊论乡村教育及国家主义乡村观的两难处境》，《河北师范大学学报》（教育科学版）2007 年第 3 期。

（11）高巍翔、何卓恩：《论余家菊谐和国家观念的内涵》，《武汉理工大学学报》（社会科学版）2008 年第 4 期。